大数据营销实训

陈志轩　马　琦　编著

電子工業出版社
Publishing House of Electronics Industry
北京 • BEIJING

内容简介

本书围绕大数据营销领域的主要应用场景，分别论述了大数据应用的原理、模型及其操作步骤。主要内容包括，大数据与市场营销、大数据营销分析基础、数据准备、数据探索、消费者行为分析、商品分析与推荐、营销效果预测、客户终身价值预测、客户细分、A/B 测试。在编排上首先展示学习目标，之后是本章的主要内容，详细讲述原理、模型和实践（含完整练习代码），最后进行本章小结。在大数据营销六个应用场景的章节还增加了实训部分，以讲述大数据分析平台的操作步骤。

本书可以作为高校大数据管理与应用专业、市场营销专业、电子商务专业、数据科学与大数据技术专业的本科生教材，也可以作为相关领域实际从业人员的参考资料。

图书在版编目（CIP）数据

大数据营销实训 / 陈志轩，马琦编著. —北京：电子工业出版社，2022.7
ISBN 978-7-121-43827-1

Ⅰ. ①大…　Ⅱ. ①陈…　②马…　Ⅲ. ①网络营销－高等学校－教材　Ⅳ. ①F713.365.2

中国版本图书馆CIP数据核字（2022）第110219号

责任编辑：石会敏　　特约编辑：张洪军
印　　刷：北京盛通数码印刷有限公司
装　　订：北京盛通数码印刷有限公司
出版发行：电子工业出版社
　　　　　北京市海淀区万寿路173信箱　邮编：100036
开　　本：787×1 092　1/16　　印张：15.25　　字数：385.6千字
版　　次：2022年7月第1版
印　　次：2023年12月第3次印刷
定　　价：52.00元

凡所购买电子工业出版社图书有缺损问题，请向购买书店调换。若书店售缺，请与本社发行部联系，联系及邮购电话：（010）88254888，88258888。

质量投诉请发邮件至zlts@phei.com.cn，盗版侵权举报请发邮件至dbqq@phei.com.cn。

本书咨询联系方式：738848961@qq.com。

前　言

为什么要写这本书

大数据时代已然来临。科学技术的进步，特别是以大数据技术为先导的分析技术、云计算、移动互联网、社交网络、物联网和小型传感器等的出现给社会的各个领域带来了深刻的影响，有的甚至是颠覆性的。正如未来学家阿尔文·托夫勒所预言的那样，“以信息化为代表的第三次浪潮带来了两项改变：一是社会更趋多样化；二是社会变化的速度日益加快”。在很大程度上，大数据指的是当今数字生态系统中产生的在数量、种类、速度和复杂性方面不断增长的数据洪流。这股强劲的数据洪流带来了前所未有的挑战与机遇。

大数据的影响，正在迅速渗透到各个行业，颠覆着传统的商业领域。市场营销领域也不例外，大数据带来了一种全新的营销方式，并且发挥着越来越重要的作用。大数据在几乎所有的垂直领域都被普遍接受，尤其是在营销和销售领域。实际上，零售行业是最早开启大数据应用的行业之一。营销分析师基于客户的在线购买、网络点击、社交媒体活动、智能连接设备、地理位置等生成的大数据集，进行分析，在客户挖掘、客户关系维护、营销策划及其优化、产品设计与定价等诸多方面取得了显著的效果。

这股浪潮也正在推动高等教育的改革。在商科院校，特别是应用型大学，商业教育的目的是为学生的就业做准备。商业环境的变化也带来了就业领域的许多变化，这一现象给教育管理者、教师和学生带来了许多关于商科课程内容的思考。当商业环境的变化导致许多传统工作岗位消失同时又创造许多新的工作岗位时，商业教育无疑应该改革传统的课程体系，以适应新的商业环境。那么大数据作为当下新技术中的主旋律，当然要被学习和使用。以大数据等新技术为抓手的“新商科”教育理念已被普遍接受。鉴于此，作者会同广州城市理工学院校内研究团队于2019年编写出版了《大数据营销》教材。旨在为应用型本科院校商科专业的学生（如大数据管理与应用、电子商务和市场营销等专业）了解与学习大数据营销的内涵与应用，提供入门教程，为学生能够进一步掌握大数据营销技能打下基础。该书出版前后已经在校内多个专业和年级进行了四年多时间的实践应用，一经推出便受到了国内多家高校的采纳与认可。随着教学的深入，大数据营销的授课内容亟须辅以大数据分析技术实训教学。

虽然目前有很多关于大数据分析技术、数据科学和机器学习技术的理论和细节的学习资源，但关于如何具体使用这些技术进行市场营销的学习资源不多。实际上，学习数据分析和挖掘理论与将其应用到市场营销领域的真实业务中有很大不同。这本书的主要目的是继《大数据营销》之后，通过将大数据分析技术应用于不同的营销场景，使学生能更好地理解不同的市场营销问题应该选择使用何种类型的技术，掌握具体的实施步骤，以及如果有兴趣进一步研究的话，应该在哪些方向找到相关的辅助资源，进一步提高学生大数据营销的实战能力。

本书特色

本书首先回顾了大数据产生的时代背景和爆发的原因，阐述了大数据的定义及其特征，以及围绕大数据营销的内涵，归纳了大数据在营销领域的发展和主要应用场景。然后，介绍了数据挖掘标准过程模型及在大数据营销中的具体应用，包括业务需求的理解、数据的采集和存储、数据的准备和预处理、数据分析、数据报告的形成、应用和反馈等六个阶段。接下来，针对大数据分析的基础，还具体介绍了数据准备和数据探索的工作内容和具体方法。在此基础上，本书选择了大数据营销应用的六个主要场景，包括消费者行为分析、产品分析预推荐、营销效果分析、顾客终身价值预测、客户细分和 A/B 测试，从应用场景问题分析到大数据分析技术的选择，从具体实施步骤的详解到实战工具的应用，既包含有 R 语言整套详细代码，又包含无须编写代码的典型分析平台——蓝鹰 BI 平台的操作步骤。每个场景的应用都选用真实案例，结合理论知识进行分析，把相关知识点融入相应的操作过程，融合了实战经验和技巧，旨在提高读者大数据营销的应用能力和实施技能。因此本书内容具有以下特色：

（1）全面覆盖大数据营销主要应用场景；

（2）分析实战融合了理论、技巧与工具；

（3）案例真实、素材公开、步骤翔实，方便学生研习；

（4）实训工具多样化，包含编程语言与软件平台，满足不同层次学习对象。

为了便于读者对案例的理解和实践，本书提供了所有配套案例的真实原始数据文件、R 语言代码程序和运行程序的输出图片（彩色），读者可以从华信教育资源网（http://www.hxedu.com.cn）免费下载。另外，为方便教师授课，本书还提供了 PPT 课件，以及蓝鹰 BI 平台为教师系统免费试用 6 个月的入口。（微信扫描关注“蓝鹰实验室”二维码，点击左下角的“试用申请”，添加助教老师微信，填写表单申请即可，见下图）

本书适用对象

这本书是为那些热衷于在营销中使用大数据分析技术、数据科学和机器学习的人设计的。本书的适用对象包括商科专业中与数据相关的本科学生、营销分析师和市场营销专业人员、大数据挖掘应用研究的科研人员和数据科学家、分析师、机器学习工程师和软件工程师。如果你对建立数据驱动的营销策略感兴趣，想从数据中理解客户行为、预测客户将如何反应，以及预测客户将做出什么反应，那么本书将会为你提供帮助。

（一）开设大数据营销课程的相关专业

目前国内不少高校的主要商科专业，如大数据管理与应用、市场营销、电子商务、工商管理等专业开设了大数据营销或与数据分析有关的课程，但目前这一课程的教学多限于理论介绍。由于单纯的理论教学过于抽象，学生理解和实际应用往往比较困难，教学效果也不甚理想。本书提供的基于营销实战案例和建模实践的应用型教学思路，能够使师生充分理解如何运用理论知识解决实际问题，以获得最佳的教学效果。

（二）营销分析师和市场营销专业人员

大数据时代对营销分析师和市场营销专业人员提出了新的要求，以数据和数据分析为导向的决策技能已成为行业人员的必备技能。即使读者对大数据分析技术、数据科学和机器学习算法背后的理论没有深入的了解，也无须担心。这本书是为专注于数据科学实用性的实践者而写的，读者可以快速地捡起所需的工具，并开始利用它们来进行一个又一个的营销策略分析和营销数据挖掘。因此，本书也适用于这类人员在理解数据挖掘原理及建模，以及解决实际营销问题时做参考。本书也可以作为这类人员的大数据营销技能培训的教材。

（三）大数据挖掘应用研究的科研人员

科研和创新是保持市场竞争力的源泉，越来越多的大学院校、科研院所，甚至企业人员加入以数据为中心的科研活动中。许多组织虽然在信息化系统使用过程中积累了大量的业务数据，但是通常没有对这些数据进行深入分析，对数据所隐藏的价值并没有充分挖掘利用。究其原因是科研人员缺乏可以实操的数据挖掘建模工具及相关方法论。本书可以弥补这一空白，用来深挖科研信息的价值，从而提高科研水平。

（四）数据科学家和分析师、机器学习工程师和软件工程师

数据科学家和分析师、机器学习工程师和软件工程师已经具备了大数据分析技术、数据科学和机器学习算法的理论知识，以及掌握了 R 语言工具。那么这本书将指导如何将读者已有的数据科学和机器学习的知识和经验应用到现实生活的营销案例中。本书将介绍数据科学如何帮助改进营销策略，以及如何使用预测性机器学习模型来微调营销目标。这本书将指导读者利用数据科学和机器学习来一步一步实现营销目标。

本书组织结构

本书共 10 章，从所讲内容，可分为基础部分和实战部分。

基础部分（第 1 章至第 4 章）介绍了大数据及与大数据营销相关的基本概念和数据挖掘标准过程模型。作为实战训练的基础，基础部分还介绍了数据准备的工作内容和数据探索的常用步骤。

第 1 章的主要内容是回顾了大数据产生的历史背景和爆发原因，阐述了大数据的定义及特征，以及大数据营销的概念，并总结了大数据在营销领域的发展和主要应用。

第 2 章首先介绍了数据挖掘标准过程模型及六个基本步骤；然后讨论了在大数据时代成为一个合格的和成功的营销工作者所需的大数据营销能力结构；最后，简要介绍了大数据营销的分析模型和工具。

第 3 章首先介绍了数据的结构类型和数据准备的工作内容，以及详细说明了数据清洗、数据变换和数据集成的具体方法。

第 4 章介绍了数据挖掘准备的工作内容和数据探索的常用步骤。

实战部分（第 5 章至第 10 章）介绍了市场营销中消费者行为分析、商品分析与推荐、营销效果分析、顾客终身价值预测、客户细分和 A/B 测试六大场景如何实施大数据分析应用。

第 5 章重点介绍了如何使用逻辑回归和决策树来挖掘客户参与度即用户黏性背后的驱动因素。本章涵盖了如何在 R 语言中拟合线性回归模型，以及如何从回归分析中收集见解，研究如何潜在地改进营销策略以获得更高的用户黏性。本章还介绍了一种新的机器学习算法——决策树。可以用它来进行营销分析，以便更好地理解数据，解释结果并提取转换背后的驱动因素，并对客户行为进行分析。

第 6 章通过探索性的商品分析，了解 R 语言环境中的各种数据聚合和分析的方法，以进一步深入了解产品的趋势和模式，为商品推荐打下基础。本章介绍了如何提高商品的知名度，并推荐个人客户最有可能购买的商品。本章讨论了如何使用 R 语言中的协同过滤算法来建立推荐模型，并应用于营销活动。

第 7 章讨论了如何建立机器学习模型来预测客户参与的可能性。本章介绍了如何使用 R 语言建立一个基于随机森林算法的预测模型，如何优化随机森林模型，并评估模型的性能，以及如何使用这些模型来实现更好的目标营销。本章讨论了五种不同的方法来评估预测模型的性能——准确性、精度、召回率、ROC 曲线和 AUC。

第 8 章介绍了如何获取单个客户的终身价值，并讨论了如何使用 R 语言构建回归模型，以及如何对它们进行评估。本章内容还涵盖了如何使用计算出的客户终身价值来建立更好的营销策略。

第 9 章使用数据驱动的方法细分客户，介绍了如何使用 R 语言从数据中构建不同客户细分的聚类算法，并重点演示了 k-means 聚类算法。本章讨论了如何更好地了解不同的客户群体，不同群体的客户有什么样的行为，以及他们需要什么和对什么感兴趣，从而可以更好地进行市场定位。

第 10 章介绍了一种数据驱动的方法来制定更好的营销策略。本章讨论了 A/B 测试的概念，以及如何使用 R 语言实现和评估 A/B 测试。最后讨论了 A/B 测试在现实生活中的应用。

致谢

在本书编写过程中，得到了广州城市理工学院的大力支持，特别是管理学院在教学实践方面给予了完全的配合，使本书在与读者见面前作为大数据管理与应用专业、电子商务专业和市场营销专业相关课程的教材获得了教学实践的机会，并能有机会根据教学实践的反馈进行修改和完善。在此谨向给予大力支持的广州城市理工学院和管理学院参与教学实践的师生致以深深的谢意。本书能够获得面世还要感谢北京中云国创数据科技有限公司在实践平台方面的大力支持，为本书增添了特色。在本书写作过程中，曾与多位专家、学者进行过有益的讨论，特别是华南理工大学简兆权教授、左文明教授和万江平教授，广东金融学院吴炎太教授等给予的宝贵意见使我们获益匪浅，在此一并感谢。

在本书的编辑和出版过程中还得到了电子工业出版社石会敏主任的大力支持和鼓励，一路的陪伴和无私的帮助使本书得以顺利出版，在此深表感谢。

本书力求思路清晰、内容翔实、代码测试严格，理论上既能与传统营销相呼应，实践上又能直接解决具体问题，为读者提供帮助。但由于时间仓促，书中难免存在一些不足乃至疏漏，希望得到大家的批评指正，以便进一步修改和完善。读者可以通过邮箱bigdata_marketing@163.com 将书中的错误及遇到的任何问题反馈给我们。我们将尽量回复邮件，为读者提供最满意的解答，期待能够得到您的真挚反馈。

陈志轩　马　琦

2022 年 6 月于广州城市理工学院

注：因为所用软件只有英文版本，故书中很多软件截图保留英文。

目　录

第 1 章▶▶

大数据与市场营销

【学习目标】

1. 了解大数据时代的由来
2. 了解引发大数据爆发的重要原因
3. 理解大数据的定义
4. 理解大数据的特征
5. 了解大数据营销在学术研究和业界的发展
6. 理解大数据在营销方面的应用领域

本章插图

1.1 大数据产生的背景

1.1.1 人类社会进步与大数据时代

每一项科学的重大发现和关键技术的诞生都给人类文明带来革命性和颠覆性的改变。人类对生物界知识的原始认识，以及编织、打制工具、制陶、冶炼金属等技术，建立了最初级的有意识的科学基础，使人类从渔猎时代进入农业时代。18 世纪 60 年代，以蒸汽机为代表的一系列技术发明，使大机器生产取代了工场手工业，生产力得到突飞猛进的发展，形成了人类文明史上的“工业革命”。

1946 年首台计算机的诞生也注定要给人类文明带来巨大而又深远的影响，如图 1.1 所示。随着计算机的发展，给传统记录的存储、分析及传播等带来了革命性的改变。之后的网络技术更是以在人类历史上从来没有过的发展速度改变着人们的工作、生活、消费和交往方式。早在 1980 年美国著名未来学家阿尔文·托夫勒就在《第三次浪潮》一书中提出，信息革命是人类文明史上的“第三次浪潮”，并将数据和信息赞颂为“第三次浪潮的华彩乐章”。事实上，信息技术（Information Technology，IT）和数据技术（Data Technology，DT）突飞猛进的发展，为人类进入 IT 领域的新纪元铺平了道路。

高科技迅猛发展的同时，也带来了数字信息的爆炸式增长。数字信息每天在无线电波、电话电路和计算机电缆等媒介中川流不息。我们周围到处都是数字信息，在高清电视上看数字信息，在互联网上听数字信息，自己也在不断制造数字信息。例如，每次用数码照相机拍照后，都产生新的数字信息，再通过电子邮件把照片发给家人和朋友，就制造了更多的数字信息。

图 1.1 第一台电子计算机

资料来源："ENIAC". ENIAC USA 1946. History of Computing Project. March 13, 2013. Retrieved May 18, 2016.

三十多年前，通信行业的数据大部分还是结构化数据。如今，多媒体技术的普及导致非结构化数据（如音乐和视频等）的数量出现爆炸式增长。三十多年前的一个普通企业用户文件也许表现为数据库中的一排数字，而如今类似的普通文件可能包含许多数字化图片、影像或数字化录音内容。现在，92%以上的数字信息都是非结构化数据。在各组织和企业中，非结构化数据占到了所有信息数据总量的 80%以上。如图 1.2 所示，预计到 2025 年全球数据量将达到 181ZB（数据存储单位，见表 1.1）。

表 1.1 数据存储单位

数据存储单位	符号	中文名	说明
bit	b	比特	二进制数中的一个数位，可以是 0 或 1，是计算机中数据的最小单位
Byte	Byte	字节	计算机中数据的基本单位，每 8 比特（位）组成一个字节。1 Byte = 8 bits
Killobyte	KB	千字节	数据存储单位，1 KB = 1024 Bytes
Megabyte	MB	兆字节	数据存储单位，1 MB = 1024 KB
Gigabyte	GB	吉字节	数据存储单位，1 GB = 1024 MB
Terabyte	TB	太字节	数据存储单位，1 TB = 1024 GB
Petabyte	PB	拍字节	数据存储单位，1 PB = 1024 TB
Exabyte	EB	艾字节	数据存储单位，1 EB = 1024 PB
Zettabyte	ZB	泽字节	数据存储单位，1 ZB = 1024 EB
Yottabyte	YB	尧字节	数据存储单位，1 YB = 1024 ZB

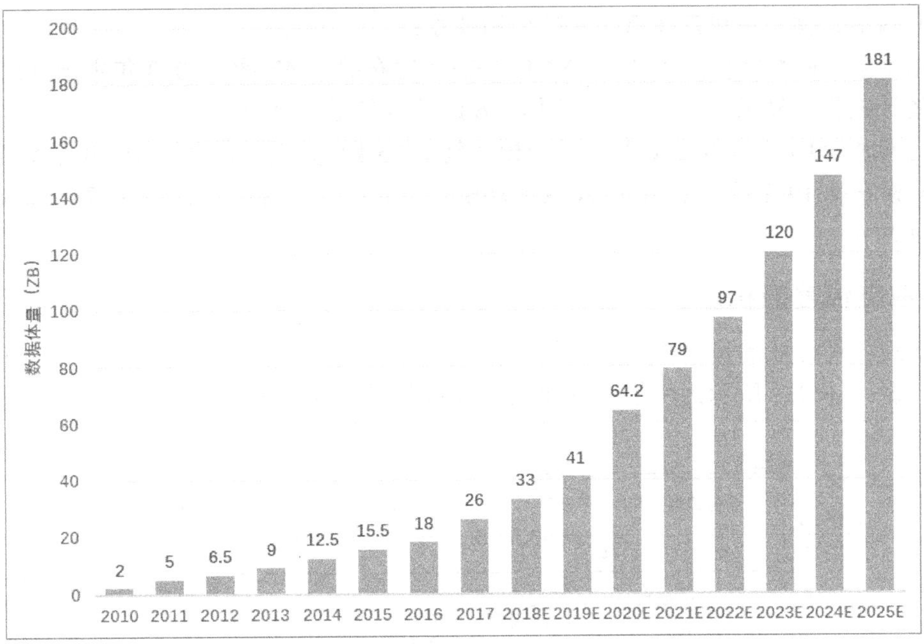

图 1.2　全球数据总量预测（2010—2025 年）

资料来源：Holst, A. (2020). Volume of data/information created, captured, copied, and consumed worldwide from 2010 to 2024. Statista. Dec, 3.

这些各种各样的数字信息或记录就是我们现在所说的数据。传统数据被解释为进行各种统计、计算、科学研究或技术设计等所依据的数值。随着人类文明的进程，信息记录的媒介也由传统的纸质向数字化转移。因此，数据的概念可以定义为人类在生产和社会活动过程中为监测、分析和决策而收集的事实记录或数字记录，并可以成为电子计算机加工处理的对象。

随着科学技术的发展，数据在规范化的同时呈现出多样性和复杂性。现代计算机的应用越来越广，能加工处理的对象包括数字、文字、字母、符号、文件、图像和视频等。在进行数据处理时，其规模性、多样性和复杂性给相应的计算机技术（包括硬件和软件）都带来了挑战。由此“大数据”的概念也孕育而生。

1.1.2　大数据爆发原因

从大数据的发展历史来看，大数据爆发的原因可以从以下 4 个方面来理解。

1. 计算设备的进步

先进的计算设备为大数据的指数型增长提供了发展基础。计算设备包括存储设备、半导体芯片、网络架构、物联网和云计算设备等。其进步具体体现在以下几个方面。

（1）计算机性价比的提高：自第一台电子计算机问世以来，其处理能力一直遵循着摩尔定律(Moore's Law)，即未来计算性能将呈指数型增长。

（2）磁盘价格的下降：除了 CPU 性能的提高，硬盘等存储器（数据的存储装置）的价格也明显下降。从家电卖场中所陈列的计算机规格标签就可以一目了然地看出，现在以同样的价格能够买到的计算机，其处理能力已经和过去不可同日而语了。

（3）网络、物联网和云计算等基础架构建立：

根据中国互联网络信息中心（CNNIC）在京发布的第 47 次《2020 年中国互联网络发展状况统计报告》显示，近年来，我国 IPv6 地址数量增长迅速。

与此同时，2020 年中国云计算市场规模达到 1776.4 亿元人民币，较 2019 年增长 33.41%；公有云规模在 2019 年超过了私有云，成为规模第一的主要市场（资料来源：iiMedia Research 艾媒咨询）。

2. 数据信息的积累

计算技术在行业的快速应用和迭代，积累了海量的数据信息。从计算技术的商业应用就可见一斑。图 1.3 所示为将最近商业应用技术发展与数据信息的积累按时间轴进行可视化比较。

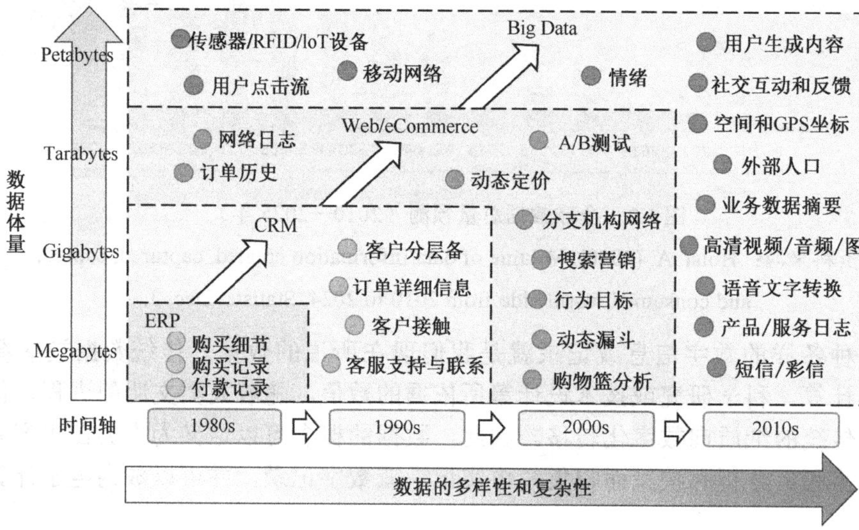

图 1.3　将最近商业应用技术发展与数据信息的积累按时间轴进行可视化比较

资料来源：根据综合文献[1]和[2]重新绘制。

[1] Shaun Connolly. (2012). 7 Key Drivers for the Big Data Market. [OL]. https://connollyshaun.blogspot.com/2012/05/7-key-drivers-for-big-data-market.html

[2] Minelli, M., Chambers, M., & Dhiraj, A. (2013). Big data, big analytics: emerging business intelligence and analytic trends for today's businesses (Vol. 578). John Wiley & Sons.

从 20 世纪 60 年代材料需求计划系统（MRPs）诞生，经过制造资源计划系统（MRP II），产生了企业资源计划（ERP）系统。

20 世纪 80 年代开始，由 Robert 和 Kate Kestnbaum 开创了数字关系网和数据库营销［即客户关系管理（CRM）的雏形］。20 世纪 90 年代初，经历销售力量自动化（SFA）的发展，进入了客户关系管理（CRM）时代。

到了 2000 年，随着互联网的普及，电子商务得到了蓬勃发展。电子商务因便捷的访问方式使其成为当今做生意的首选方式。如今，亚马逊（Amazon）和阿里巴巴（Alibaba）等网络巨头不仅以其物美价廉的购物选择而闻名，而且已经成为不折不扣的数据巨头。

综上所述，随着时间的推进和各种应用（特别是 ERP、CRM 和事务性 Web 应用程序）

在企业和大众中的推广，积累了海量的数据，其体量由 MB 级上升到 PB 级。与此同时数据的多样性和复杂性也达到了的新高度。

3. 大数据技术的开源推广

以 Hadoop 代表的 Hadoop 生态系统（Hadoop Ecosystem）大数据分布式处理技术的诞生成为目前大数据浪潮的第一推动力。Hadoop 生态系统是一系列可以在通用服务器上运行的开源分布式处理技术，是能够对大量非结构化数据进行高速处理的系统软件工具集，如图 1.4 所示。Hadoop 系统软件工具集最具有吸引力的是它的开源特征。开源使得大数据处理技术可以迅速被推广。

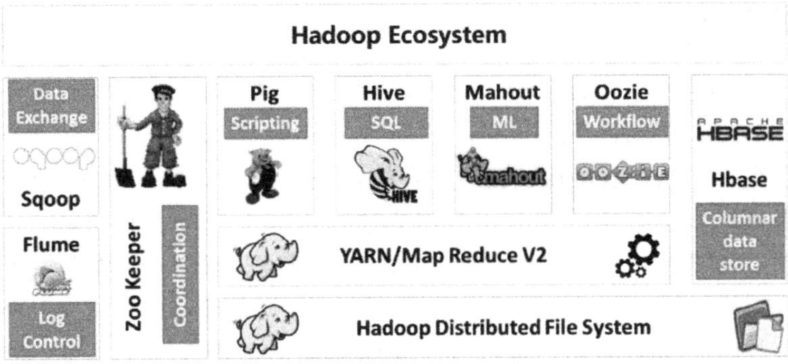

图 1.4　Hadoop 系统软件工具集

与此同时，大数据的开源特征也带动了众多的应用或是免费，或是低价地上架。由于应用免费，使得应用更容易推广到大众。特别是手机和移动互联网应用的出现使数据的生产和每个人的日常生活结合起来，每个人都成为数据的生产者。当你发出一条微博时，你在生产数据；当你拍出一张照片时，你在生产数据；当你使用手中的市民卡和银行卡时，你在生产数据；当你在 QQ 上聊天时，你在生产数据；当你用微信发朋友圈或聊天时，你在生产数据；当你玩游戏时，你在生产数据。数据的生产已完全融入人们的生活。在地铁上，你在生产数据；在工作单位，你在生产数据；在家里，你也在生产数据。个人数据的生产呈现出随时、随地、移动化的趋势，我们的生活已经是数字化的生活。

4. 数据资源与物理资源及社会资源的深度融合

数据的产生方式由“人机”“机物”的二元世界向着融合社会资源信息系统及物理资源的三元世界转变，数据规模呈膨胀式发展。例如，在互联网领域中，谷歌搜索引擎的每秒使用用户量达到 200 万人；在电子商务领域中，eBay 的分析平台每天处理的数据量高达 100PB，超过了纳斯达克交易所每天的数据处理量；在“双十一”大型商业活动中，天猫屡创神话，销售额由 2010 年的 9 亿元一路攀升到 2020 年的 4982 亿元，其中成交额突破 1 亿元的品牌超过了 450 个，共有 31766 个海外品牌参加，105 个产业带成交额过 1 亿元，210 万家线下小店参与，覆盖 1406 个县城的 41 万款农产品加入，AI 调用量超 15 万亿次；综合各个领域，目前积累的数据量已经从 TB 量级上升到 PB、EB 量级甚至已经达到 ZB 量级，其数据规模已经远远超出了现有通用计算机所能够处理的量级。

从历史的视角来看，如今大数据正在以不可阻拦的磅礴气势，与当代同样具有革命意义的最新科技进步（如虚拟现实技术、增强现实技术、纳米技术、生物工程、移动平台应用等）一起，揭开人类新世纪的序幕。

1.2 大数据的内涵

从上一节的大数据产生的过程可以看出，大数据时代已经来到。近几年，大数据迅速发展成为科技界和企业界甚至世界各国政府关注的热点。以下我们来讨论大数据究竟是什么，大数据又有什么特征，为什么大数据在这个时候来临，以及大数据有哪些应用等人们关注的问题。

1.2.1 大数据的定义

“大数据”一词由英文“Big Data”翻译而来。“大数据”一词最早由美国 NASA 的两位科学家 Michael Cox 和 David Ellsworth 在 1997 年国际计算机械协会的计算机图形和交互技术特别兴趣小组（ACM SIGGRAPH）发表的论文中提出。他们在论文中写道：“可视化为计算机系统提供了一个有趣的挑战：数据集通常相当大，对主存储器、本地磁盘甚至远程磁盘的容量来说处理任务很繁重。我们称之为 大数据问题。当数据集不适合主存（核心），或当它们甚至不适合本地磁盘时，最常见的解决方案是获取更多的资源。”换句话说，在当时，大数据的定义本质上是“现有硬件无法容纳的数据”。

在大数据概念提出 20 多年后的今天，互联网、智能手机、物联网和云计算等一系列新科技得到了迅猛发展，大数据的定义已经远远超出了“本地磁盘”的限制。人们对大数据的认识也在逐步完善和全面。随着人们对大数据的认识，不同学者和机构都对大数据进行了定义（如表 1.2 所示）。

表 1.2 不同学者和机构的大数据定义

时间	学者或机构	定 义
1997 年	Michael Cox, David Ellsworth	可视化为计算机系统提供了一个有趣的挑战：数据集通常相当大，对主存储器、本地磁盘甚至远程磁盘的容量来说处理任务很繁重。我们称之为 大数据问题
2011 年	McKinsey	数据集的大小超出了典型数据库软件工具的捕获、存储、管理和分析能力
2011 年	Merv Adrian	大数据超出了通常使用的硬件环境和软件工具处理能力的范围，无法在用户可容忍的时间内捕获、管理和处理
2013 年	Mayer-Schönberger V., Cukier K.	为了获得新的见解或创造新的价值形式，人们可以在大范围内做一些在小范围内做不到的事情，以新颖的方式利用信息来产生有用的见解或具有重大价值的商品和服务
2013 年	Oxford English Dictionary	非常大的数据，通常给其操作和管理带来重大的挑战
2014 年	Wikipedia	一个包罗万象的术语，指任何数据集的集合，其规模很大且复杂到难以使用现有数据管理工具或传统数据处理应用程序进行处理
2015 年	Gartner	大数据不再是一个本身的话题。相反，这个术语现在可以分为其他几个概念，包括高级分析和数据科学、商业智能、企业信息管理等。大数据是需要新处理模式才能增强决策力、洞察发现力和流程优化能力的高增长率和多样化的信息资产，将大数据定义为不能够集中存储并且难以在可接受时间内分析处理，其中个体或部分数据呈现低价值性而数据整体呈现高价值性的海量复杂数据集
2016 年	De Mauro et al	信息量大、速度快、种类多的信息资产，需要特定的技术和分析方法才能转化为价值

虽然对大数据的概念还没有一个确切而公认的定义，但是二十多年来，特别近十年以来，大数据的浪潮依然迅速兴起。人们并不纠结于如何定义大数据，而是更多地思考随着拥有数据的增加，如何提高洞察力，让洞见从 1 和 0 的数字信息中涌现出来。企业、非营利组织、政府机构和个人思考着如何以一种新的姿态，结合来自多个来源的数据来做出更好的决策。

《自然》杂志在 2008 年 9 月推出了名为“大数据”的封面专栏，如图 1.5 所示。从 2009 年开始“大数据”才成为互联网技术行业中的热门词汇。对“大数据”进行收集和分析的设想，来自世界著名的管理咨询公司麦肯锡公司（McKinsey&Company）。麦肯锡公司看到了各种网络平台记录的个人海量信息具备的潜在的商业价值，于是投入大量人力、物力进行调研。在 2011 年 6 月麦肯锡公司发布了关于“大数据”的报告，该报告对“大数据”的影响、关键技术和应用领域等都进行了详尽的分析，首先提出了“大数据时代”的到来并声称“数据已经渗透到当今各行各业的职能领域，成为重要的生产因素”。麦肯锡公司的报告得到了金融界的高度重视，而后逐渐受到各行各业的关注。2012 年 10 月，Andrew McAfee 和 Erik Brynjolfsson 在《哈佛商业评论》提出了“利用大量新的信息流可以从根本上改善你公司的业绩，但首先你得改变你的决策文化”的观点，并从管理视角归纳了领导力、人才、技术、决策和公司文化五大管理挑战，如图 1.6 所示。

图 1.5　《自然》杂志 2008 年 9 月封面

图 1.6　《哈佛商业评论》2012 年 10 月封面

从表 1.2 可以看出，大数据是相对概念，由于科技的发展日新月异，从定量方面很难定义。以上大多是对大数据的定性描述。虽说这些关于大数据定义的定义方式、角度及侧重点不同，但是所传递的信息基本一致，即大数据归根结底是一种数据集，其特性通过与传统的数据管理及处理技术对比来凸显，并且在不同需求下，其要求的时间处理范围具有差异性，最重要的一点是大数据的价值并非来自数据本身，而是由大数据所带来的“大思维”“大机遇”，以及通过大数据挖掘提供的“大决策”、通过大数据分析解决的“大问题”等。大数据的核心在于为客户从数据中挖掘出蕴藏的价值，而不是软硬件的堆砌。“大数据”并不等同于“大量的数据”，从技术层面上看，大数据是无法用单台计算机进行处理的，必须采用分布式计算架构，其特色在于对海量数据的挖掘但它又必须依托一些现有的数据处理方法，如流式处理分布式数据库、云存储与虚拟化技术。

大数据的概念非常广泛，我们认识大数据不能仅仅从技术层面来理解，还要认识到它是融合物理世界、信息空间和人类社会三位一体的立体化世界的新概念，是一个崭新的生态。因为物理世界通过互联网、物联网等技术有了在信息空间中的大数据反映，而人类社会则借助人机界面、脑机界面、移动互联等手段在信息空间中产生自己的大数据映像。从信息产业角度来讲，大数据也是新一代信息技术产业，本质上是构建以云计算、大数据、物联网、移动互联网（社交网络）等为基础的第三代信息产业平台。因此，我们认识大数据的目的就是针对不同领域的大数据应用模式、商业模式进行研究和探索，实现大数据在人类社会活动中的“大价值”。

1.2.2 大数据的特征

在以上对大数据的定义中，已经涉及了大数据的一些特性，其中包括在数据量、产生过程和价值等方面的特性。目前对于大数据的特性认可度较高的是“3V”特性：数据的规模性（Volume）、数据结构的多样性（Variety）及数据存储的高速性（Velocity），而在此基础上已经有不同的公司及研究机构对其进行了扩展。

（a）数据的规模性是大数据的首要特征，包括采集、存储和计算的数据量非常大。大数据的起始计量单位至少是100TB，通过各种设备产生的海量数据，其数据规模极为庞大，远大于目前互联网上的信息流量，PB级别将是常态。

（b）数据结构的多样性是指大数据种类和来源多样化，具体表现为网络日志、音频、视频、图片、地理位置信息等多类型的数据，多样化对数据的处理能力提出了更高的要求，由于编码方式、数据格式、应用特征等多个方面都存在差异性，多信息源并发形成大量的异构数据。

（c）数据传播的高速性随着互联网的发展，数据的增长速度非常快，处理速度也较快，时效性要求也更高。例如，搜索引擎要求几分钟内的新闻能够被用户查询到，个性化推荐算法要求实时完成推荐，这些都是大数据区别于传统数据挖掘的显著特征。

以上是大数据的三个基本特性，除此以外，随着人们对大数据的进一步认识，更多的特征也迅速显现出来，如真实性、易变性和价值特性等。

大数据的真实性（Veracity）是它的另一个特征。现在谈到的大数据不仅大，更重要的是大部分数据是在线或通过现代化的传感器获得的，这是互联网高速发展的特点和趋势。与传统途径获得的数据相比，本质区别在于数据的记录不是由第三者人为记录的（如历史学家、科学家或其他人的观察和记录），而是由传感器或本人进行记录，在数据真实性方面更具有客观性和真实性。这些真实的数据更具有商业价值。

弗雷斯特研究公司（Forrester）指出了大数据的易变性（Variability）是大数据的另一特征。这是指大数据是由不定的数据结构和多层次的结构组成的。这给我们对大数据的分析和挖掘带来了巨大的挑战。

被普遍接受的大数据的另一重要特性是大数据的价值特性（Value）。我们已经知道，大数据含有巨大的价值，但大数据的价值通常很难被发现。这就是大数据具有的价值密度低的特性，只有通过很多的过程才能把它的价值挖掘出来。随着互联网和物联网的广泛应用，信息感知无处不在，信息量大，但价值密度较低，如何结合业务逻辑并通过强大的机器算法挖掘数据价值，是大数据时代最需要解决的问题。

总之，无所遁形的大数据时代已经到来，并快速渗透到每个职能领域。如何借助大数据持续创新发展，使企业成功转型，具有非凡的意义。

1.3 大数据营销概论

1.3.1 大数据营销的发展

从 2012 年开始，“大数据”仿佛一夜间成为最热门的关键词，和大数据紧密关联的“大数据营销”也在瞬间走红，成为近年企业追捧的营销关键词。作为一个现象，虽然新近才走进大众的视野，但关于大数据营销的研究和实践已具有一定的历程。从专业学习和研究的角度，有必要了解大数据营销是如何产生发展的，这样才能更好地理解它的本质内涵及洞察未来的发展。

从 20 世纪开始，围绕消费者数据的营销研究就已经开展，如“直复营销”“数据库营销”等，有学者认为直复营销是数据营销的起源。早在 19 世纪 80 年代，西尔斯百货通过直复营销模式（目录采购+货到付款），迅速占领了地广人稀的美国市场。而进入 20 世纪 90 年代，随着电话营销的兴起，直复营销逐渐被数据库营销取代。在银行、IT、保险等行业，几乎每个企业都建立了庞大的呼叫中心，通过呼叫中心这种简单、廉价的方式为用户提供“营销—销售—售后”的端到端服务。学者和企业开始意识到通过消费者数据分析能够实现更加精准的营销，从而节省费用，提高效率。但无论是从数据可用规模和类型，还是从数据分析工具可以达到的深度和范围，以及营销应用的平台和领域，那个时代的营销还不能称得上是真正意义上的大数据营销。学者们虽然把数据驱动的营销发展潜力纳入研究范围，但主要还是停留在概念层面。然而情况从 2000 年开始发生了变化。

首先，关注数字互动的学术研究从 2000 年开始大量增加。1998 年，《直效营销杂志》（*Journal of Direct Marketing*）更名为《互动营销杂志》（*Journal of Interactive Marketing*）并开始发行，该杂志在 1999 年发表一个重要观点“所有的营销都是或很快将会是互动营销”。

其次，2000 年“互联网泡沫”爆发，使人们清醒：营销战略不应该过分依赖营销大师的建议，而应该基于实践的观察和实际数据。这让人们开始重新审视对数据营销的科学理解，迫使大家寻求更严格的科学方法去解释这一领域的现象。

无论是研究现象的表征还是人们迫切的需求都表明，21 世纪以大量消费者数据为基础、智能分析技术为支撑、新兴线上平台为应用空间的大数据营销真正开始了。然而，从研究和应用发展的角度，大数据营销涉及的主要领域又包括哪些呢？

本书对 2000 年以来有关数据营销的研究进行了回顾，认为理解大数据营销近十几年的发展，应当从数字营销、社交媒体营销和移动营销三大领域开始。

首先，虽然理论界和业界对数字营销的定义不尽相同，广义上甚至与网络营销的范畴等同，但在本书中，数字营销的内涵包括了以广泛用户数据为基础，以数据分析工具为代表的一批营销决策支持工具的采纳，以及智能营销方式的应用。其次，从应用领域和平台的角度，虽然基于电商平台产生的大量消费者网购行为数据的研究日益增多，但对用户数据和行为的大量研究和应用是从在线社交媒体起源和发展的。目前基于在线用户行为和营销方式的研究仍然以口碑营销为代表的在线社交平台为主要领域。最后，随着互联网应用的纵深发展，平台面临着从 PC 端到移动端过渡的必然趋势。以中国网购市场为例，2014 年中国移动购物交易额在中国网络购物整体市场中的占比约为 33%，较上年增长近 19 个百分点。至 2020 年，移动网络购物用户规模达 7.80 亿个，总的网络购物用户数量有 7.82 亿个，占比已经超过了 99%。这一变化，也必定导致人们行为和营销方式的变革。未来，所有的平台都终将“移动”。所以对移动营销的研究也构成了大数据营销的一个重要领域。

1. 数字营销

从广义上讲，所谓数字营销，就是指借助互联网络、计算机通信技术和数字交互式媒体来实现营销目标的一种营销方式。数字营销将尽可能地利用先进的计算机网络技术，最有效、最省钱地谋求新市场的开拓和新消费者的挖掘。但从狭义上理解，本书认为数字营销偏向于工具化的网络、数据及智能化营销。以下将围绕狭义数字营销领域的研究和应用展开。

（1）第一阶段：2000—2004 年

随着互联网的普及，商品信息量急剧增加，一方面消费者拥有了海量的信息和便捷的搜索工具，另一方面也给消费者带来了搜索成本增加和选择难度加大的问题。数字营销在这一阶段的重点任务之一在于作为搜索与决策支持工具的网络，以及开始了预测消费者偏好的初探。

例如，以互联网为决策工具，将消费者行为研究与新购物方式（网购）联系在一起。智能搜索等决策辅助工具能够促进高质量产品的选择，降低搜索成本，且得到更优的选择。而互联网的综合筛选为决策提供消费建议。

（2）第二阶段：2005—2010 年

上一阶段，研究者提出互联网可以帮助优化消费者做的各种事情，这也是后来智能营销研究主题的重要初始研究。本阶段，研究者开始研究在互联网环境下各类参与者之间的联系。例如，通过购物广告链接在网站之间流动带来用户流量。电子商务平台上的商店之间的链接浏览方式越方便，所有商店的市场总收入就越高。相比之下，使客户“陷入”浏览“死胡同”的结构会降低收入，缺乏浏览的便利性也更有可能使客户离开该市场。

（3）第三阶段：2011—2014 年

这一阶段互联网全面进入社交媒体时代。在实践中，越来越多的企业把社交媒体渠道作为收集市场情报的手段。尽管学术研究证明用户原创内容可以被营销人员用来监听用户行为，但研究者认为企业仍然不知道如何将从社交媒体用户那里收集的数据转化为可行性手段。尽管智能手机会产生大量的数据，但这并不意味着企业能收集到重要的数据进行适当的分析，并根据分析结果制定激励方案。

（4）第四阶段：2015 年以来

从 2015 年到 2016 年初，国际顶级期刊论文发表的数量已经表明我们已经进入数字营销研究的“井喷”时代。

搜索是用户获取营销信息的重要来源。营销人员可以通过分析消费者搜索词汇的变化来推断消费者喜好的变化。营销人员可以通过采用这种信息来调整他们的营销手段。例如，一项研究将包含消费者实际搜索词条信息的 Google 搜索趋势数据与各种品牌支出和特征相关的营销组合数据结合起来考虑。结果显示，这种新的数据组合降低了重复联合分析的高执行成本或回复率较低的问题。采用类似的方法，Schweidel 和 Moe（2014）将来自两个行业的公司在多个平台上的社交媒体帖子数据与股票价格和品牌跟踪研究的绩效指标结合。综合使用这些数据，他们开发了一个简单的预测在线数据变动对线下产出影响的衡量方法。研究发现，组合多个数据源可以获取更准确的消费者偏好信息，从而做出更优化的营销方案。

2. 社交媒体营销

进入21世纪以来，社交媒体营销领域的研究和实践都在围绕着人们在社交媒体上的行为及企业如何利用社交媒体推广品牌和促进销售进行。企业不断提高对社交媒体的投入和预期，改变传统的营销方式以适应不断变化着的消费者。以下将展示这一领域的研究实践和发展。

（1）第一阶段：2000—2004年

在2000—2004年间，研究者把用户作为信息受众或信息源，用户会利用互联网与其他用户发生联系。在线体验会增强和影响消费者的线下生活。例如，探索在线口碑营销和在线社区。研究发现，在线口碑营销对消费的确有一定的影响。网络论坛可能是隐性观察企业口碑营销数据的重要来源，但是这类研究需要依法使用在线聊天数据，“依法”显得非常重要。

（2）第二阶段：2005—2010年

在2005—2010年间环境发生了巨变。首先，互联网的普及率已从2000年的大约40%上升至2005年的50%以上。互联网作为在线讨论和信息存储的作用扩大了。其次，用户原创内容在此期间变得越来越普遍。另外，本阶段也见证了社交媒体从非主流到主流的进化，众多的社交网站开始纷纷成立并抢占市场。这些外界因素都使得大部分消费者不仅是社交网络的使用者，他们还在在线社交互动中通过在线口碑和社交网络的方式推动了社交媒体营销的发展。

网络论坛可以用于评估口碑营销活动，并且在线口碑的确能影响营销效果，特别是在电商网站允许用户可以发表产品评论后（即用户原创内容），这种影响显得尤为显著。许多研究团队采用多种方法和数据源开展这一主题的研究。例如，研究了著名的网络书店亚马逊和Barnesandnoble.com上图书的在线评分、评论是如何影响网站上的图书销售的（即销售排名）。他们发现用户生成的评分（1～5级）和评论（文字）与销售水平正相关，产品评分和评论（文字）对销售有明显的影响。还有研究利用以在线评论为指标的预测模型，用来预测电影票房。后来的研究者们，开始将在线口碑营销与传统营销（媒体、公关和线下活动的形式）进行比较和重复研究。研究显示，相比于在线口碑，传统营销更能在短期内吸引客户，而在线口碑营销更能在长期内吸引客户。这些研究的发现对企业如何优化营销费用支出有重要启示。

（3）第三阶段：2011—2014年

互联网全面进入社交媒体时代。2010—2011年美国的互联网使用率已经达到80%。同时社交网站开始整合：2011年Facebook报告称每天有2.5亿用户登录，这相当于地球上每13个人中就有1人登录Facebook。此外，许多新的社交平台在这个时期出现，它们往往致力于用户生活的其他方面。因此，用户在被市场影响的同时也在积极塑造新的市场，许多消费者的生活都存在“永远在线”和“即时连接”的情况，特别是在智能手机普及之后。社交媒体使用用户随时成为某一品牌的广告客户、传播者和消费者。

这个阶段，消费者不仅是在线口碑营销的贡献者，还可以放大或破坏营销行为。从业者受到这一趋势的极大启发，试图用新技术手段将纯粹的社交平台转变为新营销平台。在理论上，利用消费者个人在社交媒体上提供的个人信息和行为信息，至少可以在社交平台上做大规模在线口碑营销、病毒式营销和针对目标群体的数字广告营销。

消费者的在线活动和内容生成本身成为营销人员的工具。例如，使用共生内容来设计酒店排名系统，帮助用户做出最好的选择。一项基于微贷款市场的数据分析表明，与传统媒体（如在传统报纸官方网站评论）相比，社交媒体对销售的长期影响更大。

（4）第四阶段：2015 年以来

这个阶段首先是继续研究消费者如何在网上个性化地表达。学者研究了之前的在线口碑营销，特别是激励口碑营销的方式，如“病毒式”或“种子式”营销方法。由于社交媒体营销的兴起，已经有研究者开始研究社交平台中企业生成的商业化内容（如 Facebook 页面或 Twitter 上的某品牌的帖子）。这些通常被称为“内容营销”，现在被用作补充甚至有时替代传统广告。某些研究探讨了社交媒体中的企业内容营销对销售的影响。

3. 移动营销

据中国互联网络信息中心（CNNIC）报告，截至 2020 年 6 月，我国手机网民规模达 9.32 亿人，网民使用手机上网的比例达 99.2%，移动互联网的主导地位强化。而移动端用户相比 PC 端用户特有的应用场景、使用习惯和平台载体等都要求营销模式必须创新。移动营销（Mobile Marketing）的概念在 2009 年被美国移动营销协会（Mobile Marketing Association，MMA）首次提出，指“基于定位的、经由移动设备或网络进行的，通过个性化定制与消费者相关的互动的形式，使企业与消费者能沟通交流的一系列（营销）实践活动”。该定义认为移动营销具备基于消费者当前的背景环境及地理定位，进行品牌传播、营销交流和商业活动的潜力。本书认为移动营销必须满足以下三点：第一，双向沟通；第二，至少一方必须使用移动的而不是固定的物理地点；第三，无论长期还是短期，至少有一方在寻求经济利益。不同于数字营销和社交媒体的研究，移动营销的研究相对开始比较晚，内容也相对比较零散，所以采取按内容整合的方式呈现。

（1）移动营销的特征

移动营销的特征可以用“4I”来概括，即分众识别（Individual Identification）、即时信息（Instant Message）、互动沟通（Interactive Communication）和我的个性化（Individual Personalize）。

（a）分众识别。不同类型的用户使用移动互联网的目的不同，且具有各自不同的偏好。因此，企业有必要对其用户进行评价，并根据用户的目的、兴趣、购买经历及忠诚度为其定制个性化的内容与服务。

（b）即时信息。移动设备相较于 PC 来说，主要具备三个优势，即便利、便携和高效。这些特性使得企业营销人员可以将促销信息或产品更新信息通过移动渠道即时推送给消费者，消费者也能即时访问。

（c）互动沟通。传统媒体只给企业提供了单向传播渠道，其巨大的瓶颈就是消费者互动和参与的缺失，而移动营销双向沟通的定义就指出了其互动的特性。在移动环境下，互动更应考虑连接性（与更多资源的连接）、娱乐性和个人沟通（与个人更个性化的沟通），而且移动营销感知互动性越强，与顾客的沟通效果就越好。

（d）我的个性化。移动设备是个性化、私人化、功能复合化和时尚化的。移动服务为消费者带来的附加价值在于让消费者可以随时随地访问，为消费者提供基于时间、地点及个人喜好的个性化定制服务。而在移动互联时代，人们对个性化的需求比以往任何时候都更强烈。

（2）移动营销与传统营销的区别

从移动营销的特征可知，移动营销较之传统营销能根据特定的地点和时间更精确地定位目标用户，能利用消费者数据库更好地衡量和追踪消费者的反应，并与之进行双向互动，沟通与传播的成本也较低。此外，移动设备与PC不同，它们的键盘及屏幕尺寸都比较小，且提供摄像头、扫描器和全球定位系统等，同时它们都使用无线网络，具有便携和可移动等特点，这些都使得移动营销与传统营销有许多不同，如表1.3所示。

表1.3　移动营销与传统营销的区别

区　别	传统大众营销	传统互联网营销	移动营销
用户年龄	各年龄层	以中青年群体为主	以年轻群体为主
传播平台	传统媒体用户	有限的PC端用户	全面的移动端用户
传播方向	单向传播	以单向传播为主	双向互动
传播成本	高	低	低
传播类型	各种格式的文本、音频与视频	各种格式的文本、音频与视频	受限于传播速度及视觉空间大小的文本、音频与视频
营销设计	丰富翔实	丰富翔实	简约清晰
营销终端	固定媒体	PC单屏	多屏交互
营销路径	泛化传播	水平撒网	立体真实
营销效果	品牌展示	品牌展示及促销	即时参与

（资料来源：根据相关文献整理）

首先，传统大众媒体（报纸、杂志、电视等）只向其用户单向传递信息，传统互联网则对有限的PC端用户进行传播，且也以单向传播为主，而移动营销的传递对象为广大的移动端用户，且企业可与消费者进行随时随地的双向互动。另外，受限于屏幕尺寸及带宽，移动营销传播的信息受到更严格的限制，消费者不会在移动端阅读过于详细的内容及购买需要较长决策时间的产品或服务信息，这就导致营销设计上的不同，移动端的用户更偏向于阅读设计简约、流程简单的信息。

其次，传统PC端营销被限定在设备附近，这种近似静态的单屏交互方式，使得企业的营销操作及用户扩展受到时间、地点、界面和使用方式的极大限制。而由于移动设备的便携、便利与高效，移动终端可以出现多机共存的局面，手机、平板、可穿戴设备等都能成为移动营销的进入接口，多设备互动将成为移动营销用户的主要行为特征之一。而且，传统互联网营销通常实行线上水平撒网的营销模式，而基于LBS（Location Based Service）的定位优势，移动端使线上线下同步的立体场景营销成为现实。相比之下，传统大众营销的传播则因过于泛化而无法创造基于情境的价值。相互补充的融合重构，也成为营销界需要面对的一个重要问题。

1.3.2 大数据营销的应用

大数据技术自率先应用于零售行业以来，在市场营销领域日益发挥着重要的作用，包括对客户行为的分析与刻画、产品分析与推荐、营销效果的分析与预测、顾客生命周期价值预测、客户细分等诸多领域。大数据技术在赋能企业多个营销职能中，功不可没。在美国一项面对公司的首席市场官（Chief Marketing Offices, CMO）的调查中，58%的首席市场官表示，搜索引擎优化（SEO）和搜索引擎营销（SEM）、电子邮件营销和移动营销是大数据对当今营销计划影响最大的领域。认为大数据对客户细分有影响的首席营销官达 49%，以及认为大数据分析将对其长期的营销战略至关重要的达 41%。由此可见，大数据对营销领域的影响是重大的。下面简要介绍大数据变革在市场营销和销售中的主要应用。

1. 客户行为分析

大数据在商业中的应用案例主要集中在客户分析（48%）、操作分析（20%）、欺诈和合规（12%）、新产品与服务创新（10%）和企业数据仓库优化（10%）等领域。大数据联盟（Data Meer）最近的研究发现，客户分析统领大数据在销售和市场营销领域的应用。而支持这个趋势的有下面四个关键策略：增加潜在客户、减少客户流失、增加每个客户的投入及改进现有产品。

2. 产品分析

产品同质化严重，消费需求复杂多变、市场竞争加剧。企业要提升市场核心竞争力，必须要在产品设计、优化迭代、产品组合策略及产品智能推荐等方面有所突破。大数据就是产品管理中的一把利剑，通过大数据对市场结构、用户需求趋势及产品市场销量等分析与预测，全面指引企业产品策略，为企业赢得利益、占据市场。

产品管理是一个复杂的循环过程，需要大量的信息数据支持。在整个产品生命周期中，都离不开大数据的分析研判。因此，大数据在未来的产品策略领域的应用还将不断深入，这也是未来产品管理的趋势。

3. 营销效果预测

竞争的激烈导致对企业营销预测的时间和准确性方面的要求越来越高。准确的营销预测结果帮助企业决策者做出合理的决策，从而使得企业能够更高效地运行发展，增强了企业的竞争力。

当代企业的信息化采用广泛并且发展速度非常快，蓬勃发展的互联网及各种操作系统的广泛利用，为大量计算机操作系统的运行累积了海量的历史数据。将这些海量数据与数据库技术、决策支持系统、数据挖掘技术的研究成果相结合，能使营销预测的结果更加准确、有意义。从预测的内容来看，可以包含企业销售、市场需求潜量、市场占有率、企业所需资源等多个方面。

4. 客户生命周期价值预测

客户生命周期价值（Customer Lifetime Value, CLV）近年来被频繁运用，是指客户在与企业的整个生命周期的联系中为企业带来的总体价值，即企业未来从某一特定客户或者客户群体通过销售或服务所实现的预期利润。具体来说，客户生命周期价值等于某一特定数量的新获取客户或现有客户群在给定期间内（如 5 年或 10 年内）为企业创造的预期利润的净现值。尽管大多数时候，计算都是基于过去客户的销售历史的，但客户生命周期价值是关于客户未来的收益预测，它从根本上是基于对客户预期的保留率、客户消费水平，以及其他一些容易测定因素（如利息率水平等）的预测。分析不同客户的价值，需要有不同的信息依据。企业对忠诚客户进行价值分析的主要依据是累积的交易行为记录，而潜在客户的价值分析依据则是能够较全面反映他们基本属性的一些信息。企业大量多类型数据的积累及数据挖掘技术的进化提升，使客户生命周期价值预测成为数据挖掘技术的重要应用领域。基于大数据技术的客户生命周期价值预测可以帮助企业有效地制定客户发展策略，为客户提供个性化服务，并将极大地提高企业的决策效率和决策能力。

5. 客户细分

现有研究表明，企业想要保持市场的相对领先，就必须善于利用客户数据进行客户细分，提高客户价值，并针对不同的客户群采取差异化的市场营销策略。数据挖掘技术能对企业内部大量的客户资料和历史消费数据进行详细及有效的分析，现已成为企业进行针对性营销时可利用的有效工具。目前国内外对客户细分的应用主要集中在零售业、银行业、金融业、电信业等。

以上只是列举了大数据在营销领域的几个典型应用。事实上，大数据时代带来了一种不同的营销方式。这种新的策略通常意味着同时进行大量的活动，每个活动都针对不同的目标受众群体。因此，营销人员需要培养技能，跟上大数据技术的发展，并懂得如何在营销领域中使用这些技术。特别是大数据分析技术和工具已经在营销领域产生了显著影响。正如当代作家杰弗里·摩尔（Geoffrey Moore）所说，“如果没有大数据分析，企业就会变得既瞎又聋，就像高速公路上的鹿一样在网络上游荡”。如今，大数据在几乎所有的垂直领域都被普遍接受，尤其是在营销和销售领域。无论是在努力提高客户忠诚度和参与度，优化业绩，还是做出定价决策，营销中的大数据都已被证明是不可或缺的工具。在本书的后续章节，我们将选择市场营销中消费者行为分析、商品分析与推荐、营销效果预测、顾客终身价值预测、客户细分和 A/B 测试六大应用场景详细阐述大数据营销中的各种应用。

本章小结

在本章中，我们回顾了大数据产生的历史背景和爆发原因，阐述了大数据的定义及其特征，以及大数据营销的概念，并总结了大数据在营销领域的发展和主要应用。

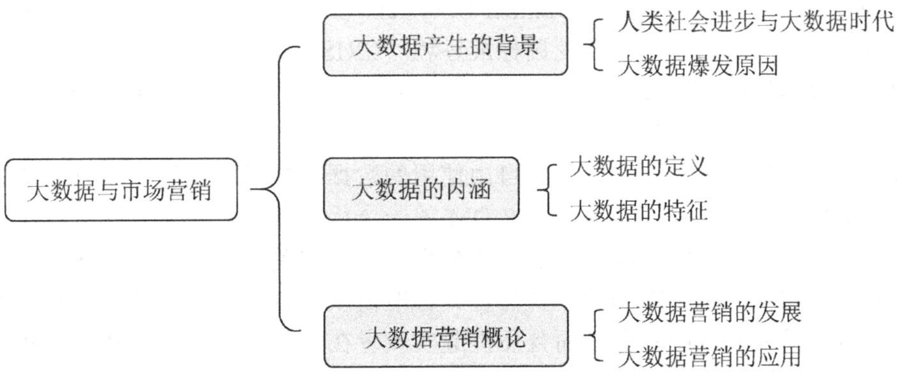

第 2 章▶▶

大数据营销分析基础

【学习目标】

1. 熟悉数据挖掘标准过程模型的各个环节
2. 掌握和应用大数据营销的数据挖掘流程
3. 理解大数据挖掘成果的重要因素
4. 了解成为大数据营销人员的基本知识和技能要求
5. 了解大数据营销常用分析工具

本章插图

2.1 数据挖掘标准过程模型

大数据在社会生活的各个领域得到了广泛的应用，如大规模的电子商务、科学计算、金融服务、智慧城市、社会安全与保障、教育、体育、军事、能源、天文学、大气科学、基因组学、生物学和其他复杂或跨学科的科研等领域。不同领域的大数据应用具有不同的特点，其响应时间、稳定性、精确性的要求各不相同，解决方案也层出不穷，其中最具代表性的有 Information Cloud 解决方案、IBM 战略、Microsoft 战略、京东框架结构等。在一些公司中，由于部门习惯和组织架构划分存在着管理混乱、重复数据挖掘的情况，从而浪费了大量资源。因而建立一种与行业、工具和应用无关的跨行业的数据分析与挖掘的标准就显得特别重要。

1997 年在欧洲联盟 ESPRIT 倡议下，由 Integral Solutions Ltd（ISL）、Teradata、Daimler AG、NCR Corporation 和 OHRA 等五家公司领军，开始构建跨行业数据挖掘标准过程（CRISP-DM）。最终在 1999 年，以 Daimler Chrysler、SPSS 和 NCR 的分析人员为主体，共同完成了第一个版本的跨行业数据挖掘标准过程（CRISP-DM）。之后，在 2015 年 IBM 发布了一种名为数据挖掘/预测分析的分析解决方案统一方法（也称为 ASUM-DM）的新方法，该方法改进并扩展了此前的标准过程。

CRISP-DM 提供了一种开放的、可自由使用的数据挖掘标准过程，使数据挖掘适合于商业或研究单位的问题求解策略。CRISP-DM 的一个优点是，它描述了挖掘过程中最常用的步骤和模型。该流程模型同样适用于预测分析和其他相关分析方法的实施，包括业务分析、统计和文本挖掘。对于新的建模者而言，标准模型为分析提供了结构化的流程依据，不仅提醒实践者需要完成的步骤，而且还提醒实践者在整个过程中需要制作的文档和报告内容，这些都是特别有价值的。CRISP-DM 由于其各种优点，是目前研究和实践中应用最广泛的数据挖掘模型形式，解决了数据挖掘行业存在的问题。

CRISP-DM 描述了数据挖掘的六个步骤，如图 2.1 所示，业务理解、数据理解、数据准备、建模、评估和部署。这些步骤，以及它们在图中出现的顺序也代表了项目中最常见的序列。这个过程的简要说明如表 2.1 所示。

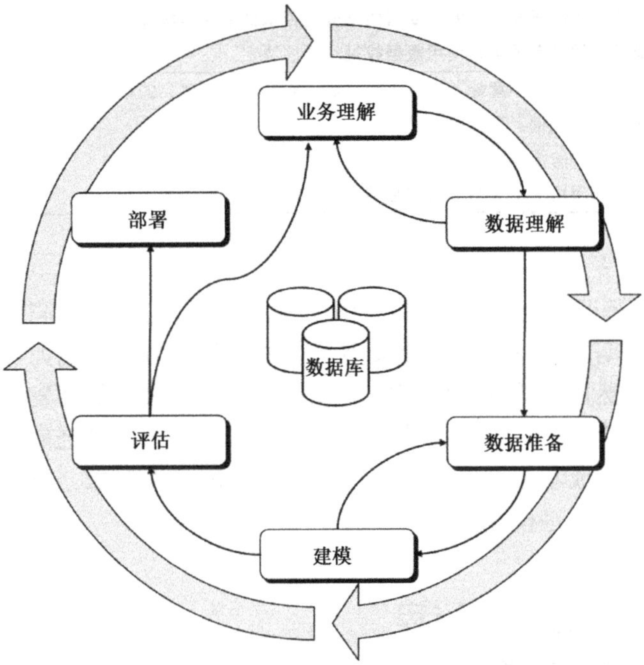

图 2.1 CRISP-DM 数据挖掘的六个步骤

表 2.1 CRISP-DM 数据挖掘的六个步骤概述

步 骤	内 容 简 述
业务理解	根据业务或研究单元，从总体上清楚地阐明项目目标和需求。 将这些目标和约束转换为数据挖掘问题定义的公式。 准备实现这些目标的初步策略
数据理解	收集数据。 熟悉数据，发现浅层见解。 评估数据质量。 如果需要的话，选择可能包含可执行模式的感兴趣数据子集
数据准备	该步骤需要投入大量的精力，涵盖准备最终数据集的方方面面，这些数据将用于后续步骤，涉及初始数据、原始数据和脏数据。 选择要分析的案例和变量，为分析做好准备工作。 如果需要的话，对确定的变量进行转换。 对原始数据展开清理工作，为使用建模工具建模打下基础
建模	选择并应用适当的建模技术。 校准模型设置以优化结果。 通常，对同一个数据挖掘问题可能要应用多种不同的技术。 可能需要返回数据准备步骤，以便使数据形式能够符合特定数据挖掘技术对数据的特定需求

续表

步 骤	内 容 简 述
评估	建模步骤将发布一个或多个模型。在将这些模型部署到现场进行使用前，必须对模型质量和效果开展评估工作。 同时要确认模型是否能完成业务理解步骤所设定的一系列目标。 确认业务或研究问题的重要组成部分是否未被清楚地解释。 最后，做出有关是否使用数据挖掘结果的决定
部署	建立了模型并不意味着项目已经完成，需要应用已建立的模型。 简单部署实例：建立报表。 复杂一些的部署实例：在其他部门实现并行数据挖掘过程。 对商业应用来说，客户通常会基于建立的模型开展部署工作

如图 2.1 所示，理解各个步骤之间的反复迭代从而实现循环过程非常重要。CRISP-DM 指出了基于项目实施期间的发现来修改典型流程的最常见方式。例如，如果在业务理解期间定义了业务目标，然后在数据理解期间检查了数据，那么可能会发现没有足够的数据量或数据质量来构建预测模型。在这种情况下，在数据准备和建模之前，必须使用可用的数据重新定义业务目标，或者考虑降低已经建立的模型准确性要求。重新检查数据准备工作以创建新的派生变量是改进模型的常见步骤。

2.2 大数据营销的基本流程

CRISP-DM 是一个跨行业通用的数据挖掘的过程模型，涵盖了广泛的业务目标。企业往往以 CRISP-DM 为基础，建立适用于自身组织架构和业务需求的大数据分析与挖掘的管理过程标准。本书讨论的重点是大数据在营销领域中的应用，下面将以市场营销领域的应用为例，进一步说明大数据营销的数据挖掘基本流程。

一般来说大数据的处理流程可以定义为在适合工具的辅助下，对不同结构的数据进行抽取和集成，然后按照一定的标准统一存储，再利用合适的数据分析技术对存储的数据进行分析，从中提取有益的知识并利用恰当的方式将结果展示给终端用户。因此，大数据营销的处理流程必须从市场营销的实际应用场景出发，对应用领域和数据挖掘的目标有明确和清楚的认知。大数据营销的基本流程如图 2.2 所示。

1. 理解业务需求

充分理解业务的需求、提炼出大数据营销的目标、找到传统营销的瓶颈、确定数据分析的方法是成功的第一步。业务需求的确定也来自客户的需求。深入把握客户的需求，才能设计出具有针对性的解决方案，提供个性化、主动的服务营销。同时只有深入把握行业需求，对客户进行全面分析和跟进，直接反馈业务市场的竞争态势，对市场的动态变化进行实时掌控，才能在竞争中占据主动。与其同时，初步确定能够符合业务目标的数据分析模型。当在思考解决问题的方法时，项目成员需要讨论哪种类型的分析（描述性、解释性、预测性）和哪种学习算法（监督、无监督、强化学习）适合解决给定的问题。

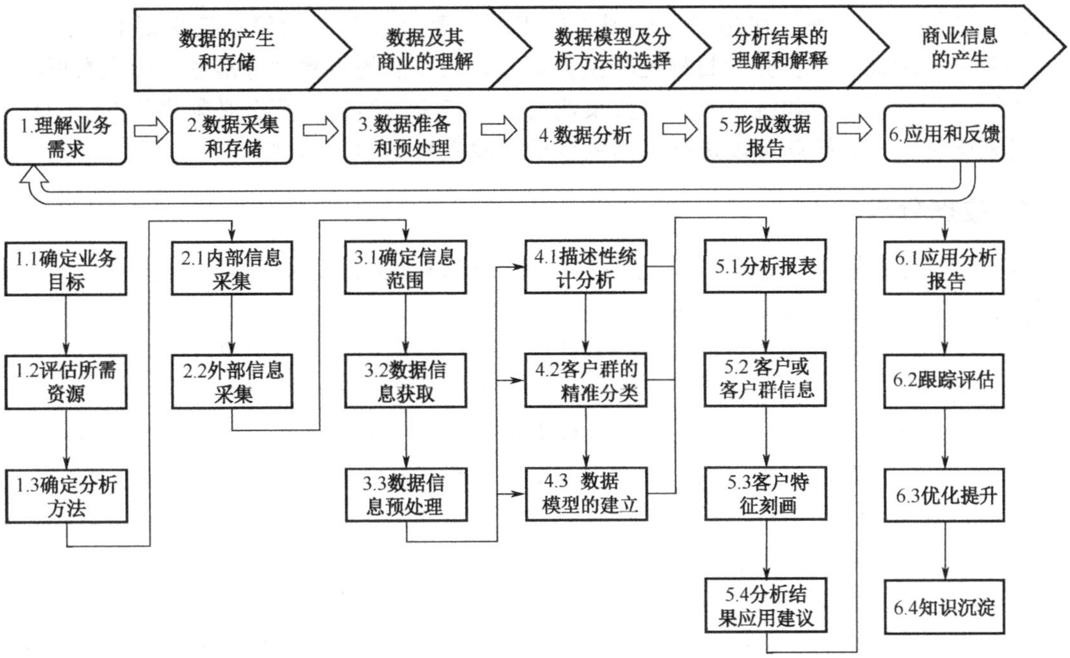

图 2.2 大数据营销的基本流程

2. 数据采集和存储

一旦对项目有了深入的理解和明确的定义，将进入数据采集和存储阶段。由于大数据处理的数据来源广泛，而其第一步是对数据进行抽取和集成，从中找出代表实体对象和与其有关系的数据，经过关联、聚合等操作，再按照统一的格式对数据进行存储。现有的数据抽取和集成引擎有三种：基于 ETL（是英文 Extraction Transformation Loading 的缩写，用来描述将数据从来源端经过抽取、交换转换、加载至存储目标端的过程）方法的引擎、基于中间件的引擎、基于数据流方法的引擎。数据采集主要分三种方式：基础运营方式、数据租赁运营方式及数据购买运营方式。它们又可归纳为两个方面，即内部信息采集和外部信息采集。有时需要从第三方供应商购买数据，或从网络上抓取和提取数据，或者使用公开可用的数据，这并不罕见。在某些情况下，还需要从项目的内部系统中收集数据。根据具体情况，数据收集步骤可能很简单，也可能很烦琐。完成数据收集之后，要对数据的质量进行评估，以便更好地符合分析对数据的要求。因此，企业一定要制定数据积累和管理的框架。一方面通过市场调查消费者消费记录及促销活动（特别是新媒体营销）的记录；另一方面利用公共数据，如人口统计数据、医院婴儿出生记录、患者记录卡、银行担保卡、信用卡记录等都可以选择性地纳入数据采集范围。根据企业数据管理的框架和自身的条件，将收集的数据选择适当的方式进行存储，建立起大数据平台。

3. 数据准备和预处理

这个阶段是根据大数据营销的目标，确定大数据分析的数据范围，运用大数据技术对初始数据、原始数据和脏数据进行清洗或预处理。由于数据量巨大，以及其复杂性和多样性，该阶段往往需要投入大量的精力。数据的预处理还应该包括寻找或确定具有商业含义的新变量，或进行变量转换，为使用工具建模打下基础。由于大数据的低价值密度的特征，对原始大数据的预处理往往也是一个很大的工程，甚至预处理的好坏直接影响之后数据分析的效果。因此，此步骤的目标是转换数据，并为以后的步骤做好准备。如果数据源的格式不同，则必须转换和统一数据。如果数据没有特定的结构，那么必须将数据结构化，通常是表格格式，这样就可以进行不同的分析并建立机器学习模型。

4. 数据分析

数据分析通常包含三个层次：描述性分析（Descriptive Analytics）、预测性分析（Predictive Analytics）及指令性分析（Prescriptive Analytics）。

（1）描述性分析：通过分析数据找出过去事件的特征和正在发生事件的趋势。

（2）预测性分析：通过分析数据来预测未来可能发生的事情。

（3）指令性分析：指令性分析有时也称为规范性分析或措施性分析。指令性分析将回答应该怎么做的问题，即执行的哪些操作。指令性分析吸收前两种分析（描述性分析与预测性分析）中的结论，通过分析数据找出最佳措施，并为企业推荐最佳的可行方案和行动指令或建议，以取得最优化的结果。

同样，针对大数据营销的数据分析主要从描述性统计分析、客户群的精准分类及数据模型的建立三方面来入手。例如，利用基本统计学方法进行统计分析；利用探索性数据分析进行新变量的创建和新见解的发现；利用数据挖掘的分类、聚类、关联等方法进行客户群的精准分类；利用数据模型和机器学习等算法进行各种预测。

大数据分析是指对规模巨大的数据进行分析。大数据分析是大数据处理流程的核心步骤。通过抽取和集成环节，从不同结构的数据源中获得用于大数据处理的原始数据，根据用户需求对数据进行分析处理，如数据挖掘、机器学习、数据统计分析可以用于决策支持、商业智能、推荐系统、预测系统等。利用大数据分析及挖掘技术改进已有数据挖掘和机器学习技术，开发数据网络挖掘、特异群组挖掘、图挖掘等新型数据挖掘技术，突破基于对象的数据连接、相似性连接等大数据融合技术和用户兴趣分析、网络行为分析、情感语义分析等面向领域的大数据挖掘技术。

数据挖掘就是从大量的、不完全的、有噪声的、模糊的、随机的实际应用数据中，提取隐含在其中人们事先不知道但又是潜在有用的信息和知识的过程。首先，要结合挖掘目标寻求数据的特征变量并转换为算法模型能够适用的数据。这一过程也叫特征工程。特征工程是数据科学和机器学习中最重要的部分，它直接影响预测模型的性能。特征工程需要数据方面的专业知识和良好的领域知识，因为它要求将原始数据转换为更有用的数据，以便算法从中学习。特征工程的一个很好的例子是将文本数据转换为数值数据。由于机器学习算法只能从数字数据中学习，因此需要想出一个想法和策略，将文本数据转换为数字数据。

数据挖掘涉及的技术方法很多且有多种分类法。根据挖掘任务可分为分类、预测、数据总结、聚类、关联规则的探索、序列模式或规律的挖掘、依赖关系或依赖模型的发现、异常和趋势的发现等；根据挖掘对象可分为关系数据库、面向对象数据库、空间数据库、时态数据库、文本数据库、多媒体数据库、异质数据库、传统遗留数据库及互联网数据库；根据挖掘方法可粗分为机器学习方法、统计方法、神经网络方法和数据库方法。机器学习方法可细分为归纳学习方法（决策树、规则归纳等）、基于范例学习、遗传算法等。统计方法可细分为回归分析（多元回归、自回归等）、判别分析（贝叶斯判别、费歇尔判别、非参数判别等)、聚类分析(系统聚类、动态聚类等)、探索性分析(主元分析法、相关分析法等)等。神经网络方法细分为前向神经网络(BP 算法等)、自组织神经网络(自组织特征映射、竞争学习等)等。

5. 形成数据报告

在数据分析的基础上,形成数据报告是非常重要的步骤。数据报告包括分析报表、客户信息或客户群信息及其特征,以及根据分析结果提出应用建议。用户最关心的是数据处理的结果及以何种方式在终端上显示结果,因此采用什么方式展示处理结果非常重要。目前来看,可视化和人机交互是数据解释的主要技术。数据可视化无论是对普通用户还是数据分析专家,都是最基本的功能。数据图像化可以让数据"说话",让用户直观地感受到结果。

数据可视化主要是借助图形化手段,清晰有效地传达或沟通信息。数据可视化技术的基本思想是将数据库中每个数据项作为单个图元元素表示,大量的数据集合构成数据图像,同时将数据的各个属性值以多维数据的形式表示,可以从不同的维度观察数据,从而对数据进行更深入的观察和分析。而使用可视化技术可以将处理结果通过图形方式直观地呈现给用户,如标签云、历史流、空间信息等;人机交互技术可以引导用户对数据进行逐步分析,参与并理解数据分析结果。大数据分析提供了一种可能,既可以根据营销问题,封闭性地去挖掘对应数据进行验证,也可以开放性地探索,得出一些可能与常识或经验相异的结论。

6. 应用和反馈

数据驱动营销最重要的是解读。一般是定义营销问题之后,采集对应的数据,然后根据确定的模型、分析框架或数据进行分析,验证假设,进行解读。在大数据分析的基础上,可解读的点变得非常丰富。解读的目的是应用,根据解读的结果,把分析的建议加入大数据营销计划,进行跟踪评估和优化提升,达到知识沉淀的目标,最终应用于新一轮的大数据营销。

2.3 大数据营销的核心能力

2.3.1 大数据挖掘成功的要素

当人们抱着对大数据巨大的期待时,却要面对太多大数据项目(包括数据科学和数据分析项目)失败的现实。事实上,大数据项目的失败率令人震惊。

85%的大数据项目失败(Gartner, 2017);

87%的数据科学项目从未投入生产(VentyiureBeat, 2019);

"到 2022 年,估计只有 20%的分析洞察力能带来商业成果"(Gartner, 2019 年)。

这就引出了一个问题:为什么大数据科学和分析项目会失败?

其原因是多方面的。有研究表明,大数据项目失败的原因主要包括:①没有正确的数据;②没有合适的人才;③解决错误的问题;④没有部署价值;⑤思考部署是最后一步;⑥使用错误的(或不正确的)流程;⑦忘记道德;⑧忽视文化。这八个主要原因中,除了项目规划、管理、人才、法律和文化因素，数据、业务目标、挖掘流程和项目价值估计的正确性与项目的成败密切相关。因此，作为一位合格的数据工程师，不仅要有扎实的算法和工具使用基础，还必须对项目涉及的领域有充分的理解。

在预测建模中，最重要的是领域专家、数据或数据库专家及预测建模专家。这好像是保证预测建模成功的三条腿（三要素）。每条腿对保持凳子的稳定和达到预期的目的至关重要（见图 2.3）。项目需要领域专家以一种能够为组织提供价值的方式恰当地提出问题；需要数据或数据库专家来确定哪些数据可以用于预测建模，以及如何访问和规范化这些数据；需要预测建模专家来构建实现业务目标的模型。

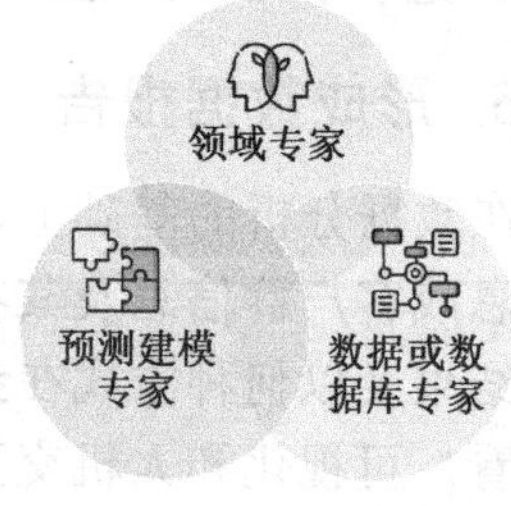

图 2.3　预测建模成功的三要素

如果这三条腿中少了一条或多了一条会发生什么？

如果没有领域专家，对于应该构建什么模型及应该如何评估它们的定义两个问题的回答，可能会导致出现没有处理关键业务关注点的失败项目。如果没有正确地定义问题，并且只有建模者和数据库管理员定义问题，那么可能会以惊人的准确性构建出优秀的模型，却没有使用，因为模型没有解决组织的实际需要。或者也许模型预测了正确的决策类型，但并不能很好地解决什么对业务最重要。又或者选择了错误的模型，是因为使用了错误的度量来描述好的模型。每个预测建模项目都需要目标。这些目标必须由领域专家来制定，而不是由数据或数据库专家制定。数据或数据库专家也许会参与制定目标，但重要的是要理解项目的价值及决策、警报、估计或报告的过程。虽然数据或数据库专家有时也有这种专业知识，但在大多数情况下，领域专家对模型如何影响组织有更好的看法。

如果没有数据或数据库专家参与，可能会出现数据问题。第一，可能无法充分理解数据库中的表布局，从而无法访问预测建模所需的所有字段。第二，对合适字段及所代表的信息的理解可能不够充分，即使这些字段的名称看起来很直观，或者如果这些名称是定义不清的，并且没有可用的数据字典。第三，权限不足可能妨碍将数据拉入预测建模环境。第四，数据库资源可能不支持建模数据所需的连接类型。第五，预测建模团队设想的模型部署选项可能不被组织支持。

如果没有预测建模专家参与，可能会出现建模问题。正如 CRISP-DM 指示的一样，在业务理解阶段就要对预测建模进行讨论和评估。否则项目可能会遇到一系列障碍。第一，规划经理对预测模型能做什么缺乏理解，可能导致指定了不可能实际构建的模型。第二，可能不需要为预测建模定义目标变量，如果做了，可能会阻碍预测建模工作。第三，如果预测建模专家没有定义构建预测模型所需的数据布局，那么建模者使用的建模表格可能根本就没有定义，或者可能缺少模型所需的关键字段。

在 CRISP-DM 的业务理解阶段，三类专家为了定义可靠的业务和预测建模目标，需要解决的六个关键问题如下：

- 预测模型要处理哪些业务目标；
- 如何量化业务目标；
- 哪些数据可以用于量化业务目标；
- 可以调用哪些建模方法来描述或预测业务目标；
- 如何量化模型与商业目标的契合度，从而使模型得分具有商业意义；

- 预测模型如何在操作上部署。

通常，围绕这六个关键问题的讨论和决定会遇到许多现实的问题。例如，希望在预测模型中使用的数据可能无法及时或完全获取；更直接处理业务目标的目标变量可能不存在或无法量化；计算资源可能不存在，无法以分析师喜欢的方式构建预测模型；或者可能在所需的时间范围内没有可用的人员来申请项目。这些只是可能被发现的一些问题。项目经理需要实事求是地考虑哪些业务目标可以在时间框架内和预算范围内实现。

综上所述，数据挖掘项目的成功不仅需要前沿技术，更需要科学的管理。

2.3.2 成为合格的大数据营销人员

塑造专业人才的第一步是了解专业工作对于能力的要求。然而大数据营销能力的内涵，在理论界尚未有完整定义。根据大数据营销的工作流程和内容，本书提出了大数据营销能力这一新概念，旨在为大数据环境下新商科专业人才的打造明确方向。

在大数据环境下，企业可以记录或搜集顾客在各个渠道（如社会化、移动化的媒体与渠道）、生命周期各个阶段（顾客产品感知、品牌参与、产品购买、购买后的口碑和社会互动）的行为数据，从而设计出高度精准、绩效可高度定量化的营销策略。所以，本书认为大数据营销能力是营销人员在整个营销过程中利用大数据技术，包括机器学习、文本分析、情感分析和预测分析等，能使营销活动效果有显著提升的综合能力。根据本章 2.2 节的介绍，大数据营销一般经历理解业务需求、数据采集和存储、数据准备和预处理、数据分析、形成数据报告、应用和反馈六个基本过程。在此过程中，大数据营销能力应当包含数据采集和存储能力、数据准备和预处理能力、数据分析能力及营销管理能力。其中营销管理能力是指从业人员是否可以理解业务需求并制定大数据分析任务、根据数据分析的结果形成数据报告并将结果应用于企业。

本书基于对大数据营销能力的解读，构建了商科专业本科层次学生大数据营销能力培养课程体系，如图 2.4 所示。

1. 数据采集和存储能力培养

学习应对大数据环境下的创新商务模式和营销策略，了解大数据所推动的商务（特别是电子商务）新兴产业链。在结合电子商务概论、网络营销、消费者行为学等课程的理论基础上，理解大数据带来的数据服务新变革。学习基于大数据的新型营销方式，如基于社交网络、基于位置服务大数据的新媒体营销等。了解数据的存储方式和关系型数据库的查询方法，如数据库原理及应用，旨在加强大数据环境下对创新商务模型及营销模型的数据敏感性，认识不同的数据类型及潜在的价值，了解数据采集、存储和查询的方法。

2. 数据准备和预处理能力培养

通过学习 ETL 原理和应用课程，了解数据的提取、转换及上载的原理和 ETL 工具，并通过对数据仓库和商务智能的学习，了解在数据仓库平台进行数据前期处理和初步挖掘的工具与方法，培养数据准备和预处理能力。

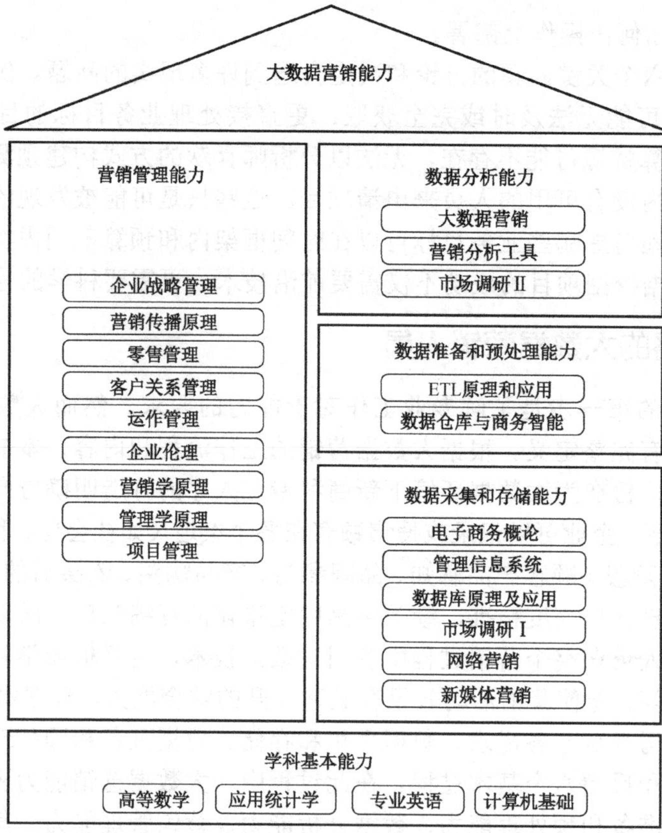

图 2.4　商科专业本科层次学生大数据营销能力培养课程体系

（资料来源：马琦. 基于大数据营销能力的市场营销专业培养模式探讨[J]. 智库时代，2018(01):14-17.）

3. 数据分析能力培养

学习营销分析工具及大数据营销课程，了解大数据技术在营销领域的应用场景及挖掘工具和可视化工具。在学习大数据分析与挖掘技术的基础上，学习描绘、预测、分析、指引消费者行为的常规方法，探索发现基于大数据平台的新兴营销分析方法，帮助企业制定有针对性的商业策略。针对消费者的特性提供相应的个性化服务、消费预测等。目的在于培养适应大数据环境下的数据分析能力。

4. 营销管理能力培养

大数据最大的价值在于应用。而商业应用的基础是对商业现象的理解。所以无论是分析前对于分析任务和方向的设定，还是分析过程中对分析内容的选择和数据的理解，以及分析完成后的营销建议和新型自动化营销工具的开发，都需要扎实的商业理论功底。因此，一方面要通过学习经典营销理论，夯实商科基础；另一方面要通过实践项目和案例训练，充分理解营销任务与数据任务，搭建起两种任务的桥梁，为培养综合大数据营销能力奠定良好的基础。

2.4 大数据营销的分析模型与工具

2.4.1 常用的大数据营销分析模型

1. 数据分析类型

前面已经提及，大数据营销分析主要有描述性和解释性分析、预测性分析和措施性分析三种不同类型。

（1）描述性和解释性分析。描述性分析是为了更好地理解和描述给定的数据集。这种分析的目的是定量和统计地总结数据所包含的信息。如果正在对用户购买历史数据进行描述性分析，那么将回答这样的问题：什么是最畅销的商品？去年的月销售额是多少？所售物品的平均价格是多少？每当获得待分析的数据集时，分析者都应该对其进行描述性分析。描述性分析的目的是回答这是什么和已经发生了什么等问题，而解释性分析是回答数据代表了什么和数据之间的联系或因果关系是什么的问题。这种类型的分析通常在想要回答某个特定问题时进行。以电子商务为例，如果想分析是什么促使用户购买，此时要进行解释性分析，而不是描述性分析。数据挖掘模型应该尽可能透明。也就是说，数据挖掘模型的结果应该描述清晰的模式，这些模式服从直觉解释。再如，从用户黏性到转化率，解释性分析用来回答诸如是什么促使用户更多地参与我们的营销活动、是什么让用户从我们的零售店购买商品等问题。一些数据挖掘方法比其他数据挖掘方法更适合透明解释。探索性数据分析以一种图形化的方法，对数据进行探索以搜索模式和趋势，常能达到高质量描述的效果。

（2）预测性分析。这种分析是在想预测某个特定的未来事件时进行的。这种分析的目的是建立机器学习模型，从历史数据中学习，并对未来将发生的事件做出预测。与前面的电子商务和购买历史数据示例类似，这种类型的分析回答的问题之一可能是哪个用户最有可能在未来 7 天内进行购买。通常，为了进行预测分析，必须首先进行描述性和解释性分析，以便更好地理解数据，并对特定项目使用哪种学习算法和方法产生想法。

（3）措施性分析。措施性分析通过分析数据来找出最佳措施，取得最优化的结果。其典型案例有 A/B 测试等。

2. 机器学习的算法类型

一般来说，有三种类型的机器学习算法：监督学习、非监督学习和强化学习。这三种不同类型的机器学习算法之间的区别如下。

（1）监督学习算法。当预测目标或结果已知时，使用这些算法。如果我们想用机器学习来预测未来几天谁会购物，那么将使用监督学习算法。在这里，预测的目标或结果是这个人是否在给定的时间窗口内购买。基于历史购买数据，将需要构建特征，描述每个数据点，如用户的年龄、地址、最后购买日期，然后监督学习算法将从这些数据中学习如何映射这些特征到预测目标或结果。

（2）无监督学习算法。与监督学习算法不同，当没有特定的预测目标或结果时，使用无监督学习算法。这种类型的机器学习算法经常用于聚类和推荐系统。例如，可以使用无监督学习算法根据客户的行为将其划分为不同的子群体或细分群体。在这种情况下，没有想要预测的特定目标或结果，只是把相似的客户分成不同的细分市场。

（3）强化学习算法。当希望模型在没有先验知识或经验的情况下持续学习和训练自身时，使用这些算法。在强化学习的情况下，该模型通过大量的尝试和错误学习如何做出预测。强化学习在营销中应用的一个例子是，当有多种营销策略时，测试并选择最有效的一个。在这种情况下，可以运行一种强化学习算法，它每次随机选择一种策略，并在出现积极结果时获得奖励。经过多次反复的尝试和错误，强化学习模型将学会根据每种营销策略获得的总回报来选择最佳的营销策略。

2.4.2 大数据营销分析工具

1. R 语言——数据分析的首选环境

以上讨论的大数据分析技术和工具大都是计算机技术层面的，而对市场分析师来说有点望尘莫及。实际上，数据科学家和市场分析师的工作重点都是数据分析和处理，以及把分析成果如何运用于商业实践。那么，有没有既简单好用，又能够满足数据分析的工具呢？答案是肯定的。

那么，一名大数据分析的初学者应如何寻找合适的突破口，并通过渐进的学习，成为理想中的数据分析师或数据科学家？从数据挖掘方法入手，无疑是最佳选择。一方面，可保证初学者在一开始就可以持续进行一般的数据分析，并通过增加数据量、引进新方法提高自己的分析能力，逐步成为一名方法应用与算法研究的专家；另一方面，当达到一定水平之后，向下可以进一步研究大数据的分布式计算环境与计算方法，并深入学习云计算的基础知识，成为拟定大数据系统建设方案的高手；向上也可以结合自己所从事行业的实际问题，通过具体实战积累应用经验，成为该领域大数据分析的翘楚。

R 语言正是目前应用最广泛的数据挖掘与分析工具。R 语言是一门编程语言，是数据科学和机器学习中最常用的语言之一，并非 SPSS、SAS、JMP 或 Minitab 这样的“统计程序”。官方 R 项目对其描述是“用于统计计算和图形的语言和环境”。R 语言是用于统计的很好的编程语言。其底层语言的发明者 John Chambers 获得了 1998 年美国计算机协会的软件系统奖［Association for Computing Machinery（ACM）Software System Award］，该奖项针对的是能够“永久改变人们分析、可视化和处理数据的方式……”的系统。

R 语言基于 Chamber 于 20 世纪 70–80 年代在贝尔实验室发明的 S 语言（S 是英文单词“Statistics”的首字母）。UNIX 操作系统和 C 编程语言也是在该实验室产生的。S 语言的实践商业版本 S－PLUS 在 20 世纪 90 年代吸引了分析师和学术界的注意。Robert Gentleman 和 Ross Ihaka 希望扩大 S 语言的使用范围并且在 1997 年推出了开源项目 R 语言。

自那以后，R 语言的普及度呈几何级增长。R 语言真正神奇的地方在于用户可以对 R 语言的发展做贡献，提升 R语言的方式从添加核心函数到高度特异化的方法等不一而足。许多用户都对 R 社区做出了贡献，现在有 18214 个 R语言程序包（2021 年 9 月 CRAN 官方统计结果），为R 语言添加了许多功能（最新的统计数字见 https://mirrors.tuna.tsinghua.edu.cn/CRAN/）。

为什么 R 语言被数据分析师如此青睐？使用 R 语言的理由有很多。R 语言是统计学家使用最广泛的平台，统计专业人士提出的最新方法首先得以用 R 语言实现。R 语言迅速发展成为大学教育的默认平台，且扩展到其他学科，如经济学和心理学。

R 语言为分析师提供了最多最广的分析工具和统计方法集。它使用户能够重复使用分析代码，且扩展 R 语言系统本身。R 语言能在大多数操作系统上运行并且能和其他数据系统交互，如在线数据、SQL 数据库。R 语言提供优美且强大的绘图函数，相较于电子表格，R 语言能大量绘制更加贴合当前情况、更具信息量的图形。把这些特点加起来，R 语言便能够极大地提高分析师的效率。

R 语言有一个社区。许多 R 语言用户都是 R 语言的狂热者，他们乐于助人，并且享受解决问题带来的喜悦及总是学到新东西的过程。R 语言是用户建立的动态系统，关于 R 语言总有新的东西要学习。R 语言相关知识是越来越多顶级公司分析工作需要的宝贵技能。

R 语言代码是开放的，用户可以选择相信函数背后的代码，也可以随时核实。所有的核心代码和人们贡献的大部分 R 语言程序包都是开源的。用户能检查其中的代码，看看究竟是如何分析的，以及函数运行背后到底发生了什么。

最后，R 语言是免费的。这是 R 语言核心开发组成员对职业的热爱和自豪感的结果，其中包括杰出的统计学家和计算机科学家。与所有杰作一样，建造者的专注明显反映在最终的作品上。

综上所述，R 语言的突出特点如下。

（1）共享性。用户可以到相应的网站上免费下载和使用。

（2）分析方法丰富。R 语言不仅包括众多经典通用的统计和数据挖掘方法，还拥有大量面向不同应用领域问题的前沿和专用的模型算法。

（3）操作简便灵活。R 语言支持计算机编程。用户可以通过编程实现数据整理的自动化和批量化，可以通过调用 R 语言的现成模型和算法解决一般性的数据挖掘问题，可以自行编写程序解决特殊性的数据挖掘问题。

（4）成长性。R 语言通过开放的网络社区化平台，不断吸引更多的专家学者和应用人员成为 R 语言的开发者，更多、更有效、更前沿的方法正不断融入 R 语言中。

2. 免代码的数据分析平台

如果你还没有深入了解数据科学、机器学习算法及 R 语言方面的知识，也不要担心。本书为专注于大数据营销的实践者准备了免代码的数据分析平台的操作实例。近来市场上从开源平台（软件），到专业打造的平台逐渐增多。例如，微软的 PowerBI、Tableau、BIRT、Clicdata、ELK Stack、Helical Insight、Jedox、百分点商业智能分析系统、蓝鹰数据智能实验室、悦岚双引擎大数据实训平台等。为了帮助你可以快速地实践你的大数据营销策略，这里选择了蓝鹰数据智能实验室（以下简称“蓝鹰 BI 平台”）针对每一个主要案例，给出了免代码的平台操作实践指导及其步骤。

蓝鹰 BI 平台是北京中云国创数据科技有限公司（以下简称“中云国创”）自主研发的，面向经管、金融、物流、财会、人力、营销等商科类学科数字化转型的跨专业综合实训平台。蓝鹰 BI 平台包含了蓝鹰商业数据分析平台、蓝鹰数据处理平台、蓝鹰人工智能编程平台、蓝鹰数据市场、蓝鹰科研平台、蓝鹰智课平台六大平台（见图 2.5）。

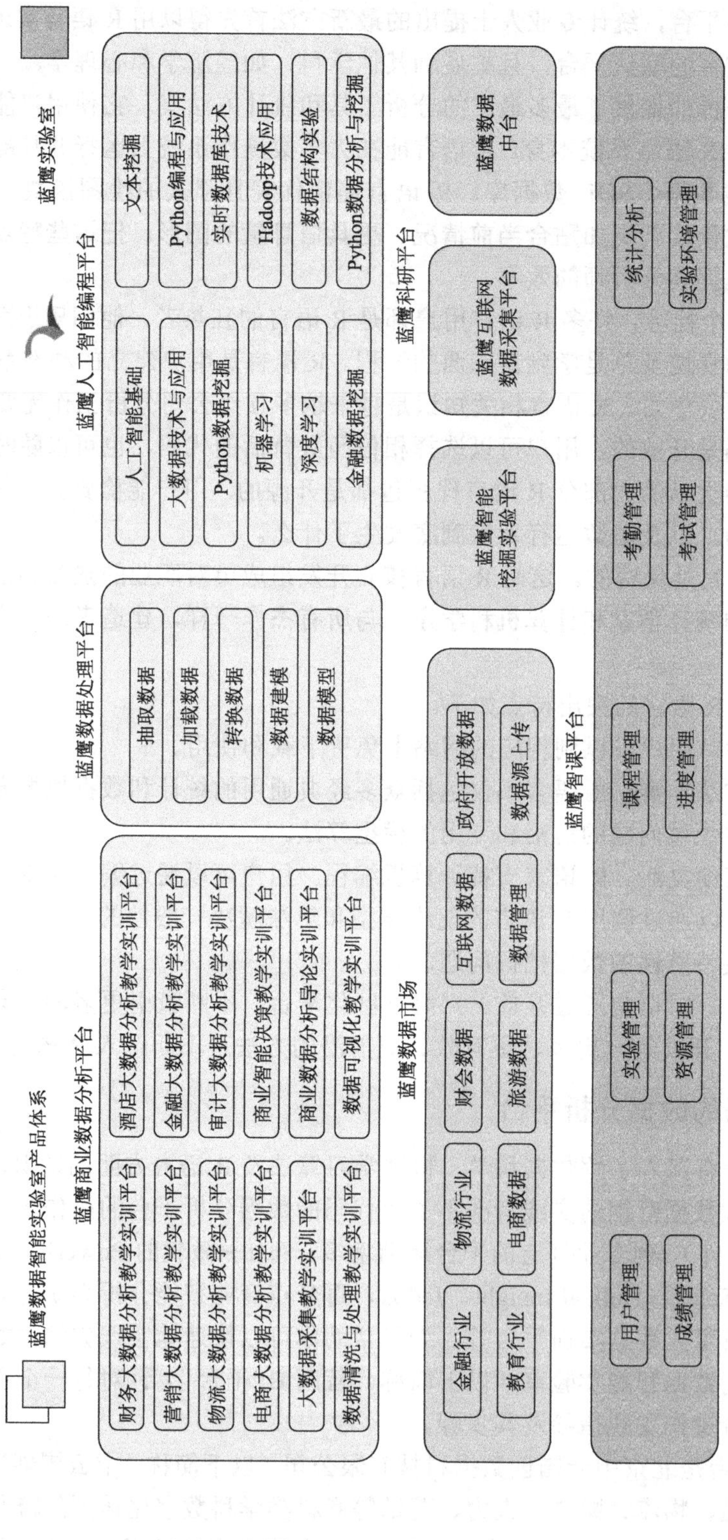

图 2.5 蓝鹰 BI 平台组成

蓝鹰 BI 平台采用了“1+1+N”的新商科数字化人才实训模型，即 1 种完整的数据思维、1 种真实的场景思维和 N 种工具的使用技能。平台通过对不同行业典型商业数据场景案例的数据模型和思维的抽取，营造一个近乎真实的商业数据环境，让学习者在真实的数据环境、业务环境、工具环境中，围绕各个岗位中不同的业务问题，通过将数据思维和专业知识的深度融合，运用不同的数据工具解决业务问题，可以进行商业数据分析、多人协作编程等多种场景。该平台具有如下几个特色。

（1）真实的企业场景：100%原生态的企业数字资源、工具资源和案例资源，来自 30 多个行业的庞大行业数据集，应用于国家电网、部委信息中心的智能数据工具，中国银联金融数据分析，某集团商超的超市销售分析等企业级真实案例。

（2）领先的双引擎系统：蓝鹰 DI 内部集成了蓝鹰 AI 和蓝鹰 BI 两大引擎，并且可以在教学实验中自由切换，蓝鹰 AI 通过在线的独占式编程环境培养学生的编程思维，使用 Python、R 等语言培养学生解决实际问题的技能，蓝鹰 BI 通过可视化分析工具培养了学生的数据模型构建思维，以及在多场景下快速构建数据模型的能力。

（3）贴近产业需求的人才培养模型：作为一家产教融合型企业，中云国创深知企业端数字化人才的能力需求，在此基础上提出了“1+1+N”的数字化人才培养模型，并且围绕数字思维、场景思维和工具能力研发出了一整套课程体系，分别包括数字思维类课程、数据工具类课程和行业应用类课程，可以满足中职、高职和本科等不同层次、不同专业的数字化人才培养需求。

（4）丰富的数据资源和课程资源：平台内置了 37 个行业的上亿条数据资源，并且可以提供金融、电商、旅游等多个行业的实时数据资源。平台还整合了电商大数据、供应链数据分析、大数据营销、财会大数据、人力资源大数据、金融大数据分析等行业应用课程资源；每一门课程配备了包括课程大纲、教学 PPT、实验数据、实验指导书、微课、试题库、教材等资源。

因此蓝鹰 BI 平台将会帮助读者快速分析数据并洞察业务趋势，理解大数据营销案例分析的精华，从而实现业务的改进与优化。蓝鹰 BI 平台支持丰富的数据源连接，能够通过拖拉拽方式快速制作图表，并可以方便地与他人分享。本书在第 5 章至第 10 章增加了相关的蓝鹰 BI 平台实例和操作指南，以便读者快速实践。

本章小结

在本章中，我们首先介绍了数据挖掘标准过程模型及其六个基本步骤，即业务理解、数据理解、数据准备、建模、评估和部署。然后，介绍了数据挖掘标准过程模型在大数据营销中的具体应用，包括理解业务需求、数据采集和存储、数据准备和预处理、数据分析、形成数据报告、应用和反馈等六个阶段。我们还讨论了在大数据时代成为一个合格的和成功的营销工作者所需具备的大数据营销能力结构。最后，简要介绍了大数据营销的分析模型和工具。

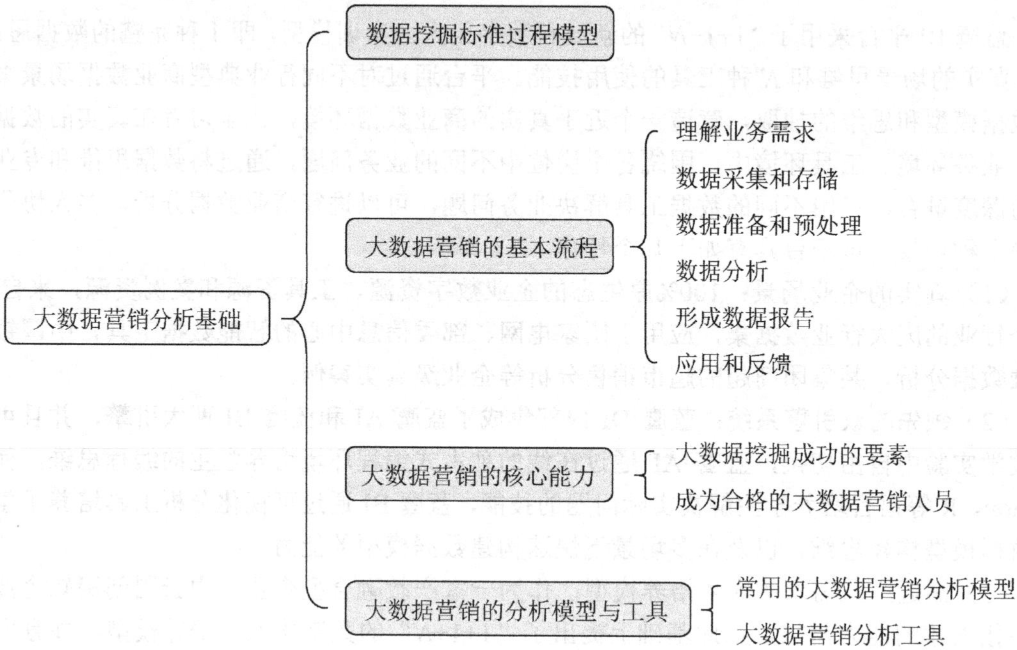
大数据营销分析基础
数据挖掘标准过程模型
大数据营销的基本流程
理解业务需求
数据采集和存储
数据准备和预处理
数据分析
形成数据报告
应用和反馈
大数据营销的核心能力
大数据挖掘成功的要素
成为合格的大数据营销人员
大数据营销的分析模型与工具
常用的大数据营销分析模型
大数据营销分析工具

第 3 章▶▶

数据准备

【学习目标】

1. 理解数据结构类型与数据准备的关系
2. 掌握数据清洗的内容和方法
3. 掌握数据变换的内容和方法
4. 掌握数据集成的内容和方法

本章插图

3.1 数据准备概要

3.1.1 数据结构类型

在本书第 1 章介绍了大数据就其结构复杂度来说可以分为结构化数据、半结构化数据和非结构化数据三种数据格式。营销数据也不例外，通常包含以下三种类型的数据。

结构化数据。这也被称为完全结构化或结构化良好的数据。这是管理信息最简单的方法。数据以扁平的表格形式排列，正确的值对应正确的属性。有一个唯一的列，称为索引，用于方便和快速地访问数据，并且没有重复的列。可以通过 SQL 查询精确地查询数据，如关系数据库中的数据、MySQL、Amazon Redshift 等。

半结构化数据。这是指可变长度的数据，在同一列中可能包含不同的数据类型（如数字或分类）。这样的数据可以按嵌套或分层表格结构排列，但仍然遵循固定的模式。没有重复的列（属性），但可能有重复的行（观察）。另外，每一行可能不包含每个属性的值，也就是说，可能有缺失的值。半结构化数据可以准确地存储在 NoSQL 数据库、Apache Parquet 文件、JSON 文件中。

非结构化数据。非结构化数据可能不是表格式的，即使它是表格式的，每次观察的属性或列数可能是完全任意的。相同的数据可以以不同的方式表示，而且属性可能彼此不匹配，值会泄漏到其他部分。非结构化数据可以存储为文本文件、CSV 文件、Excel 文件、图像、音频等。

由于数据源不同，数据格式也不尽相同，而大部分数据分析模型的输入数据都要求是结构化数据。因此，原始数据通常不能直接使用，需要对其进行结构化、过滤、组合、分析和观察后，才能将其用于任何进一步的分析。

3.1.2 数据准备工作内容

根据观测、调查收集到初步的样本数据集后，接下来要考虑的问题是样本数据集的数量和质量是否满足模型构建的要求？有没有出现从未设想过的数据状态？其中有没有什么明显的错误？这些都是数据准备阶段应该考虑的问题。通常也会把数据准备阶段的工作称作数据预处理。

数据准备工作包括数据清洗、数据变换和数据集成。数据清洗主要解决数据冗余、异常、缺失和错误等问题。数据变换是结合商业领域的知识对原始数据进行二次加工，获得有商业意义的变量数据，以使数据更好地适应特定的挖掘技术或工具。数据集成是对来自不同数据源的数据进行综合加工，以获得更全面的数据。

1. 数据清洗

市场营销的原始数据中存在着大量不完整（有缺失值）、不一致、有异常的数据，严重影响到数据挖掘建模的执行效率，甚至可能导致挖掘结果的偏差。因此，进行数据清洗就显得尤为重要。

2. 数据变换

营销大数据包含多个变量，而不同变量的数值变化范围（又称变量的极差）往往存在很大差异。例如，当我们查看某餐馆顾客的消费数据时就会发现，顾客消费的频率（通常指月平均来店次数）介于0～30次之间，而平均消费金额则介于0～2000元之间。对于一些数据挖掘算法，这种极差上的差异将会导致具有较大极差的变量对结果产生不良影响。也就是说，相对于可变性较小的消费频率变量，具有较大可变性的消费金额将会起到主导作用。因此，数据挖掘者应该对其数值变量进行规范化处理，以便改善每个变量对结果的影响程度。

除因变量极差需要规范化处理以外，也需要根据商业领域的特性对数据的数值类型进行变换。因此，数据变换可以包括数据规范化和数据规约两个方面。其中，数据规约与数据的商业意义密切相关，目的是让挖掘更具有效率。简单的数据规约有分类变量与数值变量的互换、分类变量的重新划分和变量的合并等。

需要说明的是在实际操作过程中，数据准备阶段的数据清洗、数据变换和数据集成等三项工作并没有固定的次序。数据准备工作是一个循环迭代的过程，有时先集成再清洗和变换，有时先进行清洗再进行集成和变换，并且要循环迭代。

3. 数据集成

传统的营销数据大多数来自不同的数据源（甚至还可能包括手动），所以数据经常会出现以下状况：一个字段的值可能有不同的长度；有时不同的字段名称使一个字段的值，不匹配于其他领域；有些甚至同一来源的行包含的数据也可能有缺失值的字段等。随着数字化时代的到来，结构化和半结构化数据越来越多地被用于分析，使得包含所有这些不同类型数据的数据模型很容易出错，并且使用起来非常危险。如果在某个属性中获得垃圾值，整个分析就会出错。通常，分析需要的数据是某种类型的，如果手中不是这种类型的数据，可能会遇到需要调查的错误或问题。因此，如果可以强制执行一些检查，以确保传递给模型的数据几乎总是相同的类型，那么我们就可以轻松地将数据从非结构化提高到至少是半结构化。

这就是R语言发挥作用的地方。R语言不仅使编写结构强制脚本变得容易，而且还可以与几乎所有平台进行对接，并将数据生产、分析自动化到一个更可靠和可预测的管道中。除理解模式和至少为数据提供基本结构之外，R语言强制智能管道接受正确属性的正确值。大多数分析都是这种类型。

通过使用这种结构强制脚本，将形成一个半结构化的数据管道，并在正确的字段中具有模型期望的值；但是，数据的格式还不是执行分析的最佳格式。如果可以完全结构化数据（即安排它在平面表格，用正确的价值指向正确的属性，没有嵌套层次结构），那么会很容易看到每一个单独的数据点与其他点被认为是在公共领域，也会使管道可伸缩。通过简单的滚动数据，可以很容易地获得数据的感觉——即看到大多数值在什么范围内，识别清楚的离群值等。

将数据从一个非结构化或半结构化格式转换成一个完全结构化的格式常常使用数据科学的工具。这些工具通常与R语言兼容或已有现成的R语言库，不仅具有丰富的功能，可以与任何框架集成，而且成本很小。图3.1展示了当今大多数市场分析是如何通过脚本将不同类型的数据构造成结构化数据，或至少是半结构化数据的过程。在本书后面章节的营销大数据分析和挖掘的案例中，除特别说明以外，作为分析的输入数据均以结构化数据为出发点。

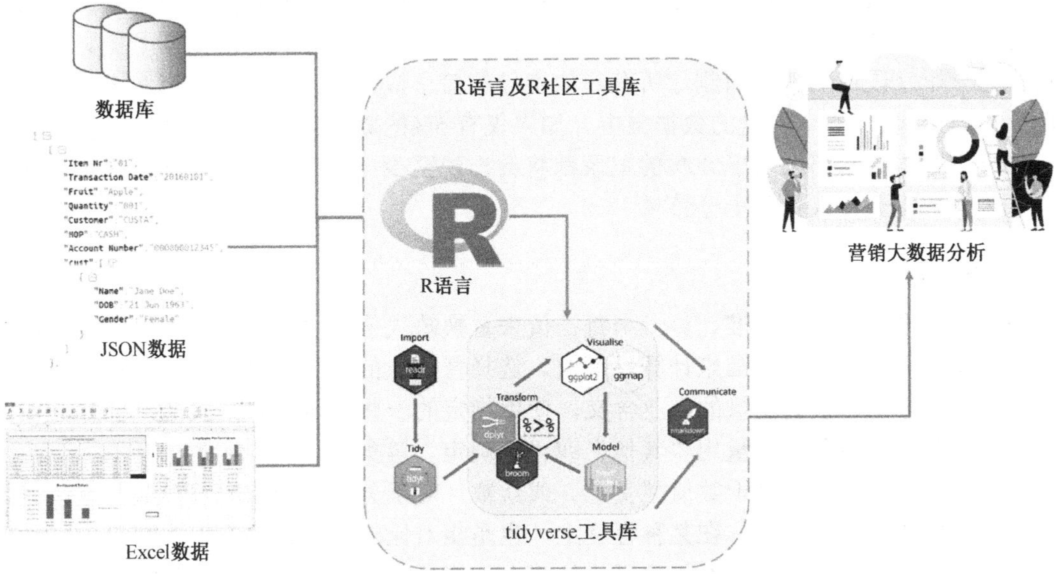

图3.1　大多数使用R语言的营销分析的数据管道模型

3.2　数据清洗

3.2.1　缺失值处理

缺失值是指数据记录的缺失或数据记录中某个字段信息的缺失。缺失值产生的主要原因有：①有些信息暂时无法获取，或者获取信息的代价太大；②在数据收集和存储时因某些技术原因使有些信息被遗漏；③记录对象的某个属性不存在。

对于缺失数据的清洗通常包括识别和处理两个步骤。识别缺失值的方法比较直接，就是判断数据记录有无空缺。在具体操作时，使用R语言就容易找出所有含有缺失值的数据记录。在使用R语言读取数据记录时，通常以NA表示缺失值。因此，可以使用函数is.na()判断某变量或数值是否是属于缺失值。另外，函数complete.casse()可识别样本数据是否完整从而判断数据记录是否含有缺失情况。

在识别了数据集中的缺失值之后需要对缺失值进行处理。常用的处理方法有删除法、替换法、插补法等3种。

1. 删除法

删除法是指删除含有缺失值的数据记录（或称样本），或删除缺失值所在的变量。由于在R语言的数据框中，数据框的一行往往代表一个观测样本，所以删除含有缺失值的样本又称行删除，而删除缺失值所在的变量又称列删除。在R语言中可通过na.omit()函数移除所有含有缺失值的行，这属于以减少样本量来换取信息完整性的方法，适用于缺失值所占比例较小的情况。当某一变量含有较多的缺失值，而且该变量对研究目标影响不大的情况下，也会采用列删除，即要从数据集中删除整个变量。在R语言中可通过data[, -p] 来实现列删除，其中data表示目标数据集，p表示缺失变量所在的列。

删除法是处理缺失值的常用方法之一。然而，此做法可能极其危险，因为缺失值的模式可能具有系统性，简单地删除带有缺失值的记录会导致产生有偏差的数据子集。而且，仅仅因为一个字段值的缺失而删除所有其他字段的信息似乎是一种浪费。事实上，有研究表明，在一个包含30个变量的数据集中，如果仅有5%的数据值丢失，这些缺失值均匀地遍布在整个数据中，那么几乎80%的记录都将会出现至少一个缺失值。因此，在实际应用删除法时，数据分析人员要十分慎重。

2. 替换法

替换法是根据一定的标准计算一个特征值来替换缺失值。由于缺失值所在的变量属性不同，替换法采用不同的标准来计算特征值。选择替换值的常见标准有如下几种。

（1）数据分析师根据变量的商业含义，使用指定的一些常量替换缺失值。例如，对数值变量用0替代；对分类变量用“其他”或“不确定”等类别替代。

（2）使用字段均值（对于数值型变量）或众数（对于分类型变量）替换缺失字段值。这是一个被广泛接受的方法，在某种程度上，也是相对比较合理，并在很多情景中有效的方法。但是，数据分析师一定要记住平均值或众数毕竟是设定的数据，不是样本的真值。实际上，如果许多缺失值被此均值替换，统计推断结果的置信区间会过于乐观，因为散布度量将会被人为地减小。

（3）从观察到的变量分布中随机产生一个值替换缺失值。与均值替换方法相比，这种方法的一个好处是中心和散布的度量值与原始值更为接近。然而，无法保证生成的结果记录有意义。

3. 插补法

插补法是根据已有记录的其他特性得出估算值以替换缺失值。常用的插补法有回归插补法、多重插补法等。回归插补法利用回归模型，将需要插值补缺的变量作为因变量，其他相关变量作为自变量，通过回归函数 1m()预测出因变量的值来对缺失变量进行补缺；多重插补法的原理是从一个包含缺失值的数据集中生成一组完整的数据，如此进行多次，从而产生缺失值的一个随机样本，R 语言中的 mice 函数包可以用来进行多重插补。

综上所述，删除法虽然简单易行，但会存在信息浪费的问题且数据结构会发生变动，以致最后得到有偏差的统计结果。替换法也有类似问题。随机替换值可能会带来无意义的数值。在这些方面，插补法有着明显的优势，但要做好插补并不容易，有时会带来相当烦琐的工作。需要强调的一点是，替换缺失值是一种尝试和探索，必须权衡其好处和可能带来的无效结果。

3.2.2 异常值处理

异常值是指数据的内容或数值不合常理，或数据被错误记录，因而其数值明显偏离其余的观测值。忽视异常值的存在是十分危险的，不加剔除地把异常值包括在数据的计算分析过程中，会给一些数据挖掘算法带来不良影响，甚至产生错误的结果。因此，异常值分析与处理就显得十分重要和必要。异常值的处理步骤是，首先是识别异常值的存在；其次是分析其产生的原因；最后是确定处理异常值的方法。下面重点介绍识别异常值和异常值的处理方法。

1. 识别异常值

识别异常值的方法通常有图形方法和统计学方法两种。

（1）图形方法

图形方法识别数值变量离群值是通过校验变量的直方图或二维散点图来实现的。图 3.2 显示了来自汽车数据集的汽车重量（vehicle weights）的直方图。在分布的最左侧尾部出现了一辆孤立的车，其汽车重量为几百磅而不是数千磅。进一步的调查显示，汽车的最小重量为 192.5 磅，毫无疑问是图中左侧尾部极小的离群值。因为 192.5 磅对于汽车来说偏轻，分析人员会怀疑此信息的有效性。推测这个重量最初可能是 1925 磅，小数点位置不对。但是无法确定，需要对数据源做进一步的调查。

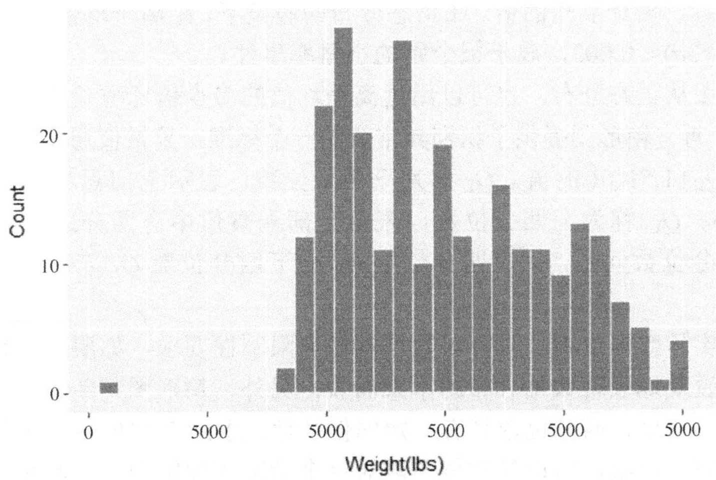

图 3.2 汽车重量直方图

图 3.3 是关于油耗（Mpg：每加仑行驶的英里数，1 英里=1.609344 千米）和磅重量（Weightibs）的散点图，其中似乎存在两个离群值。大部分的数据点沿水平轴聚集在一起，不同之处是有两个离群值。图 3.3 左侧的汽车是识别出的重量仅有 192.5 磅的汽车。接近图上端的离群值是一个新的值：一辆车每加仑行驶 500 多英里。显然，看到的是一个数据输入错误。注意，对于重量来说，192.5 磅的汽车是离群值；而对于里程（mileage）来说，它并不是离群值。同样，每加仑跑 500 英里的汽车对于里程来说是一个离群值，而对于重量（weight）来说并不是。因此，在一个维度下记录可能是离群值，而对于另外一个维度却不是。

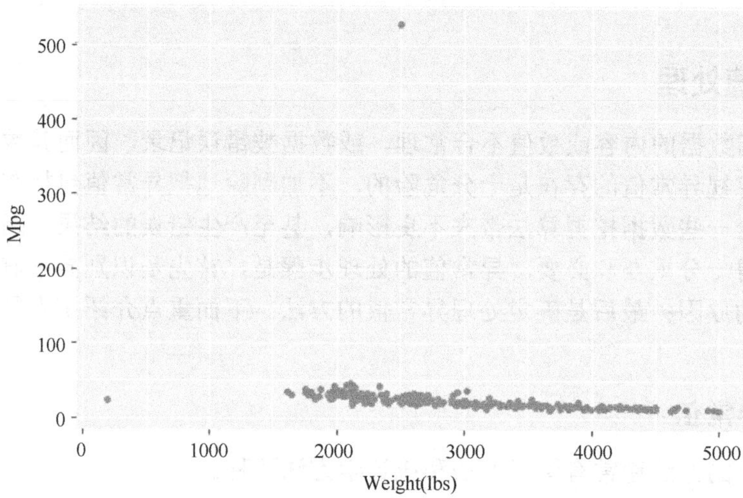

图 3.3　汽车重量与油耗散点图

（2）统计学方法

① 简单统计量分析。可以先对变量做一个描述性统计，进而查看哪些数据是不合理的。最常用的统计量是最大值和最小值，用来判断这个变量的取值是否超出了合理的范围。例如，客户年龄的最大值为 199 岁，则该变量的取值存在异常。

② 3σ 原则。如果数据服从正态分布，在 3σ 原则下，异常值被定义为一组测定值中与平均值的偏差超过三倍标准差的值。在正态分布的假设下，距离平均值 3σ 之外的值出现的概率为：$P(|x-\mu|>3\sigma)\leqslant 0.003$，属于极个别的小概率事件。

如果数据不服从正态分布，也可以用远离平均值的多少倍标准差来描述。

③ 箱形图分析。箱形图提供了识别异常值的一个标准：异常值通常被定义为小于 $Q_L-1.5\text{IQR}$ 或大于 $Q_U+1.5\text{IQR}$ 的值。Q_L 称为下四分位数，表示全部观察值中有四分之一的数据取值比它小；Q_U 称为上四分位数，表示全部观察值中有四分之一的数据取值比它大；IQR 称为四分位数间距，是上四分位数 Q_U 与下四分位数 Q_L 之差，其间包含了全部观察值的一半。

箱形图依据实际数据绘制，没有对数据做任何限制性要求，如服从某种特定的分布形式，它只是真实直观地表现数据分布的本来面貌；另外，箱形图判断异常值的标准以四分位数和四分位距为基础，四分位数具有一定的健壮性，多达 25%的数据可以变得任意远而不会很大地扰动四分位数，所以异常值不能对这个标准施加影响。由此可见，箱形图识别异常值的结果比较客观，在识别异常值方面有一定的优越性。

2. 异常值的处理方法

值被识别为异常之后，应该分析异常的原因，然后根据情况选择不同的处理方法。异常值处理常用方法如表 3.1 所示。

表 3.1　异常值处理常用方法

异常值处理方法	方法描述
删除含有异常值的记录	直接将含有异常值的记录删除
视为缺失值	将异常值视为缺失值，利用缺失值处理的方法进行处理
平均值修正	可用前后两个观测值的平均值修正该异常值
不处理	直接在具有异常值的数据集上进行挖掘

将含有异常值的记录直接删除这种方法简单易行，但缺点也很明显，在观测值很少的情况下，这种删除会造成样本量不足，可能会改变变量的原有分布，从而造成分析结果的不准确。视为缺失值处理的好处是可以利用现有变量的信息，对异常值（缺失值）进行填补。很多情况下，要先分析异常值出现的可能原因，再判断异常值是否应该舍弃，如果是正确的数据，可以直接在具有异常值的数据集上进行挖掘建模。

3.3　数据变换

3.3.1　数据规范化

数据规范化（归一化）是为了降低因变量之间的量纲或取值范围的差异带来的影响。其处理方法是对数据进行标准化处理，即将数据按照比例进行缩放，使之落入一个特定的区域，便于进行综合分析。常用数据规范化方法有 min-max 规范化、Z-score 标准化和小数定标规范化三种方法。

1. min-max 规范化

min-max 规范化通过观测字段值 X 与最小值 $\min(X)$之间的差值与极差的比例来缩放观测字段值。转换公式如下：

$$X^* = \frac{X - \min(X)}{\max(X) - \min(X)}$$

显然，通过以上公式可以将原始数据的数值映射到[0, 1]的范围。min-max 规范化的优点是方法简单，而且原来数据中存在的关系得到了保留。这种处理方法的缺点是若数值集中存在个别数值很大或很小情况，则规范化后各值会接近于 0 或 1，并且将会相差不大。当有新数据集加入时，min 和 max 需要重新计算；否则，超过原来的[min, max]取值范围，会引起系统出错。

2. Z-score 标准化

Z-score 标准化也叫标准差标准化，经过处理的数据的均值为 0，标准差为 1。Z-score 标准化是统计分析领域中一种非常普遍的方法，其根据字段值和字段均值间的差异，并通过字段值的标准差 sd 缩放此差异，转换公式如下：

$$X^*_{z-score} = \frac{X - \text{mean}(X)}{sd(X)}$$

这里，mean(X)是原始数据的均值；sd(X)是原始数据的标准差。

Z-score 标准化是当前用得最多的数据的标准化方法。由于均值和标准差受离群点的影响很大，遇这种情况时，可以考虑用中位数取代均值，用绝对标准差取代标准差来修改上述转换公式。

3. 小数定标规范化

小数定标规范化通过移动观测值的小数位数，确保每个规范化值都在-1～1 之间。转换公式如下：

$$X^*_{\text{decimai}} = \frac{X}{10^d}$$

这里，d 表示具有最大绝对值的数据的位数。

3.3.2 数据规约

数据规约是根据数据挖掘的目标，结合商业领域的知识，为了提高数据挖掘的效率，在保持原数据完整性的前提下，利用相应的规则对原数据进行变换形成新数据集的过程。因此，数据规约的意义在于：

- 降低无效、错误数据对建模的影响，提高建模的准确性；
- 少量且具代表性的数据将大幅缩减数据挖掘所需的时间；
- 降低储存数据的成本。

数据规约是一个复杂的过程，有时甚至其本身就是数据挖掘的一部分。这里的数据规约主要关注对原始数据的初步处理及常用的一些方法，如分类变量转换数值变量、数值变量的分箱和分类变量的重新划分等。

1. 分类变量转换数值变量

一些数据分析和挖掘方法，如回归分析，需要数值型的预测因子。因此，数据分析人员希望使用回归分析中所需的分类预测因子将分类变量数值化。不幸的是这种转换非常危险，有时会给分析带来错误的结论，因此，在变换时要十分谨慎。深入观察就会发现，分类变量转换数值变量时，给变量做了以下几个假定。

- 有序性。转换为数值变量后，数值之间是有序的；
- 可比性。转换为数值变量后，数值之间可以比较大小；
- 可度量性。转换为数值变量后，数值之间的差别是可以度量的。

因此，数据分析人员在把分类变量向数值变量转换时，必须首先考察变量是否具有有序性、可比性和可度量性，然后分析采用的模型或算法是否利用了以上的特性。例如，营销数据集中的销售区域变量（region）有华东地区、华南地区、华中地区、华北地区、东北地区、西南地区、西北地区等。转换为数值变量后结果如表 3.2 所示。

表 3.2 销售区域及代码对应表

销售区域(Region)	销售区域代码(Region_num)
华东地区	1
华南地区	2
华中地区	3
华北地区	4
东北地区	5
西南地区	6
西北地区	7

然而，根据表 3.2 的转换，算法会错误地认为存在以下三个问题：(a) 这七个区域是有序的；(b) 七个区域的大小：华东地区<华南地区<华中地区<华北地区<东北地区<西南地区<西北地区；(c) 华东地区与西北地区的差距比与华南地区的差距高 6 倍。这些显然不合理。

因此，在大多数情况下，数据分析人员应避免将分类变量转换为数值变量。但有些分类变量也是明显有序的，如问卷中的回答“是否经常光顾本店？”的数据中有“从不”“有时”“常常”“总是”四种选项。因为它们有着明显的次序，所以可以对此变量进行数值转换，如表 3.3 所示。

表 3.3 将分类变量进行数据转换

光顾本店情况	光顾本店程度代码
从不	1
有时	2
常常	3
总是	4

这样的转换就有一定的合理性。尽管如此，我们也可以提出一些讨论。如“从不”是否应该赋值为 0；“从不”和“有时”的距离与“常常”和“总是”的距离是否相等？因此，慎重地进行数字赋值显得尤为重要。

2. 数值变量的分箱

数值变量多为连续性数值，分布广且数量多。数据规约的一个目标是通过选择替代的、较少的数据来减少数据总量。对数值变量进行分箱就是实现数据规约目标的方法之一。一方面，有些算法更喜欢使用分类预测因子而不是连续预测因子，在这种情况下需要将任意数值型预测因子划分到多个区间（又称箱）。例如，我们可能希望将数值型预测因子“手机价格”分为低、中、高三种类型。另一方面，分箱后的分析结果更利于从商业层面进行解释。例如，使用“中高收入的年轻人更喜欢购买 iPhone 手机”的结论可能比使用具体的收入、年龄来描述对 iPhone 偏好的人群更容易让营销人员理解。

对于数值型预测因子有以下四种常见的分箱方法。

(1) 等宽分箱法是将数值型预测因子分为宽度相等的 k 个分类，其中 k 的取值由客户或者分析人员确定。

（2）等频分箱法是将数值型预测因子分为 k 个分类，其中每个分类有 n/k 条记录，n 为记录的总数。

（3）通过使用一种聚类算法进行分箱，如 k-means 聚类，自动计算“最佳”划分。

（4）基于预测值的分箱。方法（1）～（3）都没有考虑目标变量的影响；基于预测值的分箱则根据每个分组在目标变量上起到的作用对数值型预测因子进行划分。

以上四种方法中前三种都可以在 R 语言环境中轻松实现。方法（1）可通过采用函数 hist()绘制直方图来实现；方法（2）可以通过排序、分割的步骤在 R 语言环境中实现；方法（3）可采用函数 km()来获得分类。方法（4）实质是数据分析和挖掘的一个部分，在之后的章节中再仔细讨论。

在大多数数据挖掘应用软件中不推荐使用等宽分箱法，因为离群值的存在将会极大地影响类别的宽度。等频分布假设每个类别具有同等可能性，这样的假设通常得不到保障。因此，方法（3）和（4）相对较好。

3. 分类变量的重新划分

分类变量重新划分类别和数值变量“分箱”是相似的。通常，一个分类变量包含很多易于分析的字段值。例如，作为预测因子之一的省级销售区域有 34 个省级行政区，包括 23 个省、5 个自治区、4 个直辖市、2 个特别行政区。当预测因子包含过多字段值时，有些挖掘方法并不能得到最优的结果，如 logistic 回归、决策树等。在这种情况下，数据分析人员应该对字段值进行重分类。例如，34 个省级区域字段可重新分类为变量销售板块（region），包含字段值华东地区、华南地区、华中地区、华北地区、东北地区、西南地区、西北地区和港澳台地区。这样，分析人员（算法）面临的字段值只有 8 个而不是 34 个。数据分析人员应该选择重新分类以解决商业问题或者研究问题。

3.3.3 数据正态化

一些数据挖掘算法和统计方法需要变量呈正态分布。正态分布为连续概率分布，也就是对称的钟形曲线。它以均值 μ 为中心，以标准差 σ 分布。标准正态分布具有均值 μ=0、标准差 σ=1 的特性。

需要提醒的是，存在这样一个常见的误解：经过 Z-score 标准化的变量一定服从标准正态分布。这是不正确的！经过 Z-score 标准化后，数据的均值为 0、标准差为 1。但是，分布可能仍然是倾斜的。

为了使我们的数据更加趋于正态分布，首先必须使其对称，这就意味着消除倾斜。为了消除倾斜，我们对数据进行变换。常见的变换包括自然对数变换、平方根变换和平方根倒数变换。

这里我介绍一种通用的方法来转换数据使它更接近正态分布。这就是博克斯–考克斯变换（Box-Cox Transformations）。博克斯–考克斯变换的形式如下：

$$X^* = \begin{cases} (X^\lambda - 1)/\lambda, & \lambda \neq 0 \\ \ln X, & \lambda = 0 \end{cases}$$

例如，我们有 λ=0.75，得到如下转换，$X^*=(X^{0.75}-1)/0.75$。选择 λ 最优值的方法是首先选 λ 的候选值集合，获得每个 λ 值回归的 SSE。然后，得到 SSE_λ 与 λ 的点图，获得这些点形成的曲线上的最低点。该方法显示了 λ 的最大似然估计结果。

3.4 数据集成

数据集成是指将多个数据源的数据集进行合成，并存放在一个一致的数据存储区中的过程。对于不同结构的数据源，在本章 3.1 节已经提及，可以通过丰富的 R 语言程序包转化为结构化数据。结构化数据在 R 语言中通常利用数据框（Dataframe）来存储。因此，这里讨论的数据集成是指将存储在两个数据框中的数据以关键字为依据，以行为单位做列向合并，可通过函数 merge 实现。在数据集成时，来自多个数据源的现实世界实体的表达形式是不一样的，有可能不匹配，要考虑实体识别问题和属性冗余问题，从而将源数据在最低层上加以转换、提炼和集成。

基本书写形式为 merge（数据框 1，数据框 2，by = 关键字），合并后的新数据自动按关键字取值的大小升序排列。

3.4.1 实体识别

实体识别是从不同数据源识别出现实世界的实体，它的任务是统一不同源数据的矛盾之处，常见的矛盾有如下几个。

（1）同名异义

例如，数据源 A 中的属性 ID 和数据源 B 中的属性 ID 分别描述的是菜品编号和订单编号，虽然都是 ID，但叙述的是不同的实体。

（2）异名同义

同一个实体，在不同的数据源采用了不同的命名。例如，数据源 A 中的 sales-dt 和数据源 B 中的 sales-date 都是描述销售日期的。

（3）单位不统一

描述同一个实体分别用的是国际单位和中国传统的计量单位，检测和解决这些冲突就是实体识别的任务。

3.4.2 冗余属性识别

对数据库的历史操作过程中，记录可能会被不经意地复制，重复记录就被创建出来。重复记录会导致记录的数据值增多。还有很多情况是，同一个实体及其属性会被不同的渠道采集，由此，数据的简单合并往往导致数据冗余。仔细整合不同源数据能减少甚至避免数据冗余与不一致，从而提高数据挖掘的速度和质量。

因此，如果记录确实是重复的，则它们当中仅有一组应该保留。对于冗余属性要先分析，检测到后再将其删除。例如，如果 ID 字段是重复的，那么应删除重复记录。但是，数据分析人员应该遵照基本规则。有一个极端的例子，假定数据集名义上包含 3 个字段，每个字段有 3 个取值，则仅仅有 3×3×3=27 种可能的观测值组合。换句话说，如果存在多于 27 条记录的情况，则它们当中至少有一条是重复的。有些冗余属性可以用相关分析检测。给定两个数值型的属性 A 和 B，根据其属性值，用相关系数度量一个属性在多大程度上蕴含另一个属性。

因此，数据分析人员应该权衡重复记录中真正代表不同的记录或者确实为重复记录的可能性。

3.4.3 删除动作的讨论

大数据具有价值密度低的特征，也就是说，在数据集中含有一些与分析和挖掘目标无关的数据或数据变量，营销大数据也不例外。所以，无论采用何种数据挖掘算法，数据分析人员都需要删除对分析没有帮助的变量。

对分析和挖掘没有帮助的变量包括以下几种情况。

1. 单值变量

顾名思义，单值变量就是只能获取单一取值。单值变量可分为纯单值变量和近似单值变量。纯单值变量在样本中只有一个数值，所以，与其说单值变量是一个变量，不如说其是一个常数。例如，在一家女性水疗会所进行顾客样本数据采集时，将会发现变量“性别”是单值变量，因为每个主体的取值均为女性。因为性别在所有的观测值中均为一个常量，所以它对任何数据挖掘算法或统计工具均不产生任何影响。此变量可以并且应该被删除。

近似单值变量是指虽然变量在样本中有多个数值，但其中一个数值占据了绝大多数的样本。以文本挖掘为例，关键词频数是从一个大文本集得来的。在过滤掉常见的“停用词”后，将一些感兴趣的关键词转化为预测变量。假设一个关键词只出现在一小部分的文本集中，而在其余部分没有出现。表 3.4 给出了词频的假想分布。

表 3.4　词频假想分布表

词频	出现该词汇的文本数量
0	532
2	6
3	1
5	1

该词在搜索的 540 个文本中只出现在 8 个文本中。其中大部分文本（共 532 个文本）不含有该词汇，而该关键词在另外的 6 个出现了 2 次，在 1 个文本中出现了 3 次，和在 1 个文本中出现了 5 次。由此可见，98.5%的观测是 0，即没有出现该词汇。

数据分析人员该如何检测具有这种模式的问题数据呢？它们的第一个特征是，相对于样本量来说，取值不重复的观测数目会很少。在表 3.4 所示的例子里，数据含有 540 个文本，但变量只有 4 个不同的取值，所以不重复取值占总观测的百分比为 0.74%。不重复取值的数目少本身并不是问题，如由分类变量转化而得到的虚拟变量就只有两个取值，问题在于这些不同取值的频数严重地不成比例。最高频数和次高频数的比例能够反映失衡的情况。大多数文本（532 个文本）不含有该关键词，此外，最高频数对应于关键词出现 2 次的文本数是 6，这两者的比值是 532/6=88.67，这是个很高的值，意味着严重的不平衡。基于以上讨论，检测近似单值变量的准则是：

① 不重复取值的数目与样本量的比值低（如 10%）；

② 最高频数和次高频数的比值高（如 20 左右）。

如果以上两个条件都满足，而且出现问题的模型受到了这种预测变量的影响，那么建议的做法是从模型中移除该预测变量。所以，数据分析人员需要权衡一个给定变量有多接近单值变量，从而决定此变量是应该保留还是删除。

2. 变量间相关性极强

我们常常遇到这样的情况，在众多的因子变量中，有一些变量之间具有较强的相关性。这种强烈的相关关系会给数据分析和挖掘模型带来影响，这也就是我们常说的多重共线性。相关度很高的变量的存在，对于数据分析和挖掘模型来说，首先是变量的冗余。冗余变量的存在会增加模型的复杂度而非信息量，也会使模型的成本（时间的和费用的）提高。其次是多重共线性会给模型带来极不稳定的结果，甚至导致数值计算的错误，以及弱化模型的分析和挖掘能力。

在通常情况下，如果使用的模型多重共线性极为敏感，建议设定一个相关系数的阈值，如 0.75。在高于阈值的两个变量中仅保留一个变量。原则是应该删除尽可能少的变量，同时保证变量之间的两两配对的相关系数低于 0.75 这个阈值。需要注意的是，删除变量也是挑战。在面临两个强相关变量时，一些数据分析人员可能决定简单地删除其中的一个变量。这样操作可能会导致重要信息的丢失。因此，在决定变量取舍之前，仔细分析变量关系至关重要。例如，建议结合主成分分析等分析工具，也可能将其中相关预测因子中的共同变量转换为一组不相关的主成分。

3. 数据严重缺失

在缺失值处理一节，本书已经叙述了列删除的处理方法。虽然可以通过替换法或插补法来解决缺失值的问题，但是当缺失值占据该变量样本的比例很大时，任何一种填补方法都会给原来的数据集带来严重影响，导致数据分析和挖掘算法产生错误的结果。普遍认为，当变量样本包含 90%或更多缺失值的时候，就可以删除该变量。

在删除一个包含 90%或更多缺失值的变量之前，需要考察数据缺失是否与研究目标的结果变量有关，因为缺失值的存在本身就是一种有用信息。例如，在调查病人对某种药物如何反应的例子中，如果药物极其无效或有明显的副作用，那么病人很可能不会再来见医生，或直接退出这样的实验。这种情况下，缺失值本身就与病人接受治疗这一调查目标有着显著的关系。因此，无缺失值的 10%的受访者并不能代表整体。在这种情况下，构造一个标志变量“是否参与调查或实验”可能更为可取，因为存在于缺失数据中的模式可能具有预测能力。又例如，顾客评价常常有信息的缺失，人们倾向于在他们有强烈意见的时候才会给出评价，数据可能会是两极分化的，好的或坏的，只有少量位于评级标度的中央区域。因此，删除包含 90%缺失值的变量，与试图填充任何缺失数据一样都是对分析人员的挑战。作为数据分析人员，要试问，剩余的10%的数据是否能够真正代表缺失数据？或者，数据缺失是否由于一些系统的但未被观察到的现象产生的。

然而，如果数据分析人员有理由相信 10%的数据具有代表性，那么可能会选择继续进行 90%缺失值的填充，并推荐使用插补法进行填充。不管 10%能否代表全部，数据分析人员都应该为非缺失值构建标志变量，因为它们对预测和分类可能都是非常有用的。90%这个界限并不是固定的，数据分析人员可以根据自己的判断定义某个阈值。重要的是不应该因为有较多缺失值而轻易地删除变量。

本章小结

本章在首先介绍了数据的结构类型及数据准备工作的内容的概要之后，详细说明了数据清洗、数据变换和数据集成的具体方法。最后，针对大数据价值密度低的特征，讨论了如何在复杂的数据集中删除对分析没有帮助的变量，以提高未来数据分析和挖掘的效率和准确性。

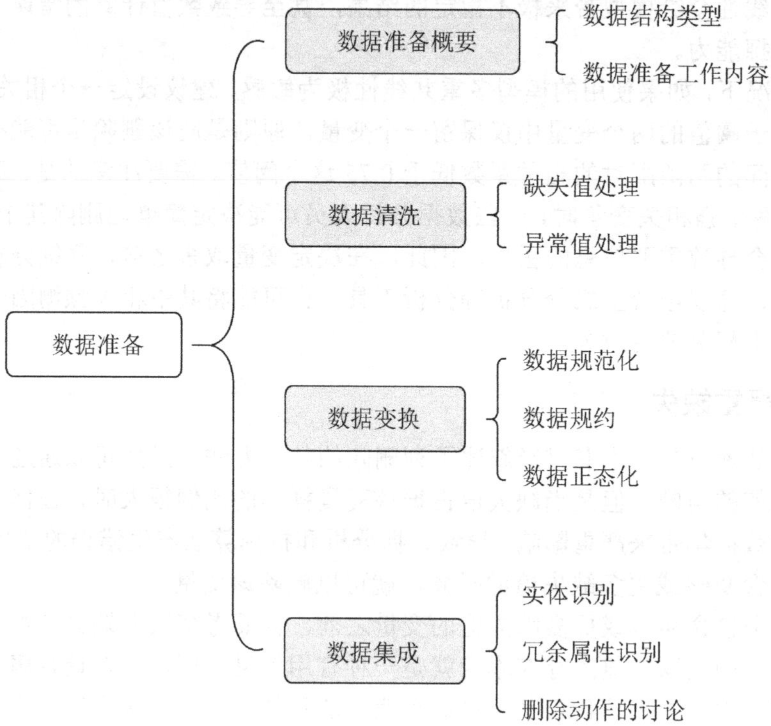

第 4 章▶▶

数据探索

【学习目标】

1. 掌握探索性数据分析的概念、内容和步骤
2. 能够熟练运用 R 初步认识数据集
3. 能够熟练运用 R 探索分类型变量
4. 能够熟练运用 R 探索数值型变量
5. 能够熟练运用 R 探索变量的多元关系
6. 能够熟练运用 R 基于数据集观察和发现派生特征变量
7. 能够熟练运用 R 基于领域知识发现派生特征变量

本章插图

4.1 探索性数据分析

4.1.1 探索性数据分析的概念

在前一章的数据准备中，介绍了如何通过数据预处理将从原始数据源获得的数据和属性转换为期望的属性和值，并将数据集构造成一个正确而又干净的表格形式（如 R 环境中的数据框）。至此，前期数据工作已经为进一步分析做好了准备，可以开始利用准备好的数据来解决业务问题了。为了确保项目的最佳结果，需要清楚地了解数据的适用范围、依据该数据提出一些合理的分析问题，并进一步尝试利用数据来回答所提出的问题，然后才能从数据中做出一些有用的推断。要做到这一点，不仅需要了解所拥有的数据类型，还需要了解一些数据属性与其他属性的关联方式，哪些属性对分析人员有用，以及它们在提供的数据中如何变化。这就是探索性数据分析。

探索性数据分析（Exploratory Data Analysis，EDA）是美国约翰·怀尔德·杜克（John Wilder Tukey）1977 年在《探索性数据分析》（*Exploratory Data Analysis*）一书中首先提出的。探索性数据分析是指对已有的数据（特别是调查或观察得来的原始数据）在尽量少的先验假定下进行探索，通过作图、制表、方程拟合、计算特征量等手段探索数据的结构和规律的一种数据分析方法。利用这种方法对数据进行这种分析和探索，并不是一项简单的任务。分析人员必须对数据进行探索性测试。然后，需要求解数据测试的结果，也许可以根据数据提出更多的商业问题，可能还需要创建和分析更多的统计数据和可视化数据，然后才能对数据集的范围或特征进行说明，总结初步探索发现，为进一步的数

据分析和挖掘提供数据基础和基本方向。

探索性数据分析（EDA）与传统统计分析（Classical Analysis）有所不同。传统的统计分析方法通常是先假设样本服从某种分布，然后把数据套入假设模型再做分析。但由于多数数据并不能满足假设的分布，因此，传统统计分析结果常常不能让人满意。探索性数据分析方法注重数据的真实分布，并能结合商业领域的知识创建新的变量，而且强调数据的可视化，使分析人员能一目了然地看出数据中隐含的规律，从而得到启发，以帮助分析人员找到适合数据的模型。正因为如此，探索性数据分析对传统统计分析有着支持和辅助作用。

在数据处理阶段也包含了某种程度的数据探索，称其为初始性数据分析，包括对不符合条件的数据进行缺值填补、数据转换、异常值舍弃等处理。初始性数据分析的聚焦点是分析、鉴别统计模型和研究假设测试所需的条件是否具备，以保证验证性分析的可靠性。探索性数据分析的起点是初始性数据分析，但它的目标不仅是确定数据质量，而且更重视从数据中发现数据分布的模式和创建新变量，以及提出新的假设或商业问题。因此，探索性数据分析对数据处理有着更深入的指导作用，可以提升数据处理的质量，以增强分析的准确性。

总之，探索性数据分析在数据挖掘过程中有着如下几方面的作用。

（1）能帮助分析人员从看似混乱无章的原始数据中筛选出可用的数据；

（2）能在数据清理中发挥重要作用；

（3）这是建立算法和过滤模型的第一步；

（4）能通过数据碰撞发现新假设，以不断地改进和提高算法的精准度；

（5）探索性数据分析的结果，通过数据可视化展示，可以为商业提供指导和修正信息。

到了大数据时代，海量的无结构、半结构数据通过多种渠道源源不断地被收集积累起来，如何不受分析模型和研究假设的限制，从中找出规律并产生分析模型和研究假设成为新挑战。探索性数据分析在对数据进行概括性描述，发现变量之间的相关性及引导出新的假设方面均大显身手。从逻辑推理上讲，探索性数据分析属于归纳法，有别于从理论出发的演绎法。因此，探索性数据分析成为大数据分析中不可缺少的一步并且走向前台。高速处理海量数据的新技术加上数据可视化工具的日益成熟，进一步推动了探索性数据分析的快速普及。

4.1.2 探索性数据分析的内容和步骤

从数据挖掘标准过程（CRISP-DM）来看，探索性数据分析贯穿了数据理解、数据准备，以及建模分析阶段。可以说，任何一个数据挖掘模型建立前都必须进行探索性数据分析。把探索性数据分析列为数据科学工作流程中的一个能影响多个环节的关键步骤一点也不为过。

由于“探索性”的特点，探索性数据分析并没有固定的模式或套路。很多情况下，探索性数据分析的操作方法和内容具有很大的主观性，是随着分析人员对问题的理解不断深入变化的过程。探索性数据分析的好坏在很大程度上取决于分析人员对问题的理解程度、商业领域知识和洞察力。这一点对初级分析人员来说是一个巨大的挑战。

在数据准备阶段，分析人员已经对数据中可能的奇异值、影响点或错误数据进行了检查和处理。探索性数据分析阶段的主要内容可以包括以下几个方面。

（1）探索数据特征：数据特征主要指数据的分布特征，如最小值、最大值、极差、平均数、中位数、四分位数、频数或频率分布等。

（2）构建指标变量：指标变量一般指能够表征某个商业意义的组合变量。如点击率、转化率等。由此可见，指标变量与数据挖掘目标相关的商业领域密切相关。

（3）观察数据规律及可视化：在这个阶段所观察的数据规律一般是由数据显示出的规律，通常包括趋势性、周期性、相关性等。可视化是展现数据规律的最好的工具。常用的可视化工具包括直方图、茎叶图、饼图、箱线图等。R 语言中的 ggplot2 程序包提供了丰富的可视化资源。

针对以上内容，探索性数据分析的过程大致遵守以下几个步骤：

（1）认识数据集；

（2）探索分类型变量；

（3）探索数值型变量；

（4）探索变量的多元关系；

（5）总结观察洞见并进行可视化展现。

下一节将结合实例来说明探索性数据分析的过程。

4.2 探索数据特征

4.2.1 认识数据集

使用客户流失数据集作为探索数据特征的一个范例，并为构建流失客户类型模型打下基础。该数据集来自 https://www.kaggle.com/c/customer-churn- prediction-2020。该数据集共包含 20 个预测变量，涉及大约 4250 个客户信息，并且有一个目标变量客户流失（Churn）用于表示客户是否流失（离开公司）。涉及的变量如表 4.1 所示。

表 4.1 客户流失数据集变量表

变量名	字段格式	说明
state	字符串	客户居住的美国州的 2 个字母的代码
account_length	数值	客户使用当前电信提供商的月数
area_code	字符串	在“area_code_”之后的 3 位数是区号
international_plan	字符串	客户有国际计划
voice_mail_plan	字符串	客户有语音信箱计划
number_vmail_messages	数值	语音信箱留言数
total_day_minutes	数值	每天通话的总分钟数
total_day_calls	数值	每天通话的总数
total_day_charge	数值	白天通话的总费用
total_eve_minutes	数值	晚上通话的总分钟数
total_eve_calls	数值	晚上的电话总数
total_eve_charge	数值	夜间通话的总费用
total_night_minutes	数值	夜间通话总分钟数
total_night_calls	数值	夜间呼叫的总数

续表

变量名	字段格式	说明
total_night_charge	数值	夜间通话的总费用
total_intl_minutes	数值	国际电话总分钟数
total_intl_calls	数值	国际长途总电话数
total_intl_charge	数值	国际长途电话的总费用
number_customer_service_calls	数值	客户服务的电话数量
churn	字符串	客户流失情况。是指客户是否离开公司

首先，简单查看数据集字段值。表 4.2 显示了客户流失数据集中前 20 条记录的变量值。通过查看表 4.2 可以了解到以下内容。

（1）一共有 5 个分类变量（包括客户流失），其余的均是连续型数值变量；

（2）响应变量流失情况（Churn）是一个分类变量，具有 2 个取值：是（yes）和否（no）。

表 4.2　客户流失数据集中前 20 条记录的字段

state	account_length	area_code	international_plan	voice_mail_plan	number_vmail messages	total_day_minutes	total_day_calls	total_day_charge	total_eve_minutes	total_eve_calls	total_eve_charge	total_night_minutes	total_night_calls	total_night_charge	total_intl_minutes	total_intl_calls	total_intl_charge	number_customer _service_calls	churn
OH	107	area_code_415	no	yes	26	161.6	123	27.47	195.5	103	16.62	254.4	103	11.45	13.7	3	3.7	1	no
NJ	137	area_code_415	no	no	0	243.4	114	41.38	121.2	110	10.3	162.6	104	7.32	12.2	5	3.29	0	no
OH	84	area_code_408	yes	no	0	299.4	71	50.9	61.9	88	5.26	196.9	89	8.86	6.6	7	1.78	2	no
OK	75	area_code_415	yes	no	0	166.7	113	28.34	148.3	122	12.61	186.9	121	8.41	10.1	3	2.73	3	no
MA	121	area_code_510	no	yes	24	218.2	88	37.09	348.5	108	29.62	212.6	118	9.57	7.5	7	2.03	3	no
MO	147	area_code_415	yes	no	0	157	79	26.69	103.1	94	8.76	211.8	96	9.53	7.1	6	1.92	0	no
LA	117	area_code_408	no	no	0	184.5	97	31.37	351.6	80	29.89	215.8	90	9.71	8.7	4	2.35	1	no
WV	141	area_code_415	yes	yes	37	258.6	84	43.96	222	111	18.87	326.4	97	14.69	11.2	5	3.02	0	no
IN	65	area_code_415	no	no	0	129.1	137	21.95	228.5	83	19.42	208.8	111	9.4	12.7	6	3.43	4	yes
RI	74	area_code_415	no	no	0	187.7	127	31.91	163.4	148	13.89	196	94	8.82	9.1	5	2.46	0	no
IA	168	area_code_408	no	no	0	128.8	96	21.9	104.9	71	8.92	141.1	128	6.35	11.2	2	3.02	1	no
MT	95	area_code_510	no	no	0	156.6	88	26.62	247.6	75	21.05	192.3	115	8.65	12.3	5	3.32	3	no
NY	161	area_code_415	no	no	0	332.9	67	56.59	317.8	97	27.01	160.6	128	7.23	5.4	9	1.46	4	yes
ID	85	area_code_408	no	yes	27	196.4	139	33.39	280.9	90	23.88	89.3	75	4.02	13.8	4	3.73	1	no
VA	76	area_code_510	no	yes	33	189.7	66	32.25	212.8	65	18.09	165.7	108	7.46	10	5	2.7	1	no
TX	73	area_code_415	no	no	0	224.4	90	38.15	159.5	88	13.56	192.8	74	8.68	13	2	3.51	1	no
FL	147	area_code_415	no	no	0	155.1	117	26.37	239.7	93	20.37	208.8	133	9.4	10.6	4	2.86	0	no
CO	77	area_code_408	no	no	0	62.4	89	10.61	169.9	121	14.44	209.6	64	9.43	5.7	6	1.54	5	yes
AZ	130	area_code_415	no	no	0	183	112	31.11	72.9	99	6.2	181.8	78	8.18	9.5	19	2.57	0	no

接下来，利用 RStudio 来探索其数据概况。首先，已经知道州代码（state）、区号（area_code）、国际计划标志（international_plan）、语音信箱计划标志（voice_mail_plan）和流失

情况标志（churn）是字符串，所以在读取数据时利用 stringsAsFactors = TRUE 将它们转化为因子型（factor）变量；然后通过 str()函数查看数据集的变量类型；最后，利用 summary()函数查看变量的数据总结情况。R 代码如图 4.1 所示，输出结果如图 4.2 所示。

```
########
# Exploratory Data Analysis

# setting chapter 4 working directory
setwd("C:/BigDataMarketing/CH04")
# clear environment variables
rm(list = ls())

# read data
churn <- read.csv("data/churn.csv", stringsAsFactors = TRUE )

# Viewing data Types
str(churn)
# Summarize data
summary(churn)
```

图 4.1　查看变量类型及变量的数据总结的 R 代码

```
> str(churn)
'data.frame':	4250 obs. of  20 variables:
 $ state                        : Factor w/ 51 levels "AK","AL","AR",..: 36 32 36 37 20 25 19 50 16 40 ...
 $ account_length               : int  107 137 84 75 121 147 117 141 65 74 ...
 $ area_code                    : Factor w/ 3 levels "area_code_408",..: 2 2 1 2 3 2 1 2 2 2 ...
 $ international_plan           : Factor w/ 2 levels "no","yes": 1 1 2 2 1 2 1 2 1 1 ...
 $ voice_mail_plan              : Factor w/ 2 levels "no","yes": 2 1 1 1 2 1 1 2 1 1 ...
 $ number_vmail_messages        : int  26 0 0 0 24 0 0 37 0 0 ...
 $ total_day_minutes            : num  162 243 299 167 218 ...
 $ total_day_calls              : int  123 114 71 113 88 79 97 84 137 127 ...
 $ total_day_charge             : num  27.5 41.4 50.9 28.3 37.1 ...
 $ total_eve_minutes            : num  195.5 121.2 61.9 148.3 348.5 ...
 $ total_eve_calls              : int  103 110 88 122 108 94 80 111 83 148 ...
 $ total_eve_charge             : num  16.62 10.3 5.26 12.61 29.62 ...
 $ total_night_minutes          : num  254 163 197 187 213 ...
 $ total_night_calls            : int  103 104 89 121 118 96 90 97 111 94 ...
 $ total_night_charge           : num  11.45 7.32 8.86 8.41 9.57 ...
 $ total_intl_minutes           : num  13.7 12.2 6.6 10.1 7.5 7.1 8.7 11.2 12.7 9.1 ...
 $ total_intl_calls             : int  3 5 7 3 7 6 4 5 6 5 ...
 $ total_intl_charge            : num  3.7 3.29 1.78 2.73 2.03 1.92 2.35 3.02 3.43 2.46 ...
 $ number_customer_service_calls: int  1 0 2 3 3 0 1 0 4 0 ...
 $ churn                        : Factor w/ 2 levels "no","yes": 1 1 1 1 1 1 1 1 2 1 ...
>
```

（a）

```
> summary(churn)
     state      account_length           area_code    international_plan voice_mail_plan
 WV     : 139   Min.   :  1.0   area_code_408:1086   no :3854           no :3138
 MN     : 108   1st Qu.: 73.0   area_code_415:2108   yes: 396           yes:1112
 ID     : 106   Median :100.0   area_code_510:1056
 AL     : 101   Mean   :100.2
 VA     : 100   3rd Qu.:127.0
 OR     :  99   Max.   :243.0
 (Other):3597
 number_vmail_messages total_day_minutes total_day_calls  total_day_charge total_eve_minutes
 Min.   : 0.000        Min.   :  0.0     Min.   :  0.00   Min.   : 0.00    Min.   :  0.0
 1st Qu.: 0.000        1st Qu.:143.3     1st Qu.: 87.00   1st Qu.:24.36    1st Qu.:165.9
 Median : 0.000        Median :180.4     Median :100.00   Median :30.68    Median :200.7
 Mean   : 7.632        Mean   :180.3     Mean   : 99.91   Mean   :30.64    Mean   :200.2
 3rd Qu.:16.000        3rd Qu.:216.2     3rd Qu.:113.00   3rd Qu.:36.75    3rd Qu.:233.8
 Max.   :52.000        Max.   :351.5     Max.   :165.00   Max.   :59.76    Max.   :359.3

 total_eve_calls total_eve_charge total_night_minutes total_night_calls total_night_charge
 Min.   :  0.0   Min.   : 0.00    Min.   :  0.0       Min.   :  0.00    Min.   : 0.000
 1st Qu.: 87.0   1st Qu.:14.10    1st Qu.:167.2       1st Qu.: 86.00    1st Qu.: 7.522
 Median :100.0   Median :17.06    Median :200.4       Median :100.00    Median : 9.020
 Mean   :100.2   Mean   :17.02    Mean   :200.5       Mean   : 99.84    Mean   : 9.024
 3rd Qu.:114.0   3rd Qu.:19.87    3rd Qu.:234.7       3rd Qu.:113.00    3rd Qu.:10.560
 Max.   :170.0   Max.   :30.54    Max.   :395.0       Max.   :175.00    Max.   :17.770

 total_intl_minutes total_intl_calls total_intl_charge number_customer_service_calls churn
 Min.   : 0.00      Min.   : 0.000   Min.   :0.00      Min.   :0.000                 no :3652
 1st Qu.: 8.50      1st Qu.: 3.000   1st Qu.:2.30      1st Qu.:1.000                 yes: 598
 Median :10.30      Median : 4.000   Median :2.78      Median :1.000
 Mean   :10.26      Mean   : 4.426   Mean   :2.77      Mean   :1.559
 3rd Qu.:12.00      3rd Qu.: 6.000   3rd Qu.:3.24      3rd Qu.:2.000
 Max.   :20.00      Max.   :20.000   Max.   :5.40      Max.   :9.000

>
```

（b）

图 4.2　变量类型和数据总结的输出结果

从图 4.2（a）可以得知：州名有 51 个不同取值，这与美国 50 个州不符，需要关注；区号仅有 3 个不同的取值，也是偏少的。从图 4.2（b）可以得知：语音信箱留言数、国际长途总电话数和客户服务的电话数量 3 个变量的均值（Mean）与中位数（Median）有较大差别，说明具有偏态分布，而其余大部分数值型变量的都比较接近，说明它们呈现正态分布。这就是对此数据集的初步认识。

4.2.2　探索分类型变量

对数据挖掘项目的整体目标是构建一个流失客户类型的模型。这里的目标变量——客户流失是一个分类变量。接下来继续利用 RStudio 探索客户流失的概况。下面通过调用 R 语言可视化程序包 ggplot2 来进行分类型变量的探索。

ggplot2 是一个用于生成统计或数据图形的 R 包。与其他大多数图形包不同，ggplot2 有一个基于图形语法的底层语法，允许使用者通过组合独立的组件来组合图形。这使得 ggplot2 功能强大。使用者可以根据具体问题创建新颖的图形，而不是局限于预定义的图形集。事实上，作为一门语言，ggplot2 很容易学习。它有一组简单的核心原则，很少有特殊情况。对于使用者来说，最困难的部分是需要一点时间来忘记使用其他图形工具所形成的习惯。

使用 ggplot2 可以轻松而漂亮地绘图，也可以处理像绘制图例这样的烦琐细节。ggplot2 的默认值可以帮助使用者在几秒钟内生成高质量的图形。如果使用者有特殊的格式要求，ggplot2 的全面主题系统可以轻松完成想做的事情。最终，使用者可以专注于创建最能揭示数据信息的图表，而不是花时间美化图表。

ggplot2 是以迭代方式工作的，从一个显示原始数据的层开始，然后添加注释层和统计摘要。这允许使用与设计分析相同的结构化思维来生成图形，以缩小使用者脑海中的情节和页面上的情节之间的距离。这对那些还没有具备专家所使用的结构化分析方法的学生尤其有帮助。

图 4.3 是通过 ggplot2 使客户流失可视化的源代码。图 4.4 中的条形图显示了已流失客户（yes）和未流失客户（no）的计数与百分比。由图 4.4 可以看出，只有少数客户（14.07%）放弃了我们的服务。

```
# Exploring Categorical Variables
# loading libraries
library(ggplot2)
# library(tidyverse)
library(dplyr)
# churn
ggplot(churn, aes(churn, fill = churn)) +
  geom_bar(show.legend = FALSE) +
  geom_text(aes(label = paste(..count.., "(",
                              format(round(..count../4250*100, 2),
                                     nsmall = 2), "%)")),
            stat = "count") +
  ylim(0, 4500) +
  coord_flip()
```

图 4.3　客户流失可视化源代码

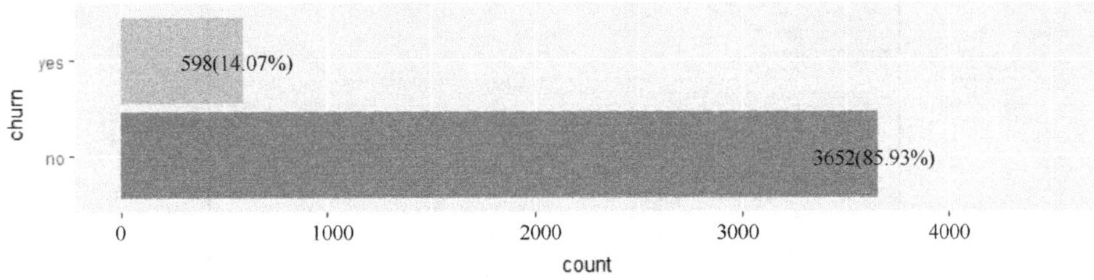

图 4.4　客户流失情况

识别数据中的模式，将有助于减少流失客户的比例。探索性数据分析的一个主要任务是考察变量、分类变量的分布、数值变量的直方图，以及探索各组变量间的关系。以这种方式，分析人员可以探索数据，同时密切关注数据分析的总体目标。首先考虑分类型变量，以及它们与客户流失之间的关系。

下面研究国际套餐与客户流失之间的关系。类似客户流失的可视化，得到图 4.5。可以看出参与国际套餐的客户仅占 9.32%，而有 90.68%的客户没有使用。

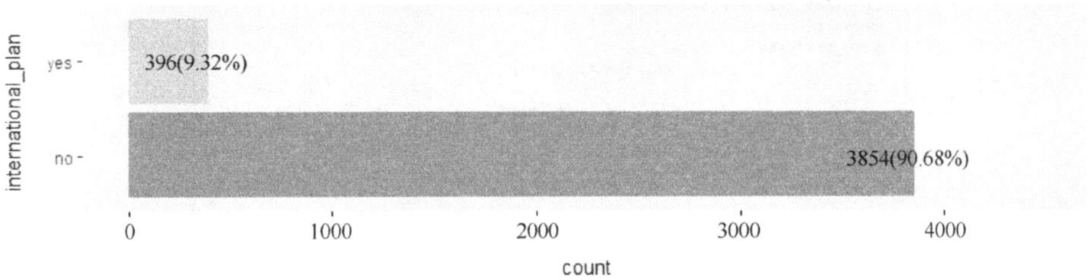

图 4.5　使用国际套餐情况

数据分析的目标是了解国际套餐对客户流失的影响，因此要把客户流失与国际套餐的使用联系起来，比较国际套餐的使用与否在客户流失方面的表现。为了更好地了解数据特性，首先对数据进行一些综合统计。图 4.6（a）是整理数据的 R 代码，图 4.6（b）是国际套餐的使用情况与客户流失比例关系可视化的 R 代码。图 4.7 显示了国际套餐的条形图，该条形图与客户流失的叠加，显示了流失客户和非流失客户比例之间的对比情况。图 4.7 似乎表明更大比例的国际套餐持有者正在流失，但这一点在图中的表达并不明显，很难确定。

为了“增加对比”，更好地辨别比例间的差异，可以在图中为每个分组提供相同大小的条形。这样，在图 4.7（a）中就可以看到与图 4.7（b）具有相同信息的图形，不同之处在于表示“是”类别的条形已“延伸”到与“否”类别条形相同的长度。这样能够更好地识别不同类别的流失比例之间是否存在差异。显然，选择了国际套餐的人与没有选择国际套餐的人相比，流失的概率更大。

图 4.7 显示出，国际套餐使用者往往流失得比较频繁，但并没有量化国际套餐的使用情况与流失客户之间的关系。为了量化国际套餐的使用情况与流失客户之间的关系，图 4.7（c）还标出来流失客户在各自群中的比例。因为国际套餐的使用情况和流失客户两个变量均为分类变量，也可以使用列联表的方式（见表 4.3）。

```r
# international_plan vs churn
# loading dplyr
library(dplyr)
# prepare data
inter.plan.churn <- churn %>%
  count(international_plan, churn, name = "cust_count")
# sort by international_plan and churn
inter.plan.churn.ordered <- inter.plan.churn %>%
  arrange(international_plan, rev(churn)) %>%
  group_by(international_plan) %>%
  mutate(label_y = cumsum(cust_count),
         label_ym = cumsum(cust_count) - 0.5 * cust_count,
         label_ymp = label_ym / max(label_y),
         label_yp = cust_count /  max(label_y))
```

（a）

```r
# plot international_plan vs churn -- by count
ggplot(inter.plan.churn.ordered,
       aes(x=international_plan, y=cust_count, fill = churn)) +
  geom_col()  +
  geom_text(aes(y = label_ym,
                label = cust_count),
            vjust = 0,
            hjust = 0.5 ) +
  ylim(0, 4500) +
  coord_flip()

# plot international_plan vs churn -- by proportion
ggplot(inter.plan.churn.ordered,
       aes(x=international_plan, y=cust_count, fill = churn)) +
  geom_col(position = "fill")  +
  geom_text(aes(y = label_ymp,
                label = paste(cust_count,
                              "(",
                              format(round(label_yp*100, 2), nsmall = 2),
                              "%)")),
            vjust = 0,
            hjust = 0.5 ) +
  coord_flip()
```

（b）

图 4.6　R 代码截图

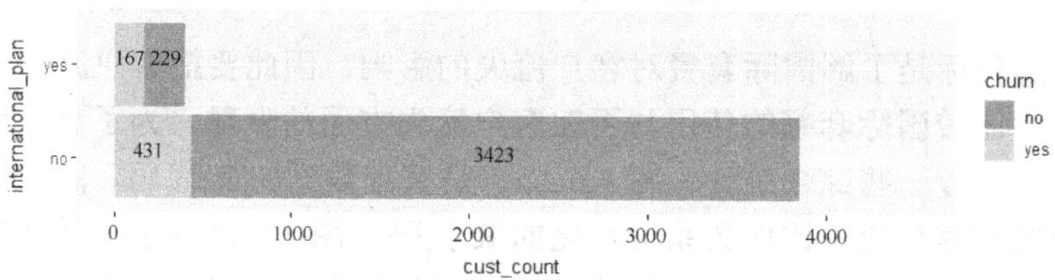

（a）

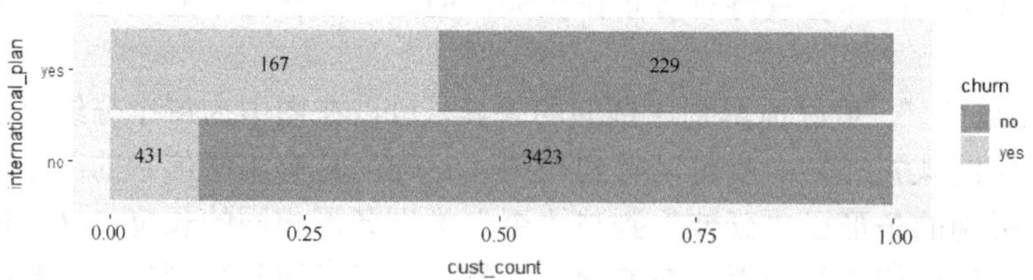

（b）

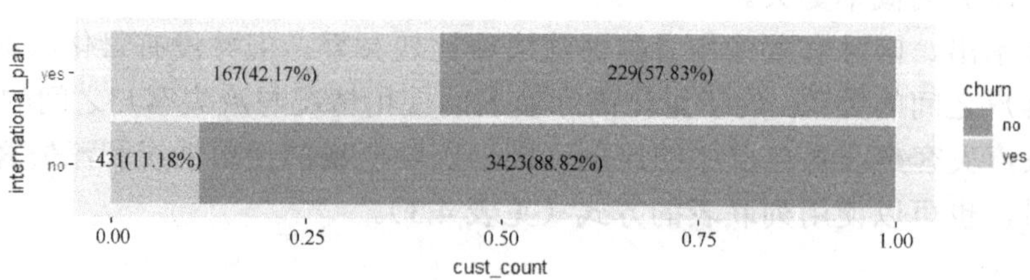

（c）

图 4.7　国际套餐的使用情况与流失比例

表 4.3　国际套餐的使用情况与流失客户的列联表

		国际套餐		
		no	yes	小计
流失的客户	no	3423	229	3652
	yes	431	167	598
	总计	3854	396	4250

注意，表 4.3 中的第一列显示了图 4.7 中所有不使用国际套餐的总人数为 3 423+431=3 854，第二列是使用国际套餐的总人数为 229+167=396。表 4.3 中的第一行显示了未流失客户的数量，而第二行显示的是流失客户的数量。表 4.3 中的小计列是仅考虑客户流失与否的分布数量，而总计行是仅考虑是否选用国际套餐的分布数量。注意，表 4.3 中的使用国际套餐的客户流失量与图 4.7 中的数量是一致的。分析人员可能对国际套餐的使用和客户流失的边缘分布更感兴趣。为此，可以使用百分比来扩展表 4.3。例如，表 4.4 增加了列的百分比，这表明对于每个单元格，分析人员对列小计的百分比感兴趣。表 4.4 中的小计列包含客户流失的边缘分布，也就是仅此变量的频率分布。同样，总计行表示了国际套餐的边缘分布。

表 4.4　国际套餐的使用情况与流失客户的边缘分析

		国际套餐					
		no		yes		小计	
		计数	列百分比	计数	列百分比	计数	列百分比
流失的客户	no	3423	88.82%	229	57.83%	3652	85.93%
	yes	431	11.18%	167	42.17%	598	14.07%
	总计	3854	100%	396	100%	4250	100%

对于每个列变量值，当分析人员对比较其行变量百分比感兴趣时，可计算列的百分比。例如，对于那些属于或不属于国际套餐的客户（列变量），分析人员有兴趣比较其客户流失（行变量）的比例。需要注意的是，在选择国际套餐的客户中，客户流失的比例为 167/(167+229)=42.17%，相比之下，没有选择国际套餐的客户流失比例只有 431/(431+3423)=11.18%。选择国际套餐的客户可能放弃本公司服务的概率是没有选择国际套餐客户的 3.78 倍，接近 4 倍。因此，现在已经量化了前面图形中揭露的关系。

列联表的图形对应物为类别条形图。图 4.8 是一个根据国际套餐客户类别所生成的客户流失条形图。第一组的 2 个条形表示那些不选择国际套餐（与表 4.4 中“no”列相应）的客户。第二组的 2 个条形代表那些选择国际套餐（与表 4.4 中“yes”列相应）的客户。显然，选择国际套餐的客户流失的比例更大。

类似表 4.4，表 4.5 列出按行计算的百分数。对比表 4.4 与表 4.5，拥有行百分比的表格表明了每个单元格占相应行总数的百分比。对于行变量的每个值来说，每当希望比较列变量的百分比时，总会计算行百分比。例如，表 4.5 表明，相较于 6.27%的非流失客户，27.93%的流失客户选择了国际套餐。

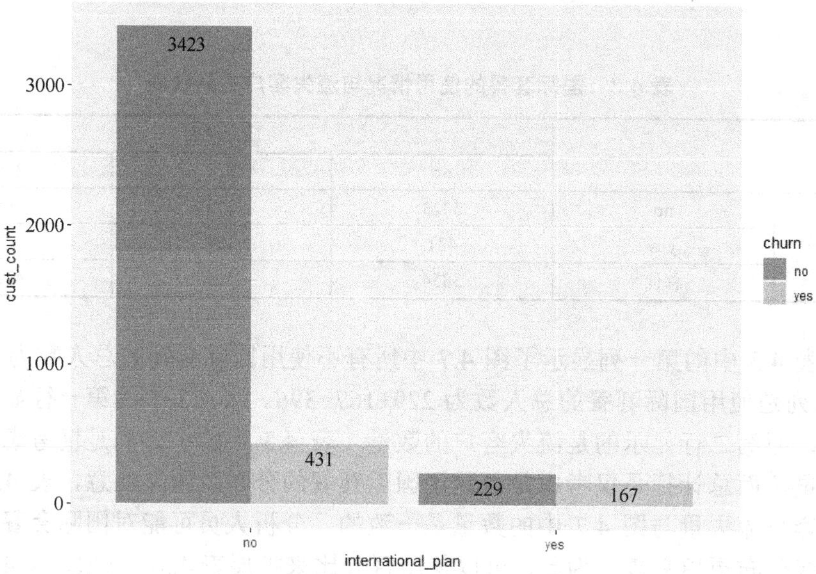

图 4.8　国际套餐参与类别的客户流失对比

表 4.5　国际套餐与客户流失的列联表

			国际套餐		
			no	yes	总计
客户流失	no	计数	3423	229	3652
		行百分数	93.73%	6.27%	100%
	yes	计数	431	167	598
		行百分数	72.07%	27.93%	100%
	小计	计数	3854	396	4250
		行百分数	90.68%	9.32%	100%

对应于表 4.5，绘制图 4.9，以更为直观地显示这种对比。

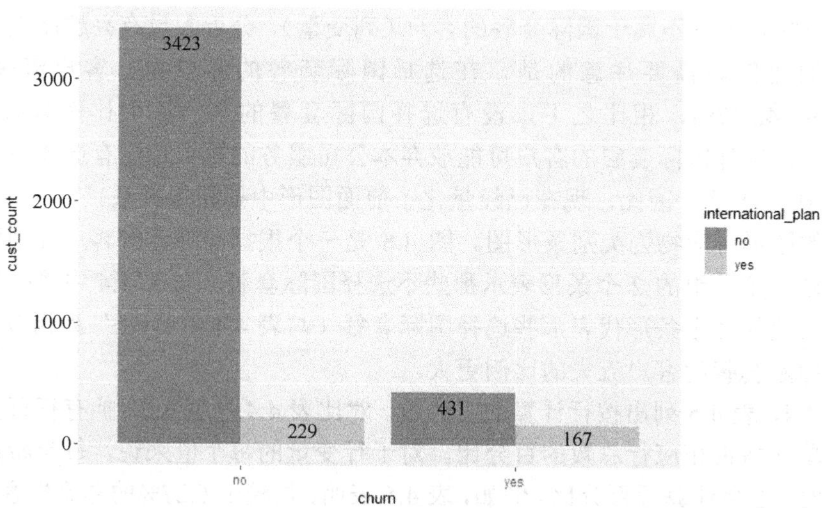

图 4.9　流失类别的国际套餐参与对比

概括来说，国际套餐的探索性数据分析表明：

① 也许应该研究究竟是什么原因使国际套餐使用者中存在明显更高的客户流失；

② 应预料到，之后无论使用何种数据挖掘算法预测客户流失，模型都很可能包含客户是否选择国际套餐。

使用同样的方法来分析语音邮件套餐与客户流失的关系。图 4.10 显示在等长条形图下，相比使用语音邮件套餐的客户，那些没有使用语音邮件套餐的客户更容易流失。

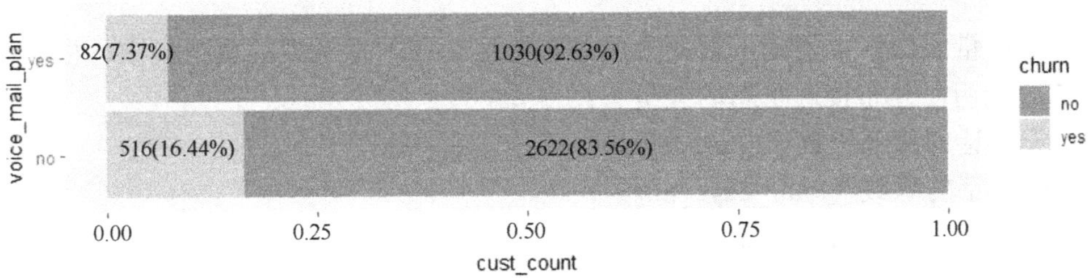

图 4.10 语音套餐的使用情况与客户流失比例

根据图 4.10 可以做如下分析：语音邮件套餐（行总数）的边缘分布表明，1 030+82=1 112 名客户使用语音邮件套餐，而 2 622+516=3 138 名客户未使用。然后，发现在未使用语音邮件套餐的客户中，516/3 138 = 16.44%的客户为流失者；相比之下，在使用语音邮件套餐的客户中，82/1 112=7.37%的客户为流失者。因此，没有使用语音邮件套餐客户的流失概率几乎是使用语音邮件套餐的两倍。

概括地说，在语音邮件套餐上的探索性数据分析表明以下内容。

（1）或许应该进一步加强推广语音邮件套餐，使它更易于客户加入，作为提高客户忠诚度的工具。

（2）应预料到，无论使用何种数据挖掘算法预测客户流失，模型都很可能包含客户是否选择了语音邮件套餐。但是相对于国际套餐，语音邮件套餐对于预测客户流失的重要性可能没有那么大。

针对客户流失，也可以探讨分类变量之间的双向互动。例如，图 4.11 展示了一个由国际套餐和语音邮件套餐类别构成的多层桑基图。

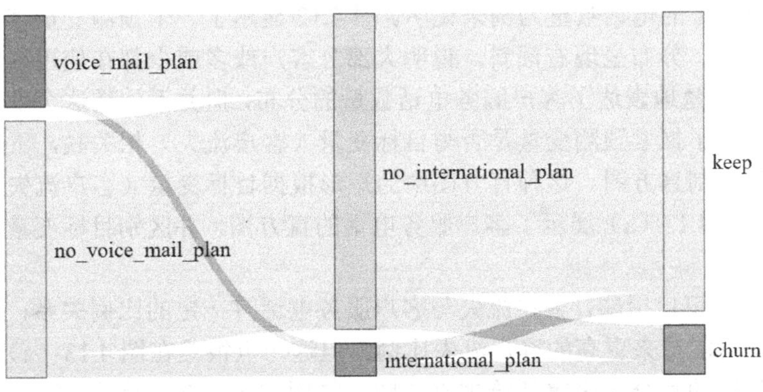

图 4.11 由国际套餐和语音邮件套餐类别构成的多层桑基图

注意，两种套餐均未使用的客户数（1 878+302=2 180）远多于仅使用国际套餐的客户数（130+101=231）。更重要的是，在未使用语音邮件套餐的客户中，使用国际套餐（101/231=44%）的客户流失比例要多于未使用国际套餐的情况（302/2 180=14%）。只使用语音邮件套餐（786+44=830）的客户数远多于两种套餐均使用的客户数（56+36=92）。此外，在使用语音邮件套餐的客户中，同时选择国际套餐的客户流失比例（36/92=39%）却远多于未使用国际套餐的客户流失比例（44/830=5%）。还需要注意的是，分类变量之间没有交互。也就是说，不管是否是语音邮件套餐客户，持有国际套餐的客户流失比例都更大。

4.2.3 探索数值型变量

数值型变量的探索主要是了解变量的分布特征。在本章考察的数据集中，根据认识数据集一节的说明，分布接近正态的变量有：

- 每天通话的总分钟数（total_day_minutes）；
- 每天通话的总数（total_day_calls）；
- 白天通话的总费用（total_day_charge）；
- 晚上通话的总分钟数（total_eve_minutes）；
- 晚上的电话总数（total_eve_calls）；
- 夜间通话的总费用（total_eve_charge）；
- 夜间通话总分钟数（total_night_minutes）；
- 夜间呼叫的总数（total_night_calls）；
- 夜间通话的总费用（total_night_charge）；
- 国际电话总分钟数（total_intl_minutes）；
- 国际长途电话的总费用（total_intl_charge）。

分布有一定程度的偏态的变量有：

- 语音信箱留言数（number_vmail_messages）；
- 国际长途总电话数（total_intl_calls）；
- 客户服务的电话数量（number_customer_service_calls）。

其中，语音信箱信息的中位数为零，表明至少有一半客户没有订阅语音信箱。国际长途总电话数的均值（4.426）大于中位数（4），显示分布略微右倾斜。客户服务电话的均值（1.559）大于中位数（1.0），显示分布略微右倾斜，也表明客户服务的最大数量为 9。

首先以客户服务的电话数量为例来说明。图 4.12 显示了一个预测变量客户服务电话的直方图。可以发现，分布呈现右倾斜，说明大部分客户或多或少都在使用客户服务电话。

图 4.12 虽然清楚地表达了客户服务电话数量的分布，但并不知道这个变量是否有助于预测客户流失。为了探索预测变量是否与目标变量（客户流失）相关联，下面增加客户流失，为区别重新绘制直方图。这种直方图中的矩形根据目标变量（客户流失）的值着色。例如，接下来，图 4.13（a）展示了客户服务电话的直方图，并区别目标变量的取值（客户是否流失）。

从图 4.13（a）可以得知，客户流失与客户服务电话有一定的比例关系，似乎是客户服务电话数越多，可能带来更高的客户流失比例，但这一点很难在图 4.13（a）中看得明确。为此，转向用计数的百分比来重新绘制直方图，如图 4.13（b）所示。需要注意的是，图 4.13（b）中流失者与非流失者的数据与图 4.13（a）中完全一样，但拉伸的矩形使具有低计数的矩形有更好的清晰度和对比度。

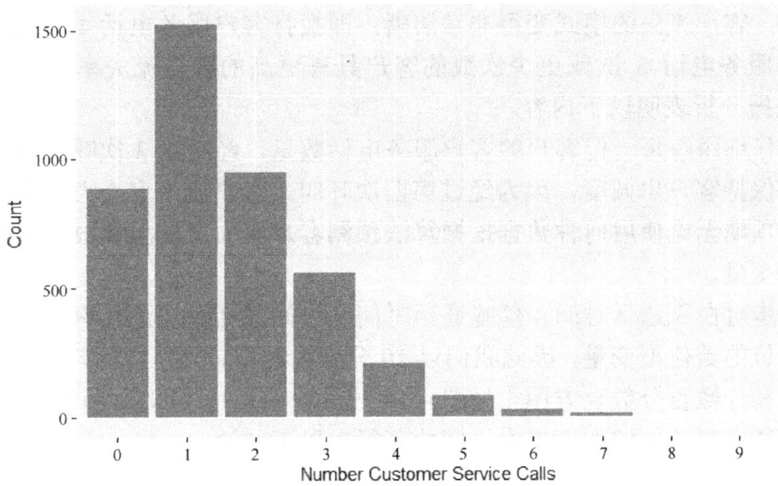

图 4.12　客户服务电话数量的直方图

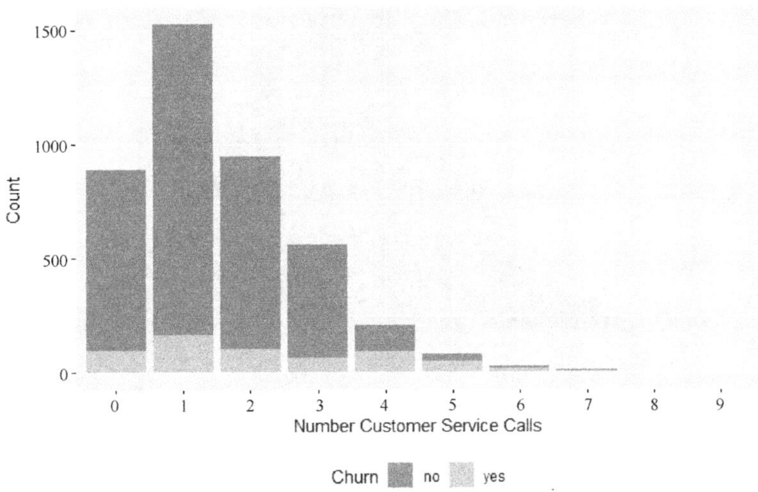

（a）

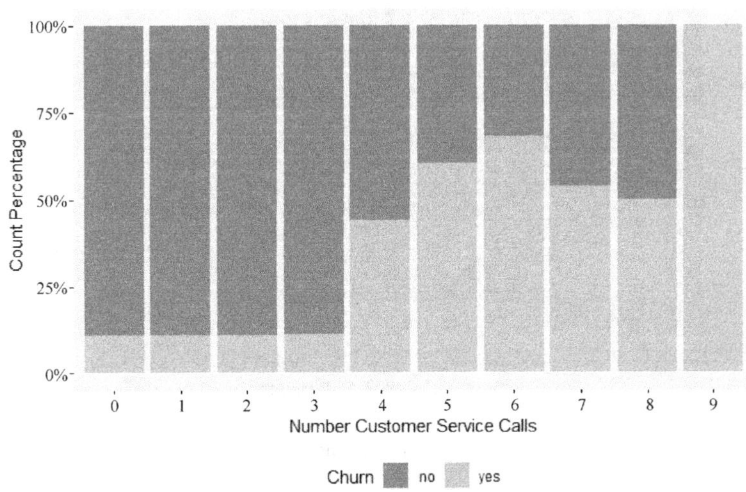

（b）

图 4.13　区别是否流失的客户服务电话数量的直方图

这样一来，客户流失的模式变得非常清晰，即拨打客户服务电话 4 次或更多次数的客户比拨打客户服务电话 3 次或更少次数的客户具有更高的客户流失率。在客户服务电话上的探索性数据分析表明以下内容。

（1）应该仔细跟踪每一位客户的客户服务电话数量。经过第 3 次呼叫后，应提供专业的激励措施以保持客户忠诚度，因为经过第四次呼叫，客户流失率会大大增加。

（2）应该预期无论使用何种数据挖掘算法预测客户流失，模型都很可能包括客户服务电话数量这一变量。

下面进一步对白天通话时间、傍晚通话时间和夜间通话时间进行探索。由于通话时间是以分钟为单位的数值型变量，因此我们以 10 分钟为窗口，分别进行统计计数。然后再绘制计数直方图和计数百分数直方图［见图 4.14（a）和图 4.14（b）］。图 4.14（b）表明，客户流失率随着通话时长的增加而增大，因此可得出以下结论。

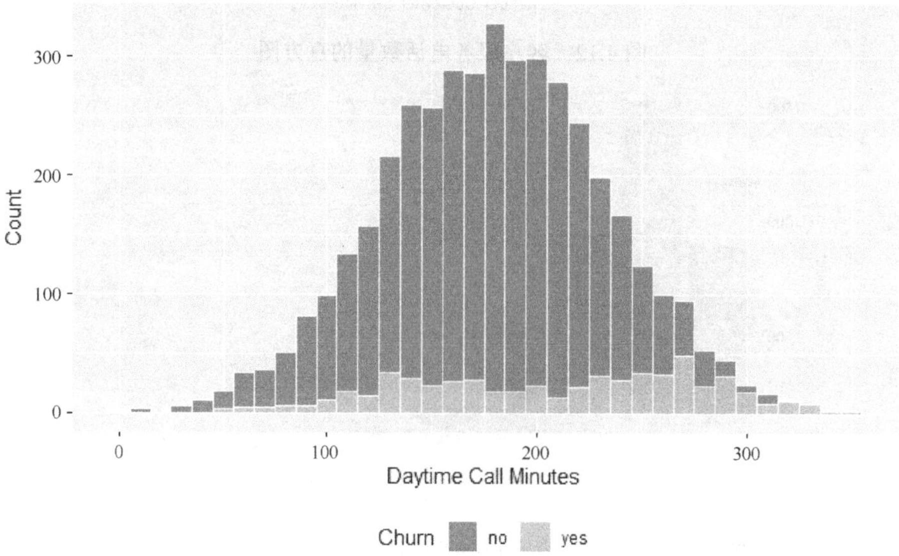

（a）

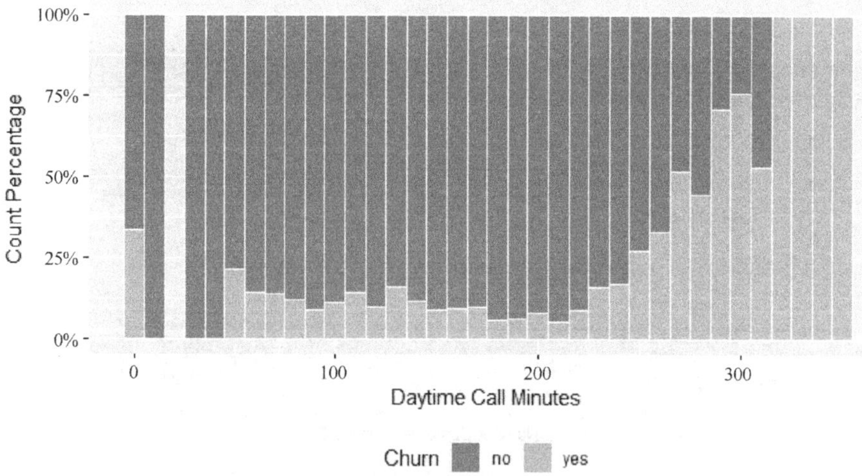

（b）

图 4.14　区别是否流失的白天通话时间的直方图

（1）应该仔细跟踪每一位客户的白天使用时长。对于白天通话时长超过 200 分钟的号码，我们要考虑特殊优惠。

（2）应该调查为什么具有较高白天使用时长的客户趋于流失。

（3）应该预期，最终的数据挖掘模型会将白天使用时长作为客户流失的预测因子。

图 4.15 是傍晚通话时间的直方图。图 4.15（b）表明，傍晚使用时长更久的客户流失率略微高。但是，完全基于图形化的证据，仍然无法断定存在这样的关系。因此，将暂缓在傍晚使用时长方面制定政策，直到使用数据挖掘模型提供更坚实的证据，证明这一现象确实存在。

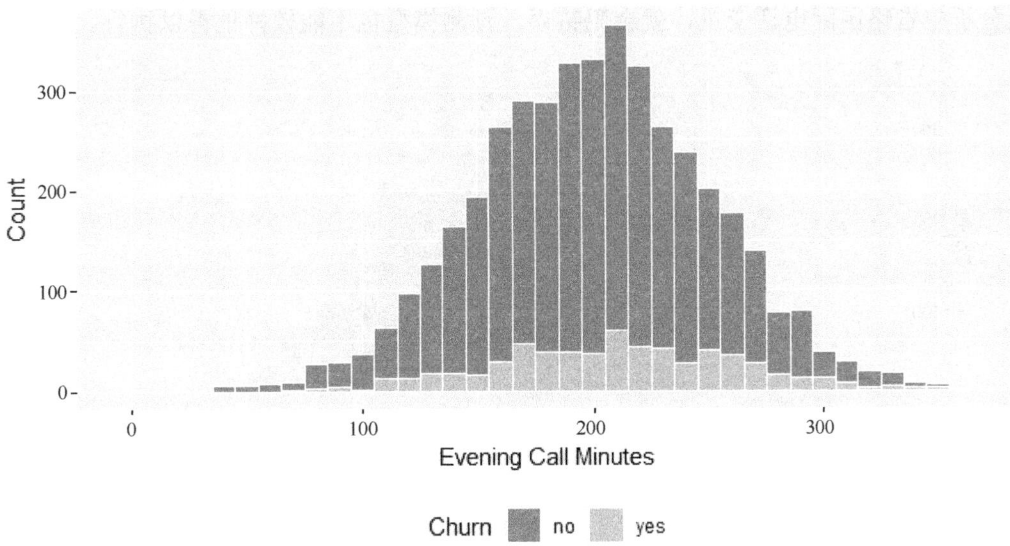

（a）

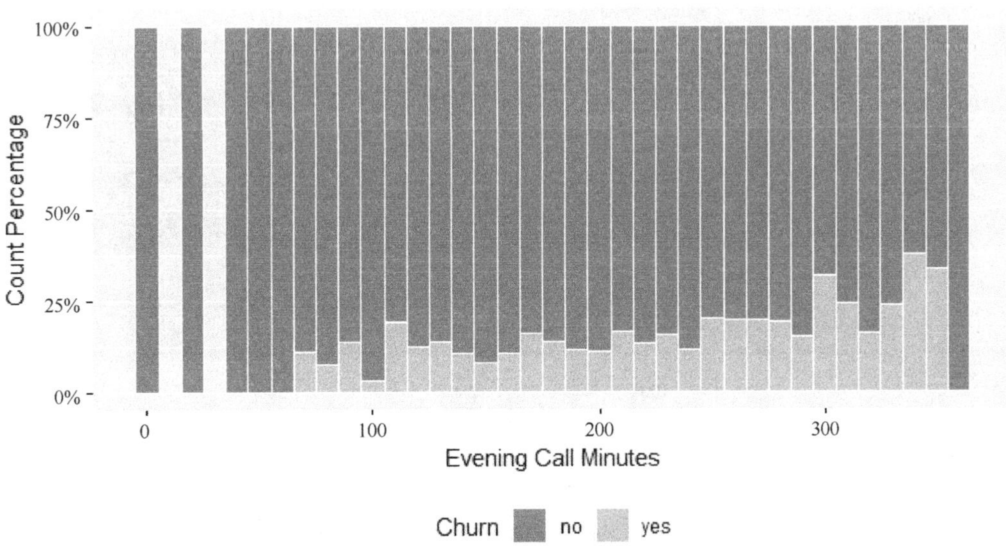

（b）

图 4.15　区别是否流失的傍晚通话时间的直方图

图 4.16 是夜间通话时间的直方图。图 4.16（b）表明，客户流失和夜间使用时长之间没有明显的关联，因为模式相对平缓。要强调的是，在探索性数据分析阶段，预测因子和目标之间缺乏明显的关联并不足以作为从模型中删除预测因子的理由。例如，基于在客户流失和夜间使用时长之间缺乏明显的关联，虽然不见得期望数据挖掘模型使用此预测因子来发现有价值的预测信息，但是，还是应该将此预测因子保留，并作为数据挖掘模型的一个输入变量，因为可操作的关联对于可识别的记录子集仍然存在，它们可能参与到更高维度的关联和交互。在任何情况下，在建模前除非有很好的理由消除变量，否则应该允许建模过程再次确定哪些变量具有预测性，哪些没有。如果仅仅基于表面上图形化证据的缺失，就从分析中省略国际电话变量，就会犯错误，预测模型也不能较好地得以执行。

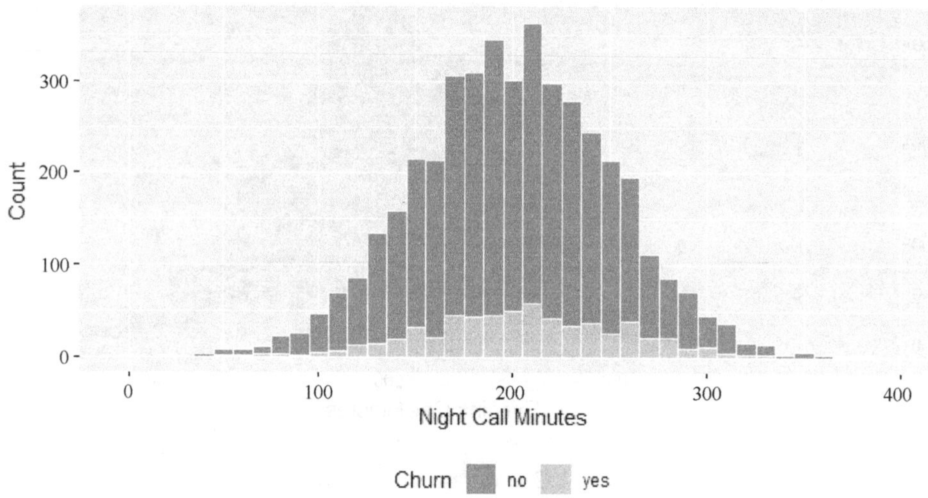

（a）

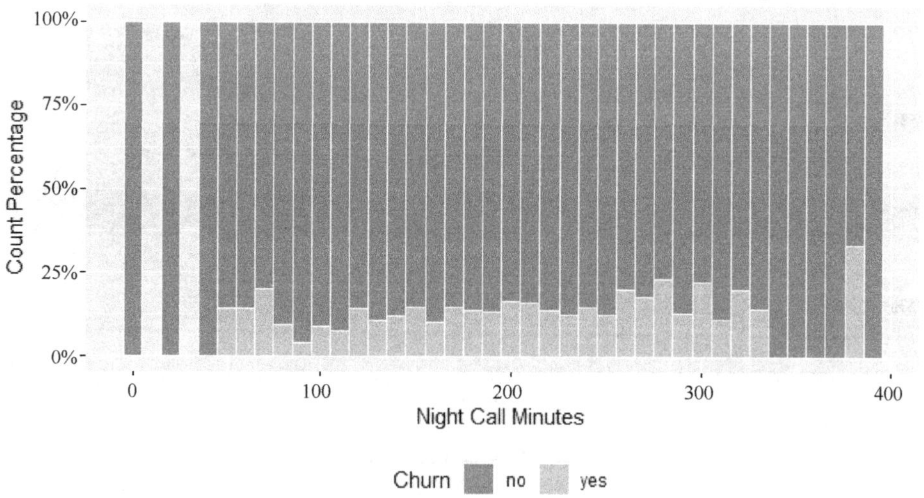

（b）

图 4.16　区别是否流失的傍晚通话时间的直方图

4.2.4 探索变量的多元关系

由于数据集中通常包含较多的变量，如这里的客户流失数据集中包含有 20 个变量，探索变量之间的关系往往会变得异常复杂。下面以客户流失数据集为例，说明如何进行多元变量的分析。

首先根据数据挖掘的目标可以得知，数据挖掘并不区分客户的所在地，因此这里可以省略州代码和区号。

然后对于数值型变量，通过相关关系图来考察变量之间的相关关系。图 4.17 是白天通话时间、通话次数、通话费用和客户流失之间的相关关系图。

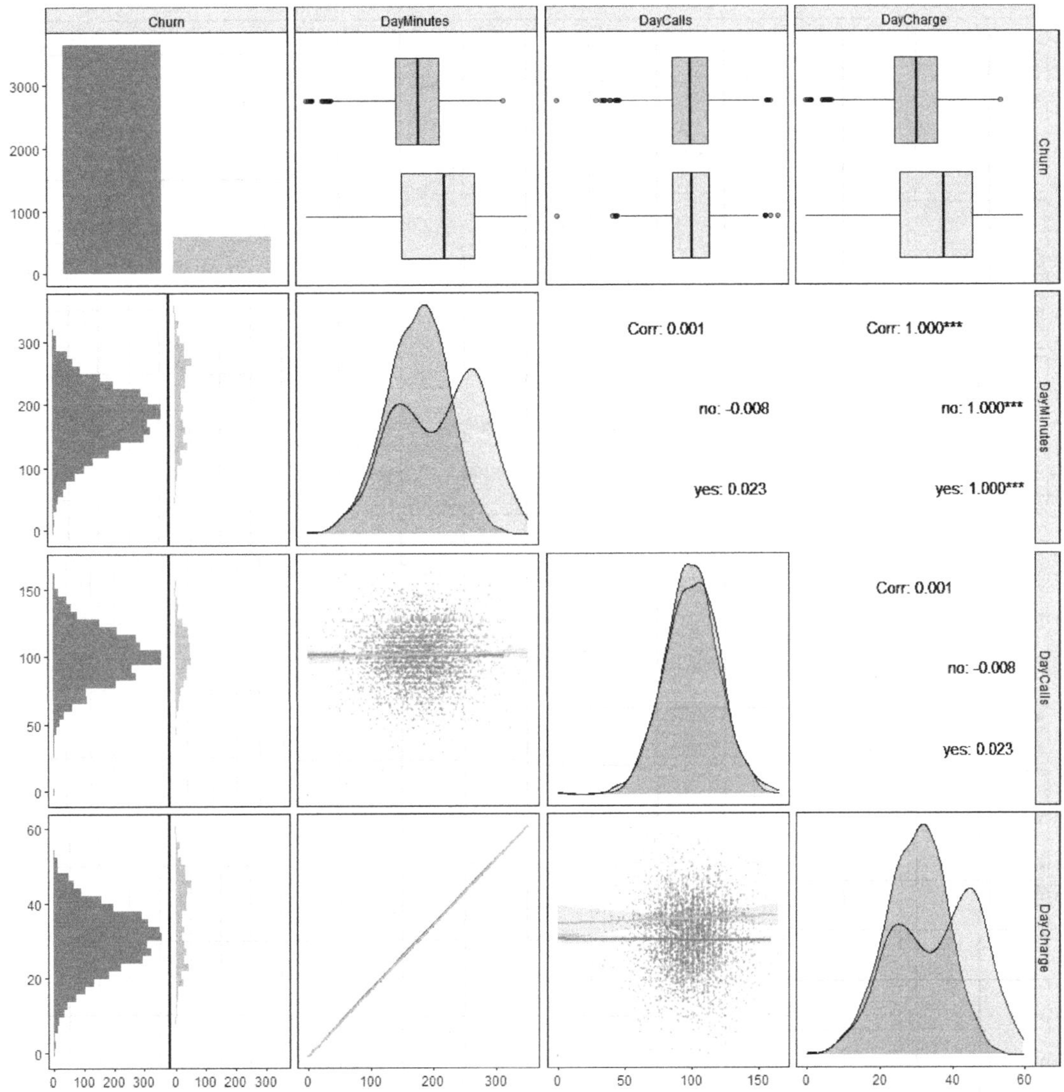

图 4.17　白天通话时间、通话次数、通话费用和客户流失之间的相关关系图

由图 4.17 可知，通话费用与通话时间完全正相关，并且不因客户流失而变化。这是因为几乎所有的套餐都是以时间来计费的，所以通话费用与通话时间只要保留其中一个就可以。另一个看点是通话次数也不因客户流失而有明显的变化。因此，我们例子中仅选择通

话时间。同理，我们也可以分析傍晚和夜间的情况。最终保留的变量如下：

- 客户使用当前电信提供商的月数；
- 语音信箱留言数；
- 每天通话的总分钟数；
- 晚上通话的总分钟数；
- 夜间通话的总分钟数；
- 客户服务的电话数量；
- 客户流失情况。

图 4.18 是以上变量的相关关系图。

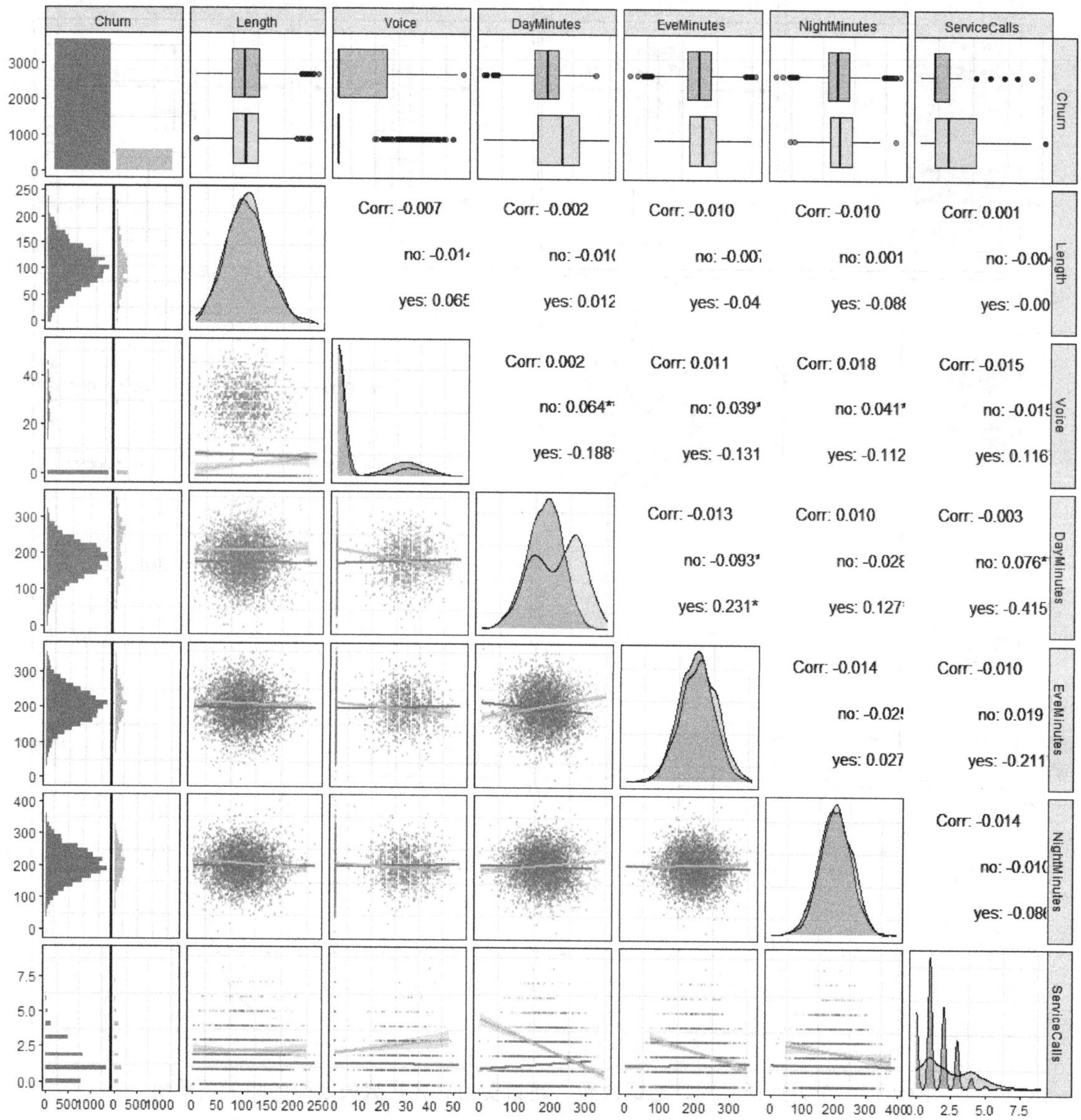

图 4.18　对客户流失数据集筛选后主要变量相关关系图

还可以使用散点图来检查数值变量和客户流失间可能存在的多元关系，以发现单变量探测中所遗漏的相互关系。图 4.19 和图 4.20 分别展示了白天通话时长相对于傍晚使用时长和夜间使用时长的散点图。注意图中的直线分割了图的右上部分。在这个斜线上方的记录代表同时具有较长白天通话时长和傍晚使用时长（或夜间使用时长）的客户，似乎比直线下方的记录有着更高的流失比例。长白天通话时长和长傍晚使用时长（或夜间使用时长）导致高流失率这一结论在上一节单变量讨论中是没有定论的。这里采用多变量图支撑这种关联关系的结论，至少对于有着较长白天通话时长的客户是如此的。

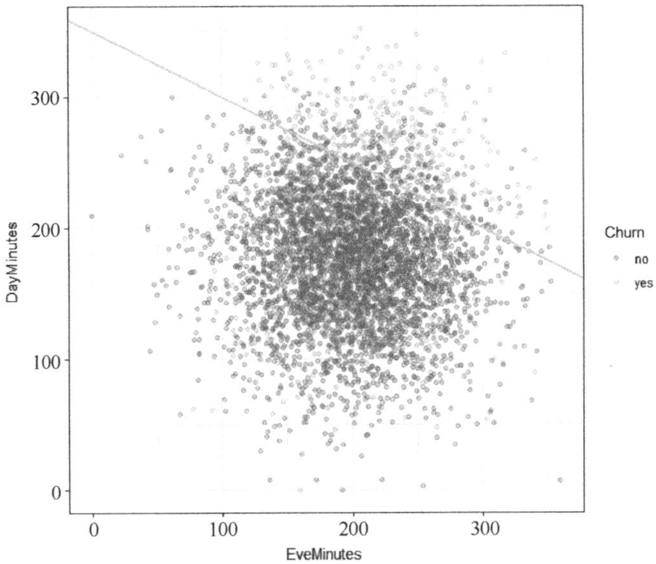

图 4.19　白天通话时长相对于傍晚使用时长的散点图

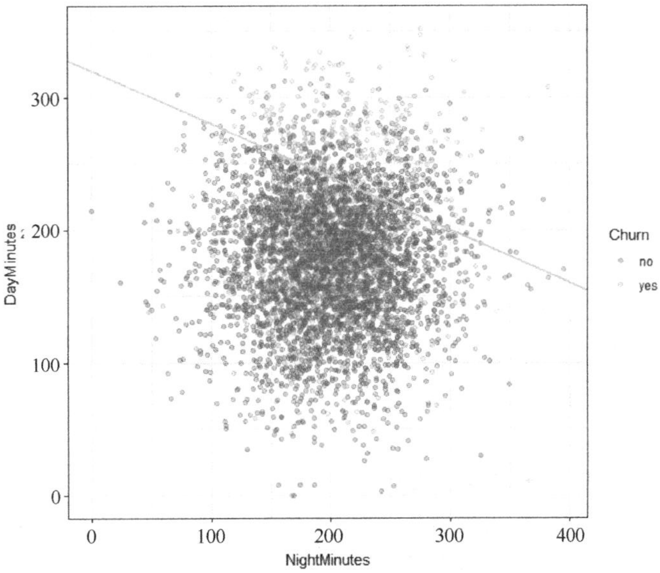

图 4.20　白天通话时长相对于夜间使用时长的散点图

进一步考察流失客户的一些特征，根据单一变量的分析，我们已经知道白天通话时间长的客户，或者拨打客服电话多（3 次以上）的客户具有较高的流失率。这里提出这样一个问题：会不会还存在其他群体的客户容易流失呢？为此，将客户电话服务数与白天通话时间绘制成散点图，如图 4.21 所示。流失客户和非流失客户分别用大圆圈（浅蓝色）和小圆圈（红色）表示。图的左上角的区域（图中绿色矩形边框区域）引起了分析人员的注意。这个区域几乎全是浅蓝色大圆圈，说明是一个高客户流失区域。这些记录代表着这样一群客户，他们有着较高的客户服务电话数量和较低的白天通话时长。很明显，这是双变量（客户电话服务数与白天通话时间）相互作用的结果，而这一结论是不容易在单一变量分析中发现的。值得注意是，多变量探索并不能替代单一变量的探索。事实上，这两类探索都非常重要。

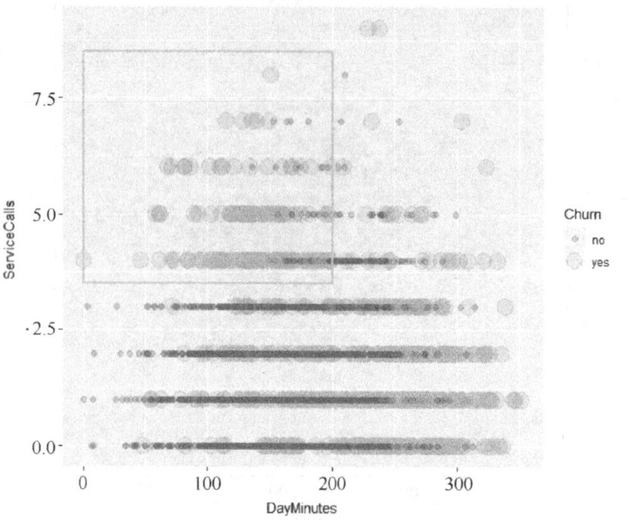

图 4.21　客户电话服务数相对于白天通话时间的散点图

一般情况下，有着较高客户服务电话数量的客户倾向于有着较高的流失率，正如此前单变量分析中所了解到的那样。然而，图 4.21 表明，在具有较高客户服务电话数量的客户中，同时具有较高白天通话时长的客户在某种程度上在抑制这种高流失率。散点图右上方的客户显示出较低的流失率（相对于左上方的客户）。但是，我们如何量化这些图形结果呢？

图 4.22 是区域内平均流失率的分布图，计算区域以客户服务电话数量和白天通话时间两个维度划分区域，大小为 1 次×50 分钟。

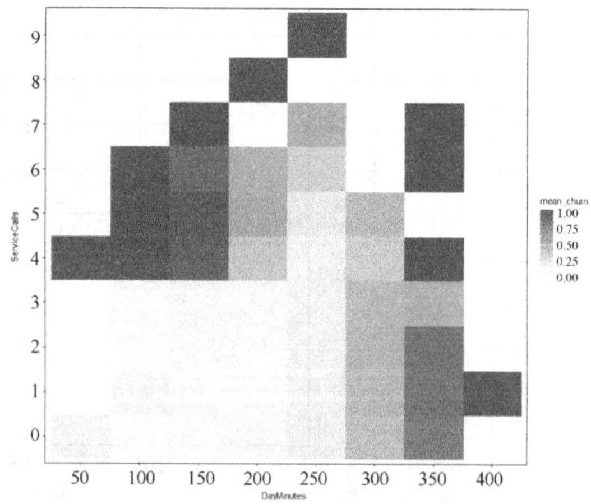

图 4.22　区域内平均流失率的分布图（每区域：1 次×50 分钟）

由图 4.22 可知，流失率有着明显的区域性分布。如果客户服务电话数量以 3 次为界，小于或等于 3 次的为低客服区，大于 3 次的为高客服区；如果白天通话时间以 200 分钟为界，小于或等于 200 分钟的为短通话（白天）区，大于

200 分钟的为长通话（白天）区。各个区域的客户流失率如表 4.6 及图 4.23 所示。

表 4.6　各个区域客户流失率一览表

白天通话时间	客户服务电话数量	客户流失率
长（Long）	高（High）	0.240
长（Long）	低（Low）	0.216
短（Short）	高（High）	0.659
短（Short）	低（Low）	0.050

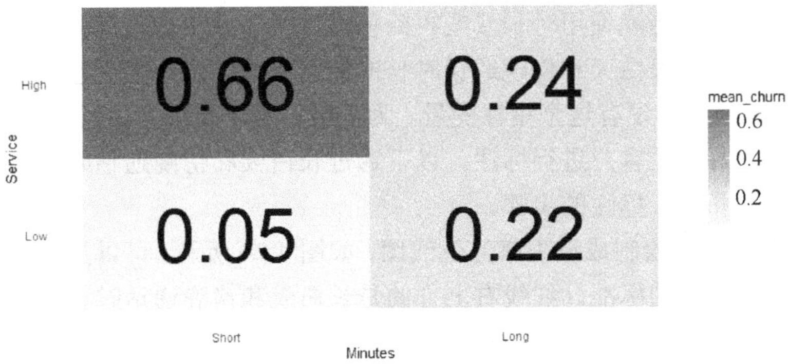

图 4.23　各个区域的客户流失率分布图（以 3 次、200 分钟为阈值）

以图 4.23 中的矩形来说明。让我们更仔细地检查矩形中的记录。左上角矩形框内的记录显示约 66%为流失客户。也就是说，那些使用客服服务电话次数多且白天通话时长少的客户有 66%的概率流失。而那些使用客户服务电话次数多且白天通话时长较长的（右上角矩形）客户流失率仅为 24%。因此建议，为那些拨打了大量客户服务电话但具有较少白天使用时长的客户设置红色标志，因为与使用相同数量客户服务电话但具有较长白天使用时长的客户相比，他们有更高的概率放弃该公司的服务。

总之，变量之间关系的探索策略包括以下内容。

（1）充分使用多维度的可视化工具，如具有标志的散点图、热力图等。

（2）使用这些散点图发现感兴趣的数据子集。

（3）分析数据子集量化差异。

4.3　发现派生特征变量

在上一节中对数据的特征进行了探索。探索的对象是各个维度的原始数据，或称测量变量，即通过直接测量得到的数据变量。然而，数据探索的内容不仅仅限于测量变量的数据特征，还包括发现基于测量变量派生出来的新变量，称之为派生特征变量。

发现派生特征变量也是数据探索的主要内容之一。派生特征变量的数据类型可以将其分为分类型变量和数值型变量两种。挖掘派生特征变量的思路也有两种：①基于数据集观察。就是根据已知数据特征变量的分布特点，结合挖掘目标，指定新的派生特征变量。

②基于领域知识。这是基于商业领域的知识，确定与挖掘目标相关的重要因子，并根据已知数据变量组合获得。这个因子就是新的派生特征变量。以下通过实例来说明发现派生特征变量的过程。

4.3.1 基于数据集观察的发现

1. 派生分类型变量

本节仍以客户流失数据集为例。在探索数据变量之间的关系一节中，分析发现“长白天通话时长和长傍晚使用时长（或夜间使用时长）导致高流失率”。在前述分析中，并没有对长白天通话时长和长傍晚使用时长（或夜间使用时长）做出数值的界定。可以设想，如果存在一个分类变量（长白天和傍晚通话时长的标志变量）将有助于客户流失率的深入分析。但是，原始数据集并没有这个指标变量。为了确定这一指标，首先必须建立一个标准，再根据这一标准对每一位客户进行标注。以下通过长白天和傍晚通话时长的标志变量的实例来说明建立标准和进行标注的步骤。

首先将图 4.19 重新绘制成流失率等值线图，如图 4.24 所示。可以指定图中的红线是白天和傍晚通话时长长短的标准。红线右上方的是长白天和傍晚通话时长的客户，而在红线左下方的客户是短白天和傍晚通话时长的客户。

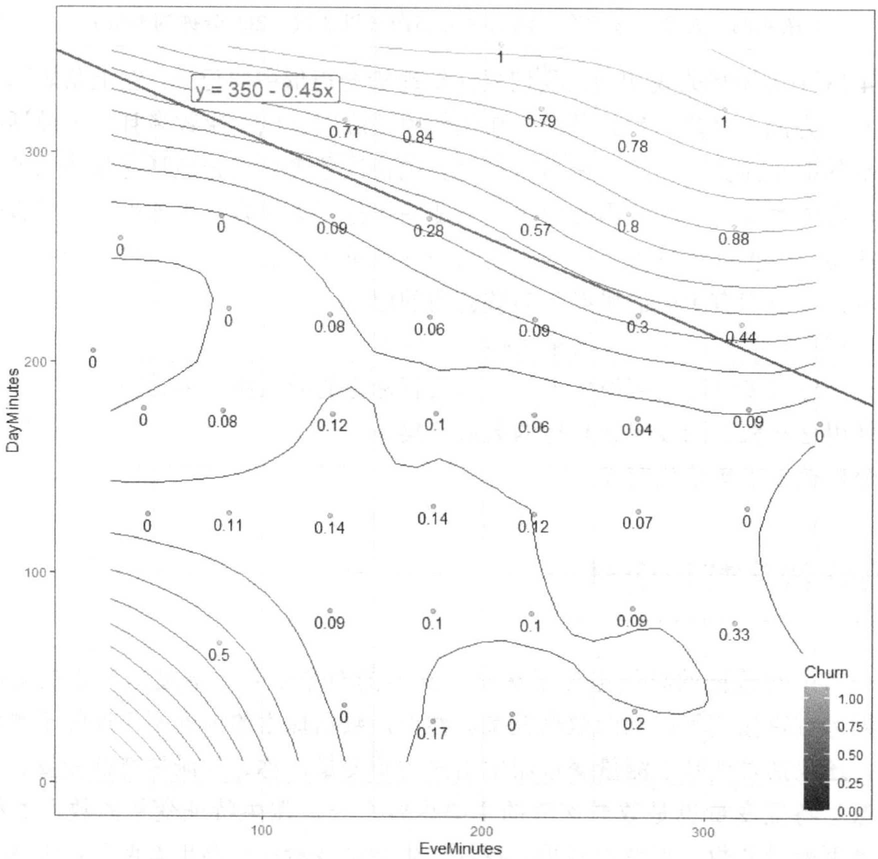

图 4.24　白天和傍晚通话时长的标准流失率等值线图

这里评估的直线方程是：

$$白天通话时长（y）=350-0.45\times傍晚通话时长（x）$$

通过上述方程，可以在原数据集中增加一个分类型派生变量——长白天和傍晚通话时长标志（HighDayEveMins_Flag）。利用 R 语言可以标注所有的客户。

```
##############################
# Add HighDayEveMin_Flag
new_churn <- churn %>% mutate(
  HighDayEveMin_Flag = ifelse(total_day_minutes > 350 - 0.45 * total_eve_minutes, "yes",
"no")
)
```

这样就完成了数据集的标注。增加该标志变量后，可以比较容易地统计两类客户的流失情况。表 4.7 是客户的流失统计表。由此可见，长白天傍晚通话时长的客户的流失率为 64.69%，比短白天傍晚通话时长的客户的流失率（9.23%）高出 6 倍之多。当然，我们也必须注意到如此高的流失率仅占 8.73%=371÷(371+3879))。

表 4.7　按白天傍晚通话时长区分的客户流失统计表

		HighDayEveMin_Flag			
		0		1	
		count	%	count	%
churn	no	3521	90.77	131	35.31
	yes	358	9.23	240	64.69
total		3879		371	

2. 派生数值型变量

上述长白天和傍晚通话时长标志是一个分类变量。有时候也可以通过对数据集的观察，形成连续型的数值变量。根据之前对客户流失数据集的分析可知，客服电话的使用量和国际套餐的使用与否都与客户流失率密切相关。如何设计一个派生变量包含这两个变量的共同影响呢？最简单和最直接的方式是将两者平均。为了数据类型的一致性，这里不采用国际套餐的使用与否，而是用国际通话次数来替代。这样，从数据类型上看都是数值型数据，可以计算两者的平均值。仔细观察这两个变量，国际通话次数的变化范围是 0～20，平均值是 4.43；客服电话使用次数的变化范围是 0～9，平均值是 1.56。图 4.25 是国际通话次数与客服电话使用次数的分布比较，图 4.25（a）、（b）和（c）分别用粗线图、密度分布图和直方图来展示国际通话次数与客服电话使用次数在分布上的差别。

由于国际通话次数相对于客服电话使用次数具有更大的均值和标准差，在直接进行计算平均值时，国际通话次数就会占据更大的权重，所以直接平均是不合适的。为了消除不同均值和不同标准差的巨大差异，可以首先对相关变量进行标准化，然后再组建新的派生变量。这里我们定义的派生变量为客服和国际通话指数，计算公式如下：

$$客服和国际通话指数=\frac{标准化客服通话次数+标准化国际通话次数}{2}$$

根据上述公式，利用 R 语言可以在客户流失数据集中添加客服和国际通话指数（CSC_INTL_Z）、标准化客服通话次数（CSC_Z）和标准化国际通话次数（INTL_Z）等派生变量。

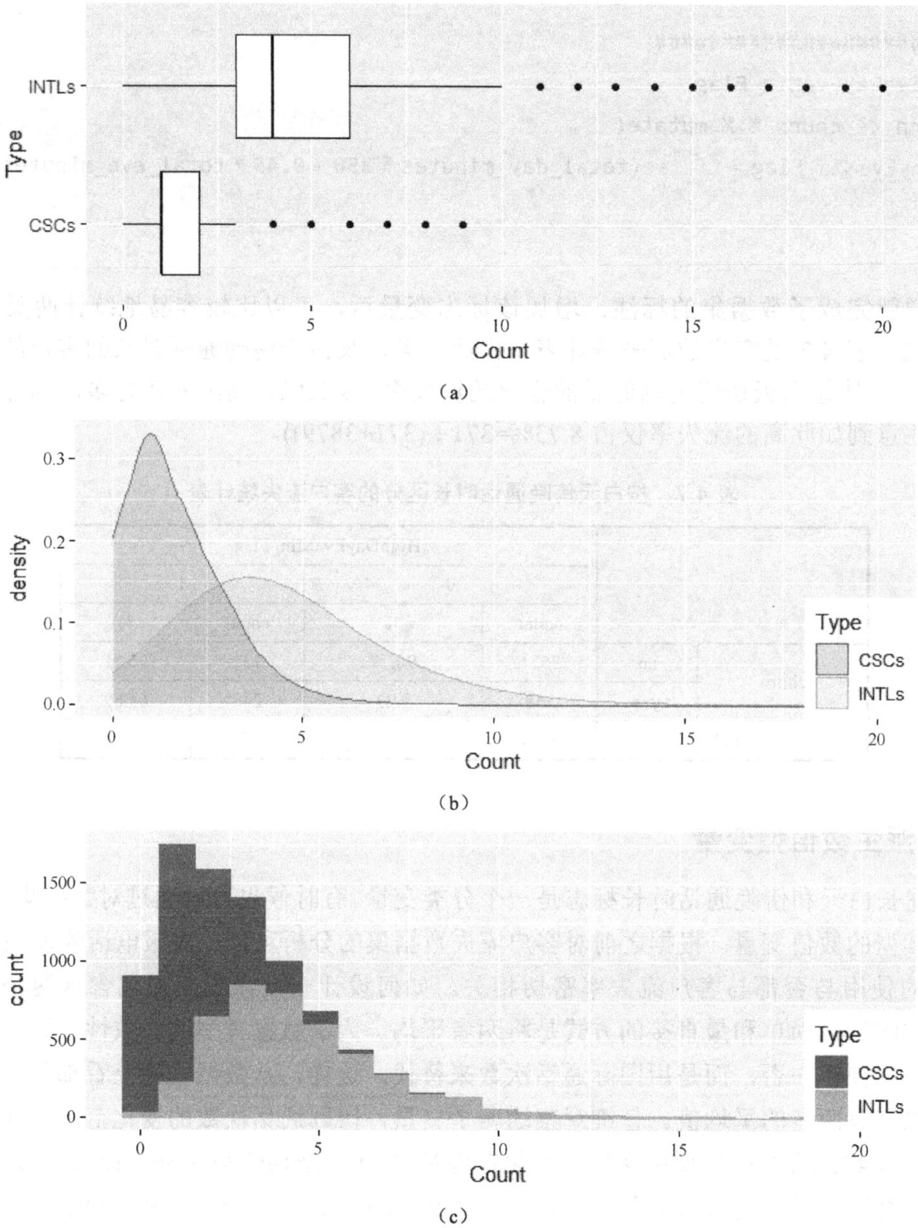

图 4.25 国际通话次数与客服电话使用次数的分布比较图

```
new_churn <- churn %>% select(c("churn", "number_customer_service_calls",
      "total_intl_calls")) %>%
  mutate(
    churn = churn,
```

```
    CSC_Z = scale(number_customer_service_calls),
    INTL_Z = scale(total_intl_calls),
    CSC_INTL_Z = ( scale(total_intl_calls)+scale(number_customer_service_calls))/2)
colnames(new_churn) <- c("churn", "CSCs", "INTLs", "CSC_Z", "INTL_Z","CSC_INTL_Z")
```

图 4.26（a）和图 4.26（b）是客服和国际通话指数与客户流失关系的计数直方图和百分比直方图，由此展现了它们之间的关系。由图 4.26（b）可知，随着客服和国际通话指数（CSC_INTL_Z）的增加，客户流失率也随之增大。这一规律的发现有助于之后的预测客户流失模型选择。

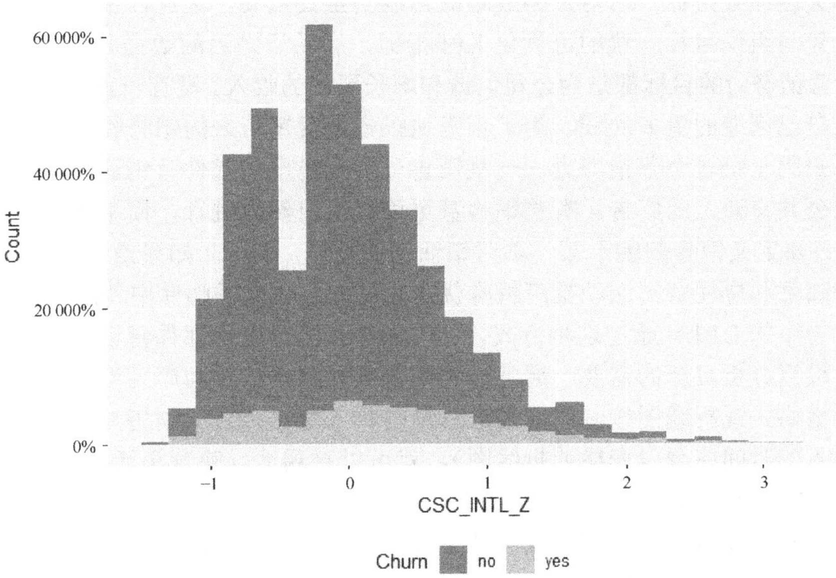

（a）

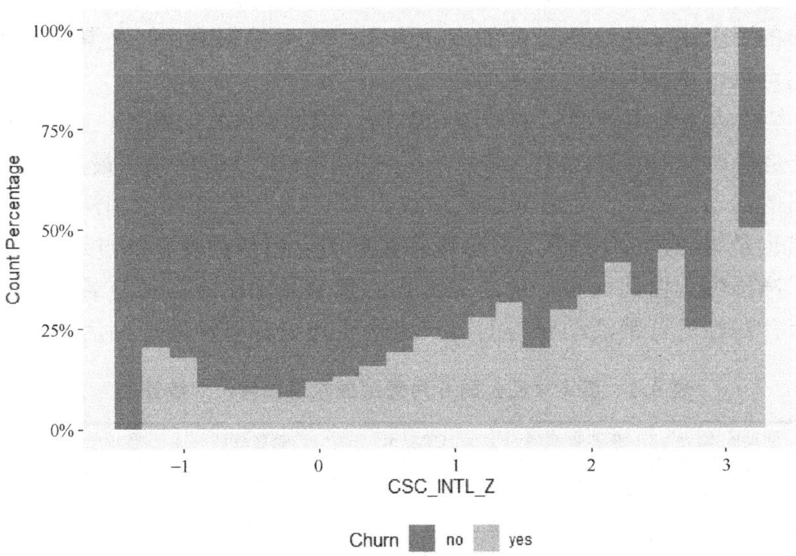

（b）

图 4.26　客服和国际通话指数与客户流失的直方图

4.3.2 基于领域知识的发现

1. 营销关键绩效指标

在进行数据探索时离不开商业领域的知识。不仅可以通过对原数据的观察，发现数据的某些新特征，并由此来组建新的派生变量，也可以根据已知的商业领域的知识和规律来组建新的派生变量。例如，营销关键绩效指标（Key Performance Indicator, KPI）是一个能够衡量组织实现战略营销目标的进展情况的指标。专注于正确的度量标准，为企业选择最合适的市场关键绩效指标，这对营销战略取得成功至关重要。因此，根据营销数据集的已知变量，组建与组织目标一致的可量化 KPI 指标，有助于之后的数据分析和挖掘。

每一次营销努力的目标都是为公司创造和增长更多的收入。没有一家公司愿意在市场营销上投入比自己创造的更多的钱。为了正确地报告由营销带来的销售收入，需要清楚如何将销售收入归因于每一个营销努力。一些销售可能来自电子邮件营销活动，而另一些可能来自电视或公共交通上的广告。有些销售甚至可以很自然地进行，而不依赖于任何营销活动。为此，必须定义销售归因于某一项营销活动的规则。例如，如果是一家电子商务公司，并通过电子邮件和电视营销活动推广特殊优惠，可能想在电子邮件中使用不同的 URL，而不是电视广告中的 URL。通过这种方式，可以识别并区分电子邮件营销活动和电视营销活动的销售。根据分析目标的需要，通常会将销售收入数据按时间序列汇总于报表。例如，通过电子表格格式或折线图按时间序列汇总销售收入数据。有了销售与营销的归因关联，以及销售收入的时间序列（表格或折线图），就可以直观地反映营销活动的效果。

另一种观察营销效果的方法是获客成本（Cost Per Acquisition, CPA）。这个 KPI 指标反映了在营销过程中获得一个客户需要花费多少成本。高 CPA 意味着获得新用户的成本更高，而低 CPA 则意味着获得新用户的成本更低。根据业务类型，仍然可以使用高 CPA 进行非常有利可图的营销活动。例如，如果卖的是一种非常豪华和高端的产品，目标客户是愿意花费更多的资金去购买这些商品的人，虽然 CPA 可能很高，但获得每个客户的价值可能更高，仍然可以带来盈利的营销活动。

表 4.8 是某化妆品公司营销活动的统计数据。根据表 4.8 的统计，就总成本和 CPA 而言，现场宣传是最昂贵的营销活动。然而，它产生了最多的销售额和最高的客单价。因此，这是最有价值的活动。另外，交通电台是总成本和 CPA 中最低的营销活动，它帮助企业获得的客户数量也是第二位的。然而，来自这些客户的总销售额没有超过这次活动的总成本，给公司带来了净损失。由此可见，现场宣传式的营销活动比直播和交通电台有更好的目标客户。通过有针对性的营销活动获得的客户质量要比无针对性的营销活动好很多倍。

表 4.8 某化妆品公司 8 月营销成本与销售收入统计表

营销活动	活动成本/元	获客数量/个	CPA/元	销售/元	客单价/元	活动价值/元
现场宣传	50000	80	625	79200	990	29200
直播	10000	25	400	12250	490	2250
交通电台	7000	45	175	4050	90	-2950

以上说明了如何分解营销活动效果以更深入地分析成本效益，随着营销渠道的选择

逐渐向线上空间发展，如社交网络服务、博客和搜索引擎，数字营销效果的汇总报告变得越来越重要。之前讨论过的 KPI（销售收入和每次获客成本）也适用于数字营销领域。例如，基于个人归因逻辑，可以分析不同社交网络服务（如微信、Facebook、LinkedIn 和 Instagram）产生了多少销售额。还可以分析通过这种营销渠道获得了多少客户，并查看单个数字营销活动的 CPA 和产生的价值是多少。下面介绍数字营销中常用的 KPI。

（1）点击率（Click Through Rate, CTR）

点击率是一个通常被用于数字营销的 KPI。CTR 是指浏览广告后继续单击广告的人的百分比。公式如下：

$$\text{CTR} = \frac{\text{点击次数}}{\text{浏览次数}}$$

点击率是数字营销渠道中一个重要的衡量指标，它反映了在线营销给网站带来流量的有效性。

（2）转化率（Conversion Rate）

一般来说，只有部分的网站流量适合带来未来的客户。企业营销的对象是那些符合市场营销条件的潜在客户。这里的潜在客户是根据客户的特征并满足特定的业务标准，可能进行购买的客户。当开始面向这些合格的潜在客户进行营销时，就应该关注其转化率。转化率是指潜在客户转化为活跃客户的百分比。可以根据具体的营销目标定义什么是转化率。如果目标是看看有多少潜在客户变成了付费用户，那么就可以用类似于下面的公式来计算转化率：

$$\text{转化率} = \frac{\text{付费客户数}}{\text{潜在客户总数}}$$

如果目标是查看用户在企业网站上注册的百分比，那么就可以按以下公式计算转化率:

$$\text{转化率} = \frac{\text{注册用户总数}}{\text{潜在客户总数}}$$

需要说明的是，转化率的定义并不是固定的，分析人员可以根据数据分析和挖掘的目标来确定。

2. 数字营销 KPI 分析实例

在本节中，将讨论如何使用 R 来计算、分析和可视化前面讨论过的营销 KPI。数据集 bank-additional-full.csv 是银行营销数据集，可以在本教程教学资料中找到。bank-additional-full.csv 数据文件的分隔符是分号（;），而不是一个逗号（,）。另外，数据文件第一行是所有变量的名称，其中一些变量是分类变量。为此，可以使用下面的代码来读取这个数据文件。

```
# setting chapter 4 working directory
setwd("C:/BigDataMarketing/CH04")


# read data
conversionsDF <- read.csv(
  file="data/bank-additional-full.csv",
  header=TRUE,
```

```
  sep=";",
  stringsAsFactors = TRUE
)
```

首先，来看一下总转化率，可以通过将订阅定期存款的客户总数除以数据中的客户总数来计算这个指标。下面的代码片段展示了如何对转换列求和，并获得数据中客户端的总数。

```
# loading libraries
library(ggplot2)
library(dplyr)

# calculate the total customers
num_cust <- nrow(conversionsDF)

# calculate percentages for each group based on customer subscription(y)
aggr_num <- conversionsDF %>% select(y) %>% count(y) %>%
  mutate(
    rate = n/num_cust
  )

# print results
sprintf("The total conversions: %i out of %i", (filter(aggr_num, y=="yes") %>%
select(n))[1,1], num_cust)
sprintf("The total conversions rate: %0.2f%% ", (filter(aggr_num, y=="yes") %>%
select(rate))[1,1]*100.0)
```

图 4.27 显示了 RStudio 上的代码运行结果:

```
> # print results
> sprintf("The total conversions: %i out of %i", (filter(aggr_num, y=="yes") %>% select
(n))[1,1], num_cust)
[1] "The total conversions: 4640 out of 41188"
> sprintf("The total conversions rate: %0.2f%% ", (filter(aggr_num, y=="yes") %>% selec
t(rate))[1,1]*100.0)
[1] "The total conversions rate: 11.27% "
>
```

图 4.27　总转化率计算结果截图

从 RStudio 的这段代码输出的结果中可以看到，我们总共有 41 188 个银行客户端，其中有 4 640 个转换过的客户端，这意味着总的转换率是 11.27%。

总转化率体现了营销活动的整体效果。然而，当报告和跟踪市场营销工作的进展时，分析人员通常希望更深入地研究数据，并以客户群为单元分别计算 KPI。例如，根据年龄将数据分解成各个年龄段，观察不同年龄段的用户转化率的差异。首先通过下列代码可视化不同年龄的用户转化率（见图 4.28）。

```
# conversion rate by age
aggr_age_num <- conversionsDF %>% select(age, y) %>%
  count(age, y) %>%
  pivot_wider(names_from = y, values_from = n) %>%
  mutate(
    sub_total = yes + no,
    rate = yes/(yes + no) )

# line chart
aggr_age_num %>%
  ggplot(aes(x=age, y= rate * 100)) +
  geom_line() +
  xlab("Age") +
  ylab("Conversion Rate (%)")
```

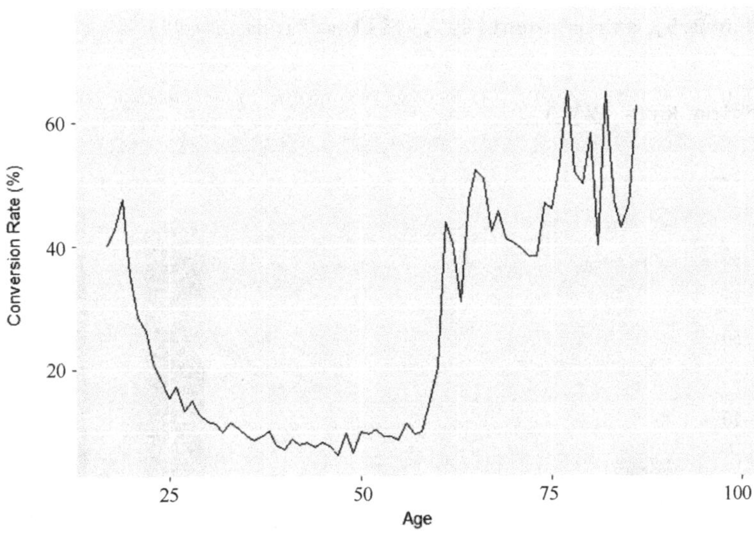

图 4.28　不同年龄用户的转化率

由图 4.28 的折线图可以看出，不同年龄的转化率存在巨大的差异。在年龄较大的人群中似乎有很多噪音。如 70 岁或以上人群的转化率差异很大，如果查看数据，会发现这主要是因为与其他年龄段相比，这个年龄段的客户数量相对较少。为了减少这种不必要的噪音，我们可以把不同年龄的人归类在一起。在这个练习中，根据银行客户的年龄将他们分成 6 个不同的组——17～30 岁，30～40 岁，40～50 岁，50～60 岁，60～70 岁，70 岁以上。以下代码可用于将客户分到相应的组中，并用柱状图可视化不同年龄段客户群的转化率（见图 4.29）。从图 4.29 可以看出，老年组（年龄在 60 岁以上的）的转化率远远高于年轻的客户群。

```
# conversion rate by age segment
aggr_age_group_num <- conversionsDF %>% select(age, y) %>%
  mutate(
    age_group =  cut(age,
                     breaks =c(17,30,40,50,60,70,100),
                     labels =
c("(17-30]","(30-40]","(40-50]","(50-60]","(60-70]","70+"),
                     include.lowest = TRUE) ) %>%
  count(age_group, y) %>%
  pivot_wider(names_from = y, values_from = n) %>%
  mutate(
    sub_total = yes + no,
    rate = yes/(yes + no) )

# bar chart
aggr_age_group_num %>% ggplot(aes(x=age_group, y=rate * 100)) +
  geom_bar(width=0.5, stat="identity", fill = "indianred") +
  xlab("Age") +
  ylab("Conversion Rate (%)")
```

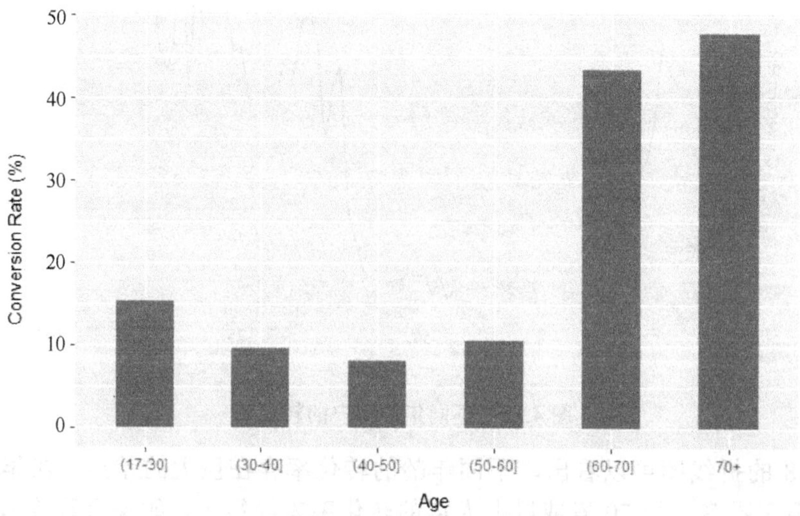

图 4.29　不同年龄段的转化率

在分析营销数据时，常常需要考察转化客户和非转化客户之间的人口统计差异。这种分析可以帮助确定在营销活动中的转化客户与非转化客户之间的区别，并帮助更好地了解企业的目标客户，以及哪种类型的客户会对营销努力做出更好的反应。下面以比较转化客户和非转化客户之间的婚姻状况分布为例来说明。

首先计算每种婚姻状态下的转化客户和非转化客户的数量。下面的代码展示了如何使用 R 函数来计算。

```
# conversion by Marital Status
aggr_marital_num <- conversionsDF %>% select(marital, y) %>%
  count(marital, y)
```

结果如图 4.30 所示。

	marital	y	n
1	divorced	no	4136
2	divorced	yes	476
3	married	no	22396
4	married	yes	2532
5	single	no	9948
6	single	yes	1620
7	unknown	no	68
8	unknown	yes	12

图 4.30　各种婚姻状态下的转化客户和非转化客户的数量分布截图

另一种表示数据的方法是使用饼图。

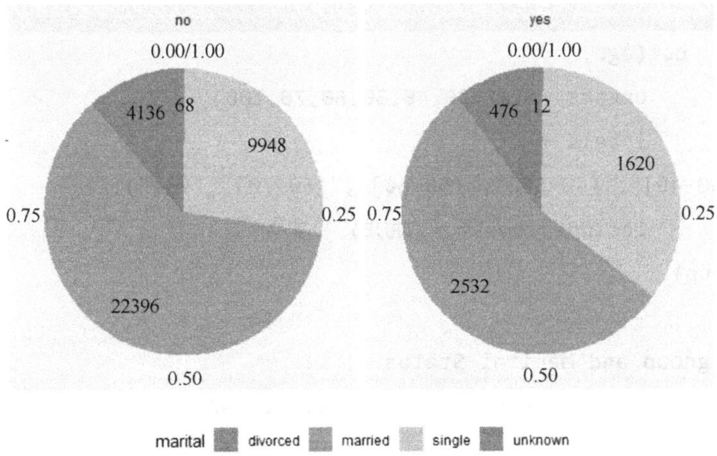

图 4.31　转化客户和非转化客户的婚姻状态构成图

下面的代码展示了如何在 R 中构建图 4.31。

```
# pie chart
aggr_marital_num %>% ggplot(aes(x="", y=n, fill=marital)) +
  geom_bar(width=1, stat = "identity", position=position_fill()) +
  geom_text(aes(x=1.25, label=n), position=position_fill(vjust = 0.5)) +
  coord_polar("y") +
  facet_wrap(~y) +
  theme(
    axis.title.x=element_blank(),
    axis.title.y=element_blank(),
    plot.title=element_text(hjust=0.5),
    legend.position='bottom'
  )
```

与表格格式的数据输出相比，饼图更容易理解数据的总体分布。通过饼图，可以很容易地看到，在转化客户和非转化客户中，已婚客户占据了最大的比例，而单身客户排在第二位。使用饼图，可以很容易地可视化两类客户之间的相似和不同之处。

更细致的分析还应该通过多维度的组合状况观察。例如，基于年龄和婚姻状况进行转化率分析。下面将使用上述构建的年龄组和婚姻状态组两个维度进行分析。

分析代码如下：

```
# conversion by age group and Marital Status
# age group
aggr_age <- conversionsDF %>% select(age) %>%
  mutate(
    age_group =  cut(age,
                     breaks =c(17,30,40,50,60,70,100),
                     labels =
c("(17-30]","(30-40]","(40-50]","(50-60]","(60-70]","70+"),
                     include.lowest = TRUE) ) %>%
  count(age_group)

# count by age group and Marital Status
aggr_age_marital_num <- conversionsDF %>% select(marital, age, y) %>%
  mutate(
    age_group =  cut(age,
                     breaks =c(17,30,40,50,60,70,100),
```

```
                    labels =
c("(17-30]","(30-40]","(40-50]","(50-60]","(60-70]","70+"),
                    include.lowest = TRUE) ) %>%
  count(age_group, marital, y) %>%
  pivot_wider(names_from = y, values_from = n)

# inner join agge group
aggr_age_marital_num <- aggr_age_marital_num %>% inner_join(aggr_age) %>%
  mutate(
    rate = yes/n )
```

与构建自定义年龄组时类似，使用 cut 函数创建 6 个年龄组，30 岁以下为一组，70 岁以上为一组，30～70 岁，以 10 岁为增量窗口分组。然后，使用 count 函数来计算按年龄和婚姻状态组合分组的每组中的记录数。最后，使用 inner_join 函数计算每个年龄组中的总计数，以及每个年龄组中的转化率。

结果如图 4.32（a）所示。

从这些数据中，可以看到基于两个标准的转换率分布，即年龄和婚姻状况。例如，17～30 岁单身客户的转化率为 11.66%，40～50 岁已婚客户的转化率为 5.74%。

另一种可视化数据的方法是使用柱状图，如图 4.32（a）所示。

在图 4.32（a）中，可以很容易地看到不同年龄和婚姻状况群体的转换率分布。用来构建这个条形图的代码如下所示：

```
# bar chart - dodge
aggr_age_marital_num %>% ggplot(aes(x=age_group, y=rate*100, fill=marital)) +
  geom_bar(width=0.5, stat="identity", position="dodge") +
  ylab("Conversion Rate (%)") +
  xlab("Age")
```

这里，使用 aggr_age_marital_num 数据创建一个 ggplot 对象。使用 age_group 作为 x 轴，rate 作为 y 轴，使用 marital 列为不同类型的婚姻状态着不同的颜色。然后，使用 geom_bar 函数构建一个条形图。基于这种配置，ggplot 构建了一个以婚姻状况为基础的不同年龄段的转化率柱状图。

如果想把这四个条形图按每个年龄组堆叠起来，那么可以使用下面的代码来制作堆叠条形图。

```
# bar chart - stack
aggr_age_marital_num %>% ggplot(aes(x=age_group, y=rate*100, fill=marital)) +
  geom_bar(width=0.5, stat="identity", position="stack") +
  ylab("Conversion Rate (%)") +
```

```
  xlab("Age")
```

从这段代码中可以看到，唯一的区别是 geom_bar 函数中的代码 position="stack"。如果将值“dodge”传递给 geom_bar 函数的这个位置参数，它将创建一个未堆叠的条形图。然而，如果将值“stack”传递给 geom_bar 函数的这个位置参数，它将构建一个堆叠的条形图，如图 4.32（b）所示。

如果把这四个条形图按每个年龄组拉伸起来，更容易了解各个年龄段的转化情况。R 语言代码如下：

```
# bar chart - fill
aggr_age_marital_num %>% ggplot(aes(x=age_group, y=rate*100, fill=marital)) +
  geom_bar(width=0.5, stat="identity", position="fill") +
  ylab("Conversion Rate (%)") +
  xlab("Age")
```

拉伸后的条形图，如图 4.32（c）所示。

	age_group	marital	no	yes	n	rate
1	(17-30]	divorced	211	18	7383	0.0024380333
2	(17-30]	married	2148	242	7383	0.0327780035
3	(17-30]	single	3890	861	7383	0.1166192605
4	(17-30]	unknown	10	3	7383	0.0004063389
5	(30-40]	divorced	1370	135	16385	0.0082392432
6	(30-40]	married	8838	867	16385	0.0529142508
7	(30-40]	single	4548	591	16385	0.0360695758
8	(30-40]	unknown	32	4	16385	0.0002441257
9	(40-50]	divorced	1422	126	10240	0.0123046875
10	(40-50]	married	6795	588	10240	0.0574218750
11	(40-50]	single	1175	120	10240	0.0117187500
12	(40-50]	unknown	11	3	10240	0.0002929687
13	(50-60]	divorced	1038	112	6270	0.0178628389
14	(50-60]	married	4236	517	6270	0.0824561404
15	(50-60]	single	314	38	6270	0.0060606061
16	(50-60]	unknown	14	1	6270	0.0001594896
17	(60-70]	divorced	30	25	488	0.0512295082
18	(60-70]	married	233	182	488	0.3729508197
19	(60-70]	single	12	4	488	0.0081967213
20	(60-70]	unknown	1	1	488	0.0020491803
21	70+	divorced	65	60	422	0.1421800948
22	70+	married	146	136	422	0.3222748815
23	70+	single	9	6	422	0.0142180095

（a）

图 4.32　基于年龄和婚姻状态组合分组的转化率分析结果

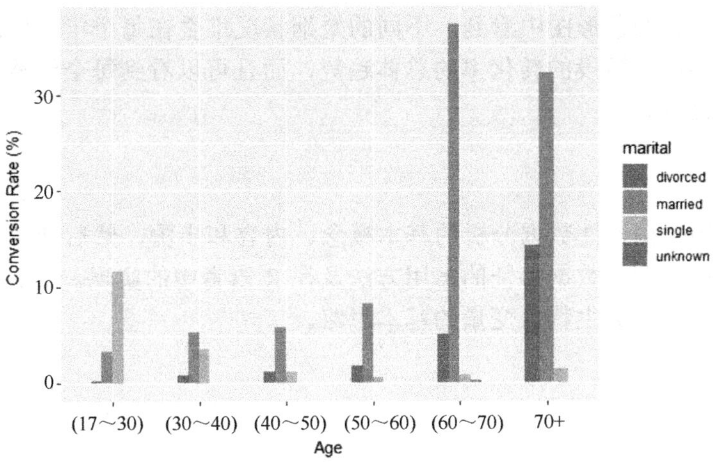

（b）

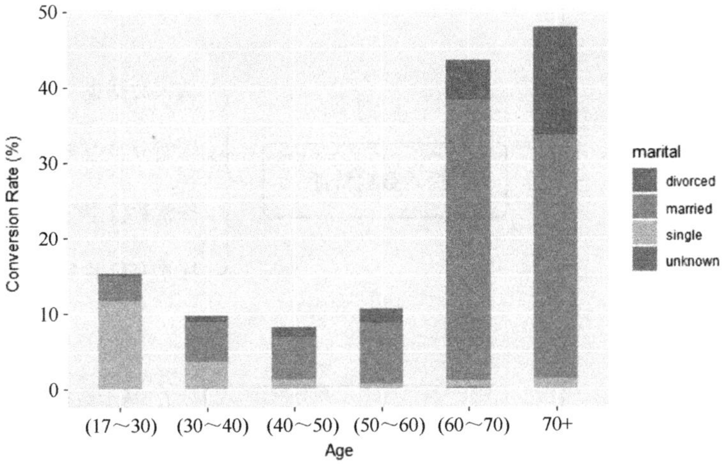

（c）

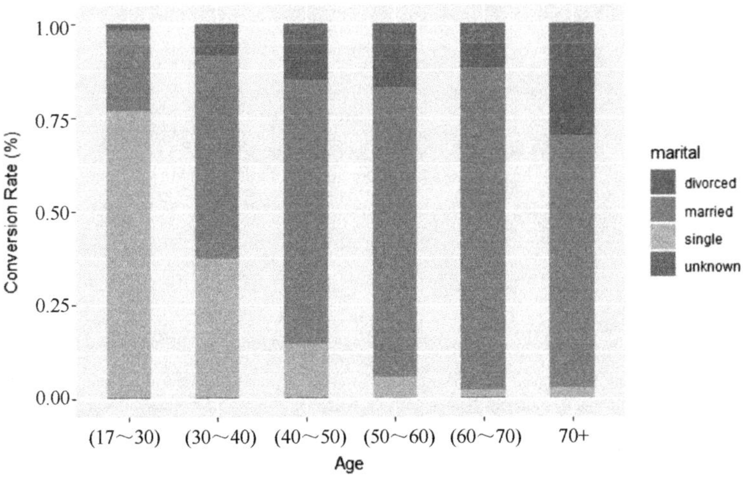

（d）

图 4.32　基于年龄和婚姻状态组合分组的转化率分析结果（续）

可以从这个堆叠的条形图中看到，不同的婚姻状况堆叠在每个年龄层。这样，不仅可以很容易地看到不同年龄段的转化率的总体趋势，而且可以看到每个年龄段不同婚姻状况的客户转化率的比例。

本章小结

本章首先介绍了探索性数据分析的基本概念、内容和步骤，然后针对数据变量的类型结合案例分别介绍了探索数据特征的常用方法及在 R 语言中的实现。最后，针对多变量的复杂数据集讨论了发现派生特征变量的基本思路。

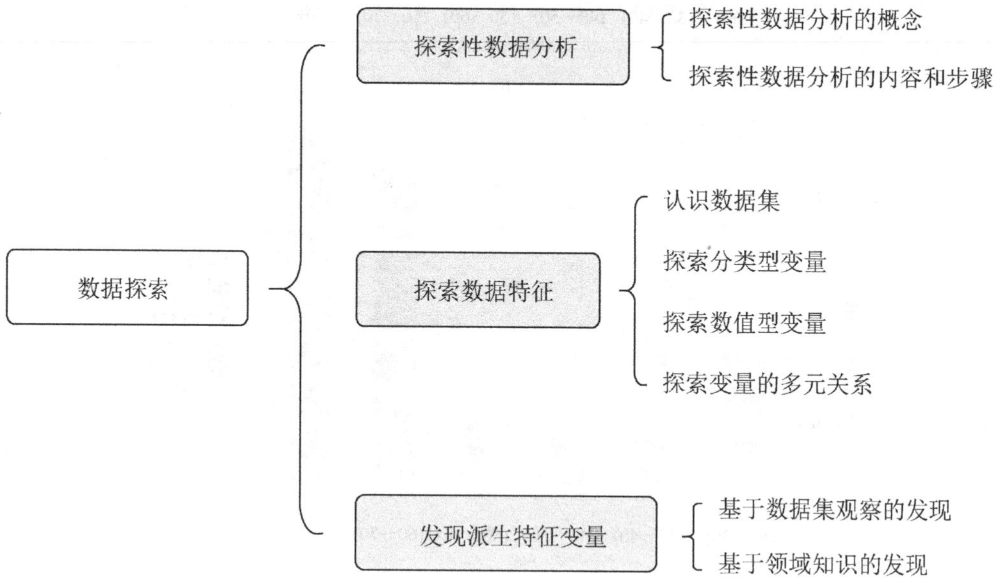

第 5 章▶▶

消费者行为分析

【学习目标】

1. 了解消费者行为的内涵、数据采集方式与原则
2. 掌握消费者行为分析的概念、目的和分析环节
3. 理解线性回归和逻辑回归的基本原理
4. 熟练运用逻辑回归实施行为分析
5. 理解并能够熟练运用决策树算法实施行为分析

本章插图

5.1 消费者行为分析概要

5.1.1 消费者行为的内涵

在营销活动实施过程中，消费者的参与程度是企业想要观察和分析的重要指标。例如，在电子邮件营销中，消费者参与度可以通过企业发送的营销邮件被打开或被用户忽略的数量来衡量。消费者参与度也可以通过单个消费者的网站访问量来衡量。成功的营销活动会吸引大量的消费者参与，而无效的营销活动不仅会降低消费者的参与度，还会对公司业务产生负面影响。消费者可能会将来自公司的电子邮件标记为垃圾邮件或取消订阅。消费者在这个过程中的一切相关行为都属于消费者行为的范畴。

消费者行为是指消费者的购买行为及对消费资料的实际消费行为。更广义的概念可以理解为消费者为索取、使用、处置消费资料（包括物品和服务）所采取的各种行动及采取这些行动前的决策过程，甚至包括消费收入的取得等一系列复杂的过程。简单来看，消费者行为可以看成是由两部分构成的：一部分是消费者的购买决策过程，购买决策是消费者在使用和处置所购买的产品和服务之前的心理活动和行为倾向，属于消费态度的形成过程；一部分是消费者的行动，消费者行动更多的是购买决策的实践过程。在现实的消费生活中，消费者行为的这两部分相互渗透、相互影响，共同构成了消费者行为的完整过程，其实质就是消费者购买行为。菲利普·科特勒（Philip Kotler）将其定义为，人们为满足需要和欲望而寻找、选择、购买、使用、评价及处置产品、服务时介入的过程活动，包括消费者的主观心理活动和客观物质活动两个方面。

在大数据时代，消费者的寻找、选择、购买、使用、评价及处置产品、服务时介入的过程活动都可以被记录和跟踪。这些方面的数据是大数据营销分析时主要收集的对象。数据本身的可追溯性，为营销分析从定性走向定量打下了基础。既然消费者行为数据如此重

要，那么又应该如何采集消费者行为数据呢？消费者行为可以用 5W2H 来总结。

Who（谁），What（做了什么行为），When（什么时间），Where（在哪里），Why（目的是什么），How（通过什么方式），How much（用了多长时间、花了多少钱）。

传统的数据分析由于数据精细度不够和分析模型不完善等原因，导致分析过于粗放，分析结果的应用价值低。要想做好分析，首先必须要有丰富的数据。因此，消费者行为数据采集要注意其高效性和精准性。高效性是获得丰富而又全面数据的保证。例如，在获取用户的某个行为数据时，需要在相应的按钮、链接或页面等地方加入监测代码，才能知道有多少人单击了这个按钮，单击了这个页面。这种方式被称为“埋点”，有时也称“前端埋点”。

在移动互联网时代，埋点成了一件痛苦的工作，因为每次埋点后都需要发布到应用商店，而应用商店的审核周期又是硬伤，这使得数据获取的时效性大打折扣。由于数据分析是业务发展中极其重要的一个环节，即便人力、物力成本过高，这项工作仍然无法省掉。除了埋点，也可以通过消费者行为分析工具，实现无埋点采集的功能，例如，国外的 Mixpanel，国内的数极客都可以无埋点采集数据。通过无埋点式采集，可以极大地增强数据的完善性和及时性。

数据的精准性通常通过后端埋点的方式作为补充。后端埋点一般是指公司交易数据库中设计的与营销活动相连接的记录。这一类记录数据具有更高的精准性。在数据采集方面通过前端埋点、无埋点、后端埋点的多重方式，既可以体验到无埋点带来的高效便捷，又能保障核心业务数据的精准性。

5.1.2 消费者行为分析的内涵

消费者行为分析就是通过对这些数据进行分析，从中发现消费者使用产品的规律，并将这些规律与网站的营销策略、产品功能、运营策略相结合，发现营销、产品和运营中可能存在的问题，解决这些问题就能优化用户体验、实现更精细和精准的运营与营销，让产品获得更好的增长。简言之，消费者行为分析是对消费者对产品产生的行为及行为背后的数据进行分析，通过构建消费者行为模型和用户画像，来改变产品决策，实现精细化运营，指导业务增长。

在产品运营过程中，对消费者行为的数据进行收集、存储、跟踪、分析与应用等，可以找到实现消费者自增长的刺激因素、群体特征与目标消费者。从而深度还原消费者使用场景、操作规律、访问路径及行为特点等。

对于互联网金融、新零售、供应链、在线教育、银行、证券等行业的产品而言，以数据为驱动的消费者行为分析尤为重要。消费者行为分析的目的是推动产品迭代、实现精准营销，提供定制服务，驱动产品决策。主要体现在以下几个方面。

- 对产品而言，帮助验证产品的可行性，研究产品决策，清楚地了解消费者的行为习惯，并找出产品的缺陷，以便产品的迭代与优化。
- 对设计而言，帮助增加体验的友好性，匹配消费者情感，细腻地贴合消费者的个性服务，并发现交互的不足，以便设计的完善与改进。
- 对运营而言，帮助提升裂变增长的有效性，实现精准营销，全面挖掘消费者的使用场景，并分析运营问题，以便决策的转变与调整。

消费者行为分析包括购买行为过程模式描绘、了解各环节的关键影响因素、确定各环节的关键营销推动行为、评估目标品牌的消费者行为表现和确定营销活动的实施策略五个环节，如图 5.1 所示。

图 5.1　消费者行为分析的五个环节

购买行为过程模式描绘。通过焦点小组、深度访谈、观察等形式得到系统的、定性的消费者购买行为过程。由于产品和服务的类型特点差异，使得购买行为过程并不完全一样，因此，前期的定性研究是建立模型的基础。

了解各环节的关键影响因素。通过定性和定量的研究，掌握消费者在不同环节中受到的影响因素。其中哪些是促成购买行为各环节演变的关键因素。

确定各环节的关键营销推动行为。针对各行为环节的关键因素，对比当前市场中成功与失败品牌的行动表现，确定哪些营销活动是能够解决关键因素而形成推动行为的。

评估目标品牌的消费者行为表现。得到完整的消费者分布结构，即处于不同阶段的消费者比例，从而明确影响品牌表现差异的原因。

确定营销活动的实施策略。针对品牌表现，按照重要性和优先性原则做出行动规划，并实施评估。

由此可见，消费者行为分析是一个非常广泛的议题。在本章的以下部分，介绍几个常见的分析算法，并且通过引入消费者行为数据的实例，进行消费者行为分析。

5.2　回归分析

5.2.1　线性回归

正如第 4 章“数据探索”中讨论的那样，描述性分析的目的是回答使用数据做什么，以及如何使用它，而解释性分析的目的是回答为什么使用数据。比如，当进行不同的营销活动时，为什么一些营销活动效果很好，而另一些则不然。再如，可能想了解哪些类型和群体的客户通常会比其他人更频繁地打开企业的营销邮件。也可能想要分析客户群的哪些属性与更高的转换率和购买率有着高度相关关系。

通过解释性分析，可以分析和理解与营销结果高度显著相关的关键因素。回归分析或回归模型经常被用来建立属性和结果之间的关系模型。简单地说，回归分析通过找到最接近输出值的属性或特征的函数来估计输出变量的值。一种常用的回归分析形式是线性回归。顾名思义，在线性回归中，就是试图通过特征变量的线性组合来估计输出变量。

线性回归模型的目标是找出一个或多个特征（自变量）和一个连续目标变量（因变量）之间的关系。当只有一个特征时称为单变量线性回归，当有多个特征时称为多元线性回归。

线性回归模型可表示为：

$$Y = \theta_0 + \theta_1 x_1 + \theta_2 x_2 + \cdots + \theta_n x_n$$

其中，Y 是预测值，

θ_0 是偏置项，

θ_1，θ_2，…，θ_n 为模型参数，

x_1，x_2，…，x_n 为特征值。

从前面的公式可以看出，输出变量 Y 表示为特征 $x_i (i = 1, 2, \cdots, n)$ 的线性组合。线性回归模型的目的是找到截距 θ_0 和系数 $\theta_i (i = 1, 2, \cdots, n)$，利用给定的特征来最好地估计输出变量。图 5.2 是拟合的线性回归示意图。

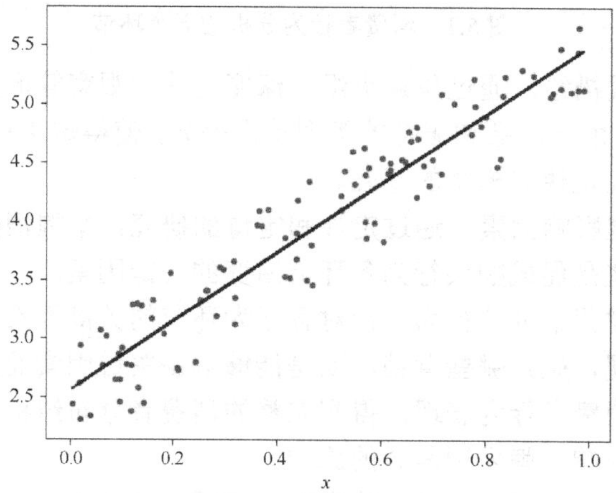

图 5.2　线性回归示意图

图中的蓝点是数据点，红线是通过线性回归模型拟合的或训练好的拟合线。这里的模型训练是指寻找参数，使模型最适合数据。从图中可以看出，线性回归试图通过特征的线性组合来估计目标变量。

如何确定最佳拟合线？

预测值与观测值之间误差最小的那条线称为最佳拟合线或回归线。这些误差也称为残差。残差可以用从观测数据值到回归线的垂线来显示，如图 5.3 所示。

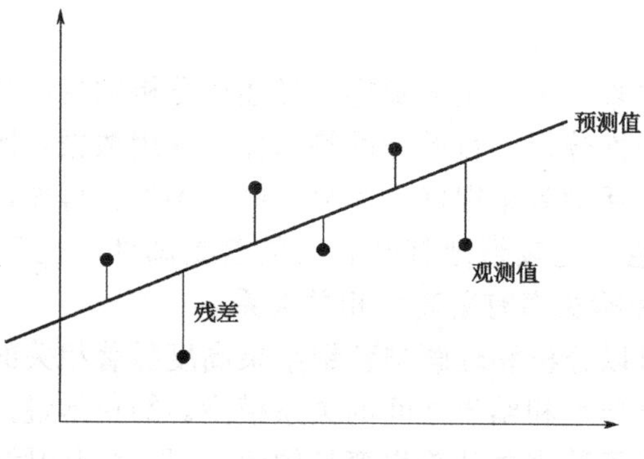

图 5.3　线性回归模型

为了定义和测量模型的误差，我们将成本函数定义为残差平方和，表示为：

$$J(\theta)=\frac{1}{2m}\sum_{i=1}^{m}(h(x^i)-y^i)^2$$

这里，$h(x^i)$是假设函数，$h(x)=\theta_0+\theta_1x_1+\theta_2x_2+\cdots+\theta_nx_n$；$m$是数据集中训练例子的总数。

为什么取残差的平方而不是残差的绝对值？因为希望惩罚离回归线较远的点，而不是离回归线较近的点。

我们的目标是找到模型参数，使代价函数最小。通常使用梯度下降法来获得模型参数。梯度下降算法是许多机器学习算法中使用的一种通用优化算法，可以迭代地调整模型的参数以使代价函数最小化。

线性回归通常是每个数据科学家遇到的第一个机器学习算法。这是一个简单的模型，但每个人都需要掌握它，因为它为其他机器学习算法奠定了基础。这是一种非常强大的技术，比如可以用来了解影响盈利能力的因素，也可以通过分析前几个月的销售数据来预测未来几个月的销售。它还可以用来获得关于客户行为的各种见解。在本章中，将讨论如何使用回归分析，更具体地说，逻辑回归模型，来理解是什么驱动更高的客户参与度。

5.2.2 逻辑回归

逻辑回归是回归分析的一种类型，用于输出变量是二元（如是和否、发生和不发生）变量的情况。通常 1 代表积极的结果（正事件），而 0 为消极的结果（负事件）。与任何其他线性回归模型一样，逻辑回归模型用以估计特征变量的线性组合的输出。唯一的区别是模型的估计。与其他线性回归模型不同，逻辑回归模型估计事件的对数概率，或者换句话说，正事件和负事件的概率之间的对数比。

1. Logistic 函数

Logistic 回归模型中的因变量只有 1 或 0 两种取值。假设在 n 个独立自变量作用下，因变量取 1 的概率是 p，取 0 的概率则为 $1-p$。那么，事件的优势比被定义为取 1 和取 0 的概率之比。将优势比取自然对数即得到 Logistic 变换：

$$\text{Logit}(p)=\ln\left(\frac{p}{1-p}\right)$$

令 $z=\ln\left(\frac{p}{1-p}\right)$，则有

$$p=\frac{1}{1+\mathrm{e}^{-z}}$$

这就是 Logistic 函数，如图 5.4 所示。

由图可知，当 p 在(0, 1)之间变化时，$\ln\left(\frac{p}{1-p}\right)$则在（$-\infty$, $+\infty$）之间变化，而优势比的取值范围为（0, $+\infty$）。

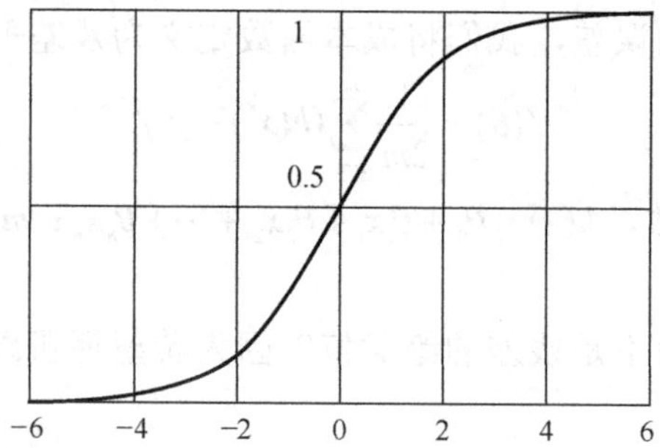

图 5.4　Logistic 函数

2. Logistic 回归模型

Logistic 回归模型是建立在 $\ln\left(\frac{p}{1-p}\right)$ 自变量之间的线性回归模型。因此，Logistic 回归模型可用如下方程表示：

$$\ln\left(\frac{p}{1-p}\right)=\theta_0+\theta_1 x_1+\theta_2 x_2+\cdots+\theta_n x_n+\varepsilon$$

这里 ε 是误差。左边的比率是成功的概率，代表了成功的概率和失败的概率之间的比率。其取值范围为（$-\infty,+\infty$），因此，自变量 x_1、x_2、…、x_n 可以在任意范围内取值。

设 $g(x)=\theta_0+\theta_1 x_1+\theta_2 x_2+\cdots+\theta_n x_n$，可以得到：

$$p=P(y=1|X)=\frac{1}{1+e^{-g(x)}}$$

$$1-p=P(y=0|X)=1-\frac{1}{1+e^{-g(x)}}=\frac{1}{1+e^{g(x)}}$$

回归模型也可写为：

$$\frac{p}{1-p}=e^{\theta_0+\theta_1 x_1+\theta_2 x_2+\cdots+\theta_n x_n+g}$$

这里 θ_0 可以解释为，在没有自变量 x_1、x_2、…、x_n 的情况下，事件发生概率与事件不发生概率之比的自然对数。

3. Logistic 回归建模步骤

Logistic 回归模型的建模步骤如图 5.5 所示。

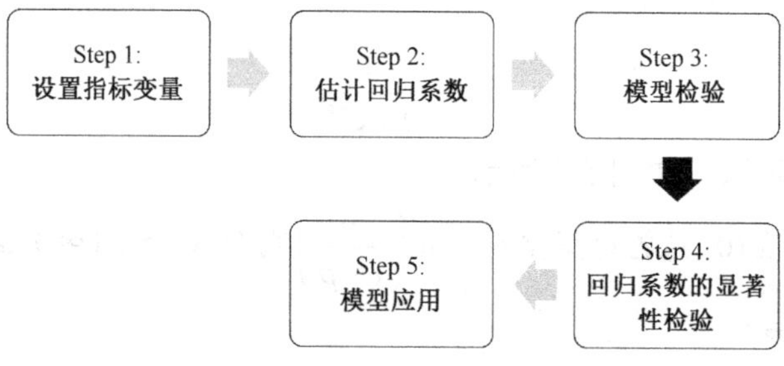

图 5.5　Logistic 回归模型的建模步骤

Step 1：设置指标变量。根据分析目的设置指标变量（因变量和自变量），然后收集数据。

Step 2：估计回归系数。设因变量 y 取 1（成功）的概率是 $p=P(y=1|X)$，取 0（失败）的概率是 $1-p$。用 $\ln\left(\frac{p}{1-p}\right)$ 与自变量列出线性回归方程，估计出模型中的回归系数。

Step 3：模型检验。根据输出的方差分析表中的 F 值和 p 值来检验该回归方程是否显著，如果 p 值小于显著性水平 α，则模型通过检验，可以进行下一步回归系数的检验；否则要重新选择指标变量，重新建立回归方程。

Step 4：回归系数的显著性检验。在多元线性回归中，回归方程显著并不意味着每个自变量对 y 的影响都显著，为了从回归方程中剔除那些次要的、可有可无的变量，重新建立更为简单有效的回归方程，需要对每个自变量进行显著性检验，检验结果由参数估计表得到。采用逐步回归法，首先剔除掉最不显著的自变量，重新构造回归方程，一直到模型和参与的回归系数都通过检验。

Step 5：模型应用。输入自变量的取值，就可以得到预测变量的值，或者根据预测变量的值去控制自变量的取值。

在本章中，将使用回归分析来理解是什么驱动客户参与，输出变量将是客户是否响应了市场营销的号召。因此，逻辑回归非常适合这种情况，因为输出是一个二元量，可以取两个值：有响应和没有响应。下面将讨论如何使用和构建 R 中的逻辑回归模型，然后讨论如何解释回归分析结果，以便理解客户的哪些属性与更高的营销参与度高度相关。

5.3 逻辑回归分析实例

5.3.1 数据集

本节主要介绍如何使用 R 中的 glm 函数来进行回归分析。首先从使用 dplyr 包分析数据开始这一节，然后将讨论如何使用 glm 函数构建回归模型并解释结果。

本练习将使用来自 IBM Watson 的公开数据集，可以在本书辅助资源的 URL 处找到并下载。运行以下代码将这些数据加载到 RStudio 中：

```
# clear environment variables
rm(list = ls())

# setting chapter 4 working directory
setwd("C:/BigDataMarketing/CH05")

# loading libraries
library(ggplot2)
library(tidyverse)
```

```
# read data
df <- read.csv("data/WA_Fn-UseC.csv",
                       header=TRUE,
                       sep=",",
                       stringsAsFactors = TRUE )
```

导入 dplyr 和 ggplot2 包，以便在下面进行数据分析和绘图。使用 R 中的 read.csv 函数，可以将数据读入 DataFrame 中。因为这个 CSV 文件包含第一行的头文件，并且字段之间用逗号分隔，所以使用 header =TRUE 和 sep=","标志进行正确的解析。

图 5.6 显示了 DataFrame 中的原始数据。

	Customer	State	Customer.Lifetime.Value	Response	Coverage	Education	Effective.To.Date	EmploymentStatus	Gender	Income	Location.Code
1	BU79786	Washington	2763.519	No	Basic	Bachelor	2/24/11	Employed	F	56274	Suburban
2	QZ44356	Arizona	6979.536	No	Extended	Bachelor	1/31/11	Unemployed	F	0	Suburban
3	AI49188	Nevada	12887.432	No	Premium	Bachelor	2/19/11	Employed	F	48767	Suburban
4	WW63253	California	7645.862	No	Basic	Bachelor	1/20/11	Unemployed	M	0	Suburban
5	HB64268	Washington	2813.693	No	Basic	Bachelor	2/3/11	Employed	M	43836	Rural
6	OC83172	Oregon	8256.298	Yes	Basic	Bachelor	1/25/11	Employed	F	62902	Rural
7	XZ87318	Oregon	5380.899	Yes	Basic	College	2/24/11	Employed	F	55350	Suburban
8	CF85061	Arizona	7216.100	No	Premium	Master	1/18/11	Unemployed	M	0	Urban
9	DY87989	Oregon	24127.504	Yes	Basic	Bachelor	1/26/11	Medical Leave	M	14072	Suburban
10	BQ94931	Oregon	7388.178	No	Extended	College	2/17/11	Employed	F	28812	Urban
11	SX51350	California	4738.992	No	Basic	College	2/21/11	Unemployed	M	0	Suburban
12	VQ65197	California	8197.197	No	Basic	College	1/6/11	Unemployed	F	0	Suburban
13	DP39365	California	8798.797	No	Premium	Master	2/6/11	Employed	M	77026	Urban
14	SJ95423	Arizona	8819.019	Yes	Basic	High School or Below	1/10/11	Employed	M	99845	Suburban
15	IL66569	California	5384.432	No	Basic	College	1/18/11	Employed	M	83689	Urban

图 5.6　原始数据截图

现在已经将数据加载到 DataFrame 中，可以开始更仔细地查看和分析数据，以便更好地理解数据的结构。

5.3.2　数据分析与可视化

在开始回归分析之前，先更详细地看看数据，以便更好地了解有哪些数据点及可以在数据中看到哪些模式。如果查看数据，会注意到一个名为 Response 的列。它包含关于客户是否响应了企业的营销电话的信息。我们将使用这列作为客户参与的衡量标准。对于未来的计算，最好是用数值对该字段进行编码。操作代码如下：

```
# Encode Response as 0s and 1s
df$Engaged <- as.integer(df$Response) - 1
```

在这段代码中使用 as .integer()函数，将未响应市场（No）的值编码为 0，将响应（Yes）的值编码为 1。因为 as.integer 函数默认将值编码为 1 和 2，所以需要将这些值减去 1 以用 0 和 1 编码响应值。然后，为这些编码的值创建一个名为 Engaged 的新字段。

1. 接触率

首先要看的是总参与度即响应营销电话的用户比例。具体代码如下：

```
engagementRate <- df %>%
  group_by(Engaged) %>%
```

```
summarise(Count=n()) %>%
mutate(Percentage=Count/nrow(df)*100.0)
```

如代码所示，使用 group_by 函数按照新创建的字段 Engaged 进行分组。然后，用 n() 函数计算每个 engage 组中的记录或客户数量。除以 DataFrame 中的客户总数 df，再乘以 100.0，就得到了用户参与度。输出结果如图 5.7 所示。

	Engaged	Count	Percentage
1	0	7826	85.67988
2	1	1308	14.32012

图 5.7 输出结果截图

为了便于阅读，可以转置 DataFrame，这意味着可以翻转 DataFrame 中的行和列。可以使用 R 中的 t 函数来转置一个 DataFrame。代码如下：

```
# Transpose
transposed <- t(engagementRate)

colnames(transposed) <- engagementRate$Engaged
transposed <- transposed[-1,]
```

转换后的数据帧如图 5.8 所示：

	0	1
Count	7826.00000	1308.00000
Percentage	85.67988	14.32012

图 5.8 输出结果截图

通过转换 DataFrame 可以更容易地观察参与和非参与客户的总数和百分比。从这个数据中可以得出，约有 14%的客户响应了营销电话，剩余 86%的客户没有响应。

2. 销售渠道

现在，看看是否能在销售渠道和用户参与度上找到任何值得注意的模式。将分析参与和非参与的客户是如何分布在不同的销售渠道中的。首先编写以下代码：

```
salesChannel <- df %>%
  count(Response, Channel = Sales.Channel, name = "Count")
```

在此代码片段中，使用 R 中的 count()函数按 Sales Channel 和 Response 变量进行分组。然后，使用 n()函数，计算每个组中的客户数量。运行此段代码，销售渠道的数据框将如图 5.9 所示。

	Response	Channel	Count
1	No	Agent	2811
2	No	Branch	2273
3	No	Call Center	1573
4	No	Web	1169
5	Yes	Agent	666
6	Yes	Branch	294
7	Yes	Call Center	192
8	Yes	Web	156

图 5.9　输出结果截图

根据前面接触率的分析结果，有多达 86%的客户没有参与到营销活动中，所以很难通过原始数据去比较并看到真正参与的客户和非真正参与的客户之间的销售渠道分布差异。为了更容易在视觉上进行区分，可以使用以下代码构建饼图：

```
# pie chart
salesChannel %>% ggplot(aes(x="", y=Count, fill=Channel)) +
  geom_bar(width=1, stat = "identity", position=position_fill()) +
  geom_text(aes(x=1.25, label=Count), position=position_fill(vjust = 0.5)) +
  coord_polar("y") +
  facet_wrap(~Response) +
  theme(
    axis.title.x=element_blank(),
    axis.title.y=element_blank(),
    plot.title=element_text(hjust=0.5),
    legend.position='bottom'
  )
```

可以通过使用 ggplot 中的 geo_bar 和 coord_polar(“y”)来构建饼图。然后通过使用 face_wrap(~Response)，可以将饼图分成两部分：一个用于非参与客户（No），另一个用于参与客户（Yes）。可视化结果如图 5.10 所示，它显示了不同销售渠道中参与和非参与客户的分布情况。

与之前显示每个销售渠道中用户参与和非用户参与的原始数据表相比，这些饼状图可以帮助我们更容易地看到分布中的差异。从这些图表中可以看到，超过一半的参与客户来自代理商，而非参与客户则在所有 4 个不同渠道中的分布差距不大。正如从这些图表中看到的，分析和可视化数据可以帮助我们注意到数据中有趣的模式，这将进一步帮助我们在本章后面的部分中运行回归分析。

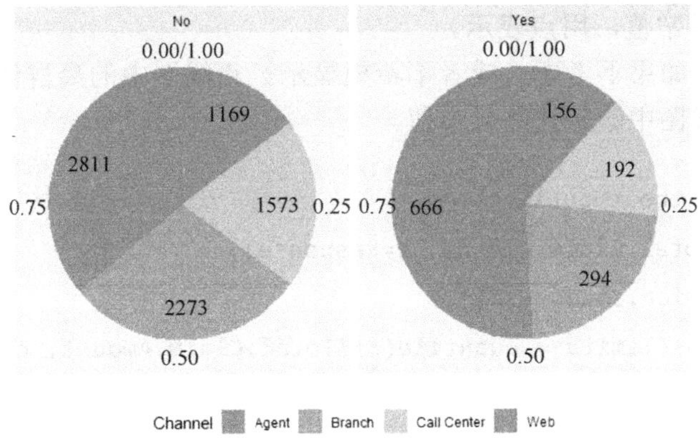

图 5.10　不同销售渠道中参与非参与组客户的分布图

3. 总索赔金额

在开始回归分析之前，要先观察参与组和非参与组之间总索赔金额分布的差异，选择使用箱线图来表示。首先看看如何在 R 中构建箱线图：

```
# Claim Amount
ggplot(df, aes(x=Total.Claim.Amount, y=Response)) +
  geom_boxplot() +
  xlab("Total Claim Amount") +
  ylab("Engaged")
```

正如在这段代码中看到的，在 R 中构建箱线图非常简单。可以简单地使用 geom_boxplot 调用 ggplot 函数。箱线图是可视化连续变量分布的好方法。它在一个视图中显示了最小值、最大值、第一个四分位数、中值和第三个四分位数。图 5.11 显示索赔金额在参与组和非参与组客户之间的分布情况。

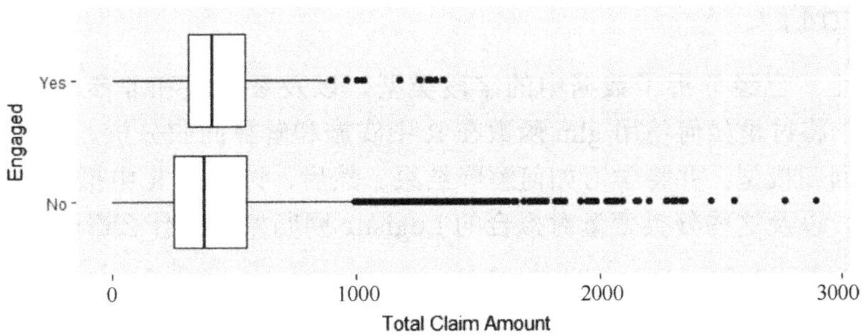

图 5.11　赔偿金额在参与组和非参与组客户之间的分布图

中间的矩形从第一个四分位数延伸到第三个四分位数，矩形内的直线显示了中间值。从矩形两侧的直线的左端（开端）和右端（末端）分别表示分布的最小值和最大值。从这些箱线图中你会注意到的另一件事是线的右端（末端）的点。

上面这条线末端的点疑似异常值，这些异常值是根据 IQR 确定的。IQR 就是第一个四分位数和第三个四分位数之间的范围，它与方框图中从第一个四分位数到第三个四分位数之间的矩形高度相同。高于第三个四分位数 1.5×IQR 或低于第一个四分位数 1.5×IQR

的数据点被怀疑是异常值，用点表示。

根据分析目标，如果不考虑（或者不希望显示）箱线图中的离群值，可以从下面的代码，看看如何从箱线图中删除这些异常值。

```
# Claim Amount - without outliers
ggplot(df, aes(x=Total.Claim.Amount, y=Response)) +
  geom_boxplot(outlier.shape = NA) +
  scale_x_continuous(limits = quantile(df$Total.Claim.Amount, c(0.1, 0.9))) +
  xlab("Total Claim Amount") +
  ylab("Engaged")
```

此代码与上一个代码之间的唯一区别是离群值。令 geom_boxplot 函数中的 shape=NA。结果如图 5.12 所示。

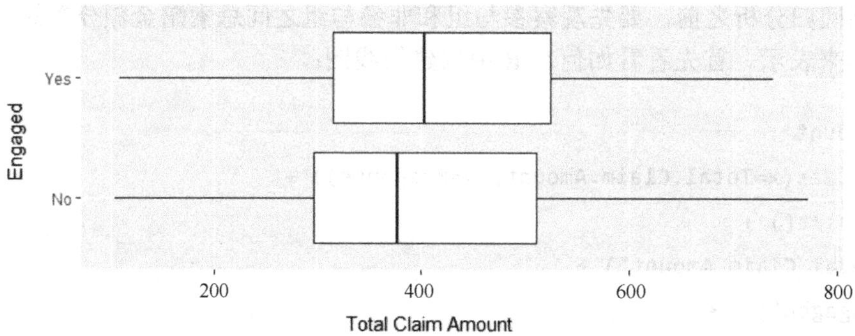

图 5.12　赔偿金额在参与组和非参与组客户之间的分布图（删除离群值）

在这些图中，不再能看到上面这条线的尽头以外的点。箱线图中有异常值可能有帮助，也可能没有帮助，应根据想要显示和分析的内容来选择。

5.3.3　回归分析

到目前为止，已经分析了数据中的字段类型，以及参与组和非参与组之间的模式有何不同。现在，将讨论如何使用 glm 函数在 R 中实施和解释回归分析。首先，建立一个连续变量的逻辑回归模型，并将学习如何解释结果。然后，讨论在 R 中拟合回归模型时如何处理分类变量，以及这些分类变量对拟合的 Logistic 回归模型有什么影响。

1. 连续变量

在线性回归中，包括 Logistic 回归，当特征变量是连续变量时，拟合一个回归模型是很简单的，因为它只需要找到特征变量的一个具有数值的线性组合来估计输出变量。为了使回归模型符合连续变量，首先考察一下数据框中列的数据类型。看看下面的代码：

```
# get data types of each column
col_types <- data.frame(Col_Name = colnames(df), Type = sapply(df, class))
```

使用 R 中的 sapply 函数，可以跨数据框中的列应用类函数，类函数显示每个列中的数据类型。本代码的结果如表 5.1 所示。

表 5.1 列数据类型

Col_Name	Type	Col_Name	Type
Customer	factor	Months.Since.Last.Claim	integer
State	factor	Months.Since.Policy.Inception	integer
Customer.Lifetime.Value	numeric	Number.of.Open.Complaints	integer
Response	factor	Number.of.Policies	integer
Coverage	factor	Policy.Type	factor
Education	factor	Policy	factor
Effective.To.Date	factor	Renew.Offer.Type	factor
EmploymentStatus	factor	Sales.Channel	factor
Gender	factor	Total.Claim.Amount	numeric
Income	integer	Vehicle.Class	factor
Location.Code	factor	Vehicle.Size	factor
Marital.Status	factor	Engaged	numeric
Monthly.Premium.Auto	integer		

在表 5.1 中，可以很容易地看到哪些列有数值，哪些列没有。例如，State 列的类型是“factor”，这意味着该变量是类别变量。另一方面，Customer.Lifetime.Value 列的类型是“数值”，这意味着该变量是一个具有数值的连续变量。除了这个之外，还可以使用 R 函数总结，得到每一列的汇总统计数据框，这样不仅可以看到每一列的类型，也可以总结每一列的分布是什么样子的。代码如下：

```
# summary statistics per column
summary(df)
```

运行上面代码时会得到如图 5.13 所示的输出结果。

```
  Customer           State        Customer.Lifetime.Value Response      Coverage                          Education     Effective.To.Date
AA10041:    1   Arizona    :1703  Min.   : 1898            No :7826  Basic    :5568   Bachelor            :2748   1/10/11: 195
AA11235:    1   California:3150  1st Qu.: 3994            Yes:1308  Extended:2742   College             :2681   1/27/11: 194
AA16582:    1   Nevada     : 882  Median : 5780                      Premium : 824   Doctor              : 342   2/14/11: 186
AA30683:    1   Oregon     :2601  Mean   : 8005                                      High School or Below:2622   1/26/11: 181
AA34092:    1   Washington: 798  3rd Qu.: 8962                                      Master              : 741   1/17/11: 180
AA35519:    1                    Max.   :83325                                                                  1/19/11: 179
(Other):9128                                                                                                    (Other):8019
```

图 5.13 输出结果截图

查看输出结果，可以很容易地看到数据框中每个列的分布快照。例如，对于 State 变量，能看到有 1 703 条记录来自亚利桑那州的客户和 3 150 个来自加利福尼亚州的客户。另一方面，还可以看到 Customer.lifetime.value 变量的最小值是 1 898，而平均值是 8 005，最大值是 83 325。

根据前面代码中的信息，可以只选择有数值的列，通过使用以下代码：

```
# get numeric columns
continuousDF <- select_if(df, is.numeric)
```

```
colnames(continuousDF)
```

如以上代码所示，使用 select_if 函数。该函数的参数是数据框的 df 和一个条件语句 is.numeric，来定义想要从数据框选择的列类型。使用此函数，只选择数据框中的数字列 df，并将其存储为一个单独的变量 continuousDF。通过 colnames 函数，可以查看在新创建的 DataFrame continuousDF 中有哪些列。其输出结果如图 5.14 所示。

```
> # get numeric columns
> continuousDF <- select_if(df, is.numeric)
> colnames(continuousDF)
[1] "Customer.Lifetime.Value"        "Income"                         "Monthly.Premium.Auto"           "Months.Since.Last.Claim"
[5] "Months.Since.Policy.Inception" "Number.of.Open.Complaints"     "Number.of.Policies"             "Total.Claim.Amount"
[9] "Engaged"
```

图 5.14 输出结果截图

现在可以拟合一个连续变量的逻辑回归模型，代码如下：

```
# Fit regression model with continuous variables
logit.fit <- glm(Engaged ~ ., data = continuousDF, family = binomial)
```

在 R 中，可以使用 glm 函数拟合回归模型，它代表广义线性模型。R 函数 glm 可用于各种线性模型。默认情况下，family 参数的值是高斯(gaussian)，这告诉算法拟合一个简单的线性回归模型。如果对 family 参数使用二项式(binomial)，那么它将会适合一个逻辑回归模型。各种 family 参数如下：

binomial
gaussian
Gamma
inverse.gaussian
poisson
quasi
quasibinomial
quasipoisson

传递给 glm 函数的另外两个参数是公式和数据。第一个参数公式，是定义如何适合模型的地方。“~”左边的变量是输出变量，右边的变量是输入变量。在范例中，告诉模型通过使用所有其他变量作为输入变量来学习如何估计输出变量“Engage”。如果只使用变量的一个子集作为输入变量，那么可以使用如下公式：

```
Engaged ~ Income + Customer.Lifetime.Value
```

在这个公式中，告诉模型如何只使用收入和客户生命周期价值作为特征来估计产出变量，即参与度。

最后，glm 函数中的第二个参数 data 定义了使用哪些数据来训练回归模型。

现在已经有了一个经过训练的逻辑回归模型，以下代码展示了如何从这个模型对象获得详细的回归分析结果。

```
summary(logit.fit)
```

R 中的 summary 函数对回归分析结果进行了详细的描述，如图 5.15 所示。

```
> summary(logit.fit)

Call:
glm(formula = Engaged ~ ., family = binomial, data = continuousDF)

Deviance Residuals:
    Min       1Q   Median       3Q      Max
-0.7629  -0.5704  -0.5477  -0.5216   2.1018

Coefficients:
                               Estimate Std. Error z value Pr(>|z|)
(Intercept)                  -1.787e+00  1.234e-01 -14.476   <2e-16 ***
Customer.Lifetime.Value      -6.327e-06  4.863e-06  -1.301   0.1933
Income                        2.042e-06  1.092e-06   1.869   0.0616 .
Monthly.Premium.Auto         -1.194e-04  1.226e-03  -0.097   0.9224
Months.Since.Last.Claim      -4.489e-03  2.987e-03  -1.503   0.1329
Months.Since.Policy.Inception 2.125e-04  1.073e-03   0.198   0.8429
Number.of.Open.Complaints    -3.257e-02  3.379e-02  -0.964   0.3351
Number.of.Policies           -2.443e-02  1.283e-02  -1.904   0.0569 .
Total.Claim.Amount            2.772e-04  1.463e-04   1.895   0.0581 .
---
Signif. codes:  0 '***' 0.001 '**' 0.01 '*' 0.05 '.' 0.1 ' ' 1

(Dispersion parameter for binomial family taken to be 1)

    Null deviance: 7503.3  on 9133  degrees of freedom
Residual deviance: 7488.1  on 9125  degrees of freedom
AIC: 7506.1

Number of Fisher Scoring iterations: 4
```

图 5.15 输出结果截图

仔细查看输出结果，“系数”部分中的“估算”列提供了每个特征系数的计算值。例如，Income 变量的系数为 2.042e-06，Number.of.Policies 的系数为-2.443e-02。另外，估计的截距值是-1.787。列 z 值代表 z 分数，这是总体均值的标准差数，列 Pr(>|z|)是 p 值，这意味着它有多大可能观察到特征和输出变量之间的关系。因此，Pr(>|z|)的值越低，说明给定的特征和输出变量之间的关系越强，这种关系并不是偶然的。通常，0.05 是 *p* 值的一个很好的分界点，任何小于 0.05 的值都表明给定特征和输出变量之间有很强的关系。

在输出的系数(Coefficients)区段的最后一行是显著性标志。显著性代码(Signif. codes)标志的说明列在系数区段之下。从标志说明上可以看到，*p* 值旁边的***符号表示与该变量的关系最强，*p* 值等于 0；**表示 *p* 值小于 0.001；*表示 *p* 值小于 0.05，以此类推。如果再看一下回归分析的结果，只有三个变量，收入（Income）、政策数量（Number of Policies）、总索赔金额（Total Claim.Amount），在 0.1 显著水平下，与产出变量——忠诚度（Engaged）有显著关系。此外，可以看到收入和总索赔金额与忠诚度正相关，这意味着收入越高或总索赔金额越高，客户越有可能参与营销电话。另外，可变政策数量与参与度呈负相关，这表明客户拥有的政策数量越多，该客户参与营销电话的可能性就越低。

这些示例表明，通过查看模型输出的特性的 *p* 值和系数，可以很容易地解释回归分析结果。这是了解客户哪些属性与数据分析人员感兴趣的结果显著且高度相关的好方法。

2. 分类变量

正如在前面小节中连续变量的例子中所看到的，通过系数和 p 值来理解输入变量和输出变量之间的关系是非常简单的。然而，当引入分类变量时，它就不那么简单了。分类变量通常没有任何自然顺序，但是，在线性回归中，需要输入变量的数值来表示变量的顺序或大小。例如，不能简单地用特定的顺序或值对数据集中的 State 变量进行编码。这就是为什么在进行回归分析时，分类变量与连续变量的处理方式是不同的。在 R 中，因子函数可以帮助进行回归分析时轻松地处理这些分类变量。看看下面的代码：

```
# a. Education
# Fit regression model with Education factor variables
logit.fit <- glm(Engaged ~ factor(Education), data = df, family = binomial)
summary(logit.fit)
```

本段代码拟合了一个 Logistic 回归模型，将参与度作为输出变量，并将分解后的教育作为输入变量。回归分析结果如图 5.16 所示。

```
> summary(logit.fit)

Call:
glm(formula = Engaged ~ factor(Education), family = binomial,
    data = df)

Deviance Residuals:
    Min       1Q   Median       3Q      Max
-0.6211  -0.5746  -0.5440  -0.5287   2.0184

Coefficients:
                                    Estimate Std. Error z value Pr(>|z|)
(Intercept)                         -1.83575    0.05538 -33.146   <2e-16 ***
factor(Education)College             0.11816    0.07719   1.531   0.1258
factor(Education)Doctor              0.28819    0.15258   1.889   0.0589 .
factor(Education)High School or Below -0.06137  0.08019  -0.765   0.4441
factor(Education)Master              0.19191    0.11407   1.682   0.0925 .
---
Signif. codes:  0 '***' 0.001 '**' 0.01 '*' 0.05 '.' 0.1 ' ' 1

(Dispersion parameter for binomial family taken to be 1)

    Null deviance: 7503.3  on 9133  degrees of freedom
Residual deviance: 7492.4  on 9129  degrees of freedom
AIC: 7502.4

Number of Fisher Scoring iterations: 4
```

图 5.16 输出结果截图

在输出结果中，因素函数创建了四个额外的变量：因素（教育）大学、因素（教育）博士、因素（教育）高中或以下，以及因素（教育）硕士。如果给定客户不属于给定类别，则用 0 编码这些变量；如果给定客户属于给定类别，则用 1 编码这些变量。通过这种方式，可以理解每个教育类别和输出变量参与度之间的正向或负向关系。例如，因素变量——因素（教育）博士，有一个正的系数，这意味着如果一个客户有博士学位，那么该客户将更有可能参与营销电话。

如果仔细观察，会注意到教育变量中没有一个单独的学士类别因素变量。这是因为（Intercept）包含了 Bachelor 类别的信息。如果客户拥有学士学位，那么所有其他因素变量都将用 0 进行编码。因此，所有的系数值都被抵消，只保留（Intercept）值。由于估计的（截距）值是负的，因此，如果客户拥有学士学位，那么该客户将不太可能参与营销电话。

另一个范例如下：

```
# b. Education + Gender
# Fit regression model with Education & Gender variables
logit.fit <- glm(Engaged ~ factor(Education) + factor(Gender), data = df, family =
binomial)

summary(logit.fit)
```

在这段代码中，用教育和性别变量拟合一个回归模型，输出结果如图 5.17 所示。

```
> summary(logit.fit)

Call:
glm(formula = Engaged ~ factor(Education) + factor(Gender), family = binomial,
    data = df)

Deviance Residuals:
    Min       1Q   Median       3Q      Max
-0.6247  -0.5713  -0.5409  -0.5256   2.0238

Coefficients:
                                     Estimate Std. Error z value Pr(>|z|)
(Intercept)                          -1.84803    0.06257 -29.537   <2e-16 ***
factor(Education)College              0.11782    0.07720   1.526   0.1269
factor(Education)Doctor               0.28759    0.15259   1.885   0.0595 .
factor(Education)High School or Below -0.06173   0.08019  -0.770   0.4415
factor(Education)Master               0.19223    0.11407   1.685   0.0919 .
factor(Gender)M                       0.02534    0.05979   0.424   0.6717
---
Signif. codes:  0 '***' 0.001 '**' 0.01 '*' 0.05 '.' 0.1 ' ' 1

(Dispersion parameter for binomial family taken to be 1)

    Null deviance: 7503.3  on 9133  degrees of freedom
Residual deviance: 7492.3  on 9128  degrees of freedom
AIC: 7504.3

Number of Fisher Scoring iterations: 4
```

图 5.17　输出结果截图

在分析结果中，只能看到一个额外的因素变量——因素（性别）M。实际上，针对男性顾客的回归结果包含了女性顾客的影响。这是因为教育变量的学士类别和性别变量的 F（女性）类别被合并为这个回归模型的截距。因此，所有因素变量的值都为 0 的基本情况是针对拥有学士学位的女性客户的。

对于拥有学士学位的男性顾客，因子变量（性别）M 现在的值为 1，因此，输出变量 Engaged 的估计值为截距的值加上因子（性别）M 的系数值。

正如到目前为止所讨论的，可以通过使用 R 中的因子函数来处理分类变量。这本质上等同于为每个分类变量创建一个单独的输入变量。使用这种技术，可以理解不同类别的类别变量是如何与输出变量相关的。

3. 结合连续变量和分类变量

在本章将要做的最后一个练习涉及将连续变量和分类变量结合起来进行回归分析。首先分解前一节中讨论过的两个类别变量：Gender 和 Education，并使用以下代码将它们存储在一个数据框中：

```
# c. combining continuous and categorical
select_col <- c(colnames(continuousDF), "Gender", "Education")
combined_df <- df %>% select(., select_col)
```

现在 combined_df，包含图 5.18 所示的列名：

```
> colnames(combined_df)
 [1] "Customer.Lifetime.Value"       "Income"                        "Monthly.Premium.Auto"
 [4] "Months.Since.Last.Claim"       "Months.Since.Policy.Inception" "Number.of.Open.Complaints"
 [7] "Number.of.Policies"            "Total.Claim.Amount"            "Engaged"
[10] "Gender"                        "Education"
```

图 5.18　输出结果截图

接着我们将用分类变量和连续变量拟合一个逻辑回归模型，使用以下代码：

```
logit.fit <- glm(Engaged ~ ., data = combined_df, family = binomial)
summary(logit.fit)
```

得到如图 5.19 所示的输出结果。

```
> summary(logit.fit)

Call:
glm(formula = Engaged ~ ., family = binomial, data = continuousDF)

Deviance Residuals:
    Min       1Q   Median       3Q      Max
-0.7905  -0.5739  -0.5427  -0.5095   2.1431

Coefficients:
                               Estimate Std. Error z value Pr(>|z|)
(Intercept)                  -1.837e+00  1.342e-01 -13.693   <2e-16 ***
Customer.Lifetime.Value      -6.065e-06  4.872e-06  -1.245   0.2132
Income                        2.044e-06  1.094e-06   1.867   0.0618 .
Monthly.Premium.Auto         -4.619e-04  1.237e-03  -0.374   0.7087
Months.Since.Last.Claim      -4.717e-03  2.993e-03  -1.576   0.1150
Months.Since.Policy.Inception 1.856e-04  1.074e-03   0.173   0.8627
Number.of.Open.Complaints    -3.448e-02  3.378e-02  -1.021   0.3075
Number.of.Policies           -2.392e-02  1.285e-02  -1.862   0.0626 .
Total.Claim.Amount            3.471e-04  1.487e-04   2.335   0.0196 *
GenderM                       1.537e-02  6.017e-02   0.255   0.7984
EducationCollege              1.216e-01  7.731e-02   1.573   0.1158
EducationDoctor               3.107e-01  1.532e-01   2.028   0.0425 *
EducationHigh School or Below -7.456e-02  8.056e-02  -0.925   0.3547
EducationMaster               2.065e-01  1.149e-01   1.798   0.0722 .
---
Signif. codes:  0 '***' 0.001 '**' 0.01 '*' 0.05 '.' 0.1 ' ' 1

(Dispersion parameter for binomial family taken to be 1)

    Null deviance: 7503.3  on 9133  degrees of freedom
Residual deviance: 7475.5  on 9120  degrees of freedom
AIC: 7503.5

Number of Fisher Scoring iterations: 4
```

图 5.19　输出结果截图

仔细查看图 5.19 所示的输出结果截图，Total.Claim.Amount 变量和 EducationDoctor 变量在 0.05 的显著性水平上显著，并且它们都与产出变量 Engaged 正相关。因此，索赔总额越高，客户越有可能参与营销电话。此外，与其他教育背景的客户相比，拥有博士学位的客户更有可能参与营销电话。在 0.1 显著性水平上，可以看到收入、政策数量和教育硕士现在与产出变量参与度有显著关系。从这个回归分析的输出结果，可以很容易地看到输入和输出变量之间的关系，以及了解客户的哪些属性对客户参与营销电话的影响是正向的或负向的。

5.4 决策树

5.4.1 决策树简介

决策树是一类有监督的机器学习算法。决策树采用了树状结构，按自变量层次进行逐步分类，直到最终目标。把对每个变量按分类规则进行分类的环节称为决策节点。第一个决策节点又称为根节点，目标变量的决策节点称为叶节点。决策节点通过决策环节（分类操作）可以分解为若干个下一层次的决策节点。因此，决策节点是通过分支连接在一起的。连接路径自根节点向下，连接到下一层的支节点。当节点中的所有数据点都属于一个类，或者直到满足某些条件停止（比如树的最大深度）时，就到了叶节点，该路径才终止。当每个叶节点中的所有数据点都属于一个类时，称之为纯节点。按照惯例，根节点被放置在决策树图的顶部，从根节点开始，在决策节点进行属性测试，每个可能的结果产生一个分支。每个分支要么与另一个决策节点相连，要么到达一个终止叶节点。图 5.20 展示了某银行为了降低贷款拖欠率的决策树模型。

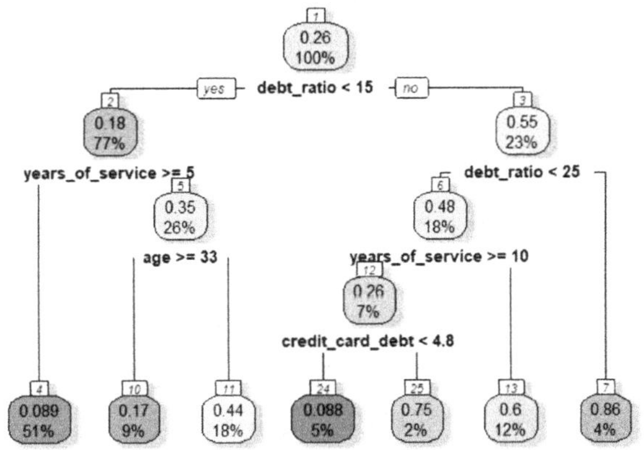

图 5.20　决策树模型示意图

决策树可以视为一组分类规则，并以树状结构联系在一起的集合。其实质是分类模型。在一棵决策树中的每一片树叶（叶节点）都代表一个类别的标签，而每一个非叶节点则表示一个条件测试，每一个分支表明了条件测试执行的结果。决策树的训练就是对分类条件的训练。训练完成之后的决策树就可以用它来做分类预测。从树根（根节点）开始，根据数据样本是否满足当前条件，来选择应该继续访问哪一个子节点，这样就可以一步一步地到达树叶（叶节点），从而判断样本的类别。从根节点到某个叶节点的路径就反映了对样本分类的过程。当给定一组带分类标签的数据后，训练决策树的过程就是要找到一棵分类准确而且复杂度相对较低（高度越低，节点数量越少越好）的树状结构。

从图 5.20 所示的决策树模型可以看出，它使用特定的条件对数据进行了分类。在本例中，根节点按照负债率(debt_ratio)< 15 的标准被划分为两个子节点。如果满足此条件并为真，则分到左侧的子节点。如果不是，则分到右侧的子节点。然后将左侧的子节点按工龄

(years_of_service)>=5 的标准划分为其子节点。将右侧的子节点按负债率(debt_ratio)<25 的标准划分为其子节点。如此，树会不断增长，直到找到所有的叶节点。

在本例中，数据被划分为 7 个分区，蓝色代表违约的节点，红色代表非违约的节点，颜色的深浅代表节点的纯度。底部最左边的节点或分群是负债率(debt_ratio)<15 且工龄(years_of_service)>=5 的群；而左边第二个群是负债率(debt_ratio)<15、工龄(years_of_service)<5 且年龄>=33 的群；底部最右边的节点是不满足负债率(debt_ratio)<25 的违约的群。

与其他机器学习方法相比较，决策树易于理解，也不需要对数据进行复杂的预处理，既不需要标准化，也无须特别关注空值（NA）数据。但是，得到一棵全局最优的决策树却非常困难，人们不得不依赖各种贪婪算法求解决策树的训练问题。不同算法的主要区别是关于数据分离的方法，下面就常用的分离算法加以简单介绍。

5.4.2 决策树的分类算法

在上面的示例中，为什么决策树选择负债率属性作为根节点划分？为什么不选择工龄或年龄来代替？决策树寻求建立一组尽可能“纯”的叶节点。也就是说，在一个特定的叶节点中的记录具有相同的分类。以这种方式，决策树的分类可信度可能就是最大的。但是，如何衡量一致性，或者反过来，如何衡量异构性？目前常用的数据分离方法主要有两种：基尼杂质度量法(Gini Impurity)和熵信息增益法(Entropy Information Gain)。简单地说，基尼杂质度量一个分区数据含有杂项信息的程度，熵信息增益度量一个分区数据含有信息量的多少程度。

计算基尼杂质度量的方程如下：

$$\text{Gini} = 1 - \sum_{i=1}^{c} p_i^2$$

这里，c 表示类标签，p_i 表示类标签 i 被选中的记录的概率。通过从 1 减去概率平方根的和，基尼杂质度量达到零。也就是说，当一棵树的每个分区或节点中的所有记录都是纯的，只有一个目标类时，基尼杂质度指标是衡量集合混乱程度的一种标准。所以，可以选择性地在划分停止条件中加上显著性检验，以阻止不必要的划分。

另一种算法是熵信息增益法。计算熵的公式如下：

$$\text{Entropy} = -\sum_{i=1}^{c} p_i \log(p_i)$$

同样，c 表示类标签，p_i 表示类标签 i 被选中的记录的概率。在树的生长过程中，需要计算每个可能拆分的熵值，并与拆分前的熵值进行比较。然后，选择熵值变化最大或信息增益最高的分割来生长树。这个过程将会重复，直到所有的节点都是纯的，或者直到它满足停止条件。其原理是在使用特征划分子集时，参考信息增益的指标，就是划分需要使新的子集中类别标签分布的信息熵最小。不过，这种做法也可能导致新的风险，因为无法得知信息增益的提升是否具有统计显著性，而且单纯以信息增益为目标时通常会造成树的高度增加，这些都可能导致过拟合问题的产生。

有了数据分离的算法，就可以按照下列基本步骤构建决策树：

（1）对于给定的训练数据子集，寻找预测标签的最佳特征；

（2）划分上述特征以获得最好的分类结果，划分出两个新的数据子集；

（3）重复步骤（1）和（2），直到满足停止条件。

5.4.3 决策树的使用条件

在应用决策树算法之前，必须满足以下条件。

（1）决策树算法是典型的有监督学习，因此需要预分类目标变量。必须提供一个训练数据集，该数据集为算法提供目标变量的值。

（2）训练数据集应当是丰富多样的，为算法提供涉及不同方面的记录类型，以适应未来的分类需求。以决策树学习为例，如果示例记录缺乏系统定义的子集，那么对这个子集进行分类和预测将会存在问题。

（3）目标属性类必须是离散的。也就是说，决策树分析不适用于目标变量为连续型值的情况。当然，目标变量的值必须能明确界定属于或不属于某个特定的类。

5.5 决策树分析实例

5.5.1 数据集

本节介绍如何使用 R 中的 rpart 包来构建决策树模型，并通过 rpart.plot 包的可视化来解释结果。下面将从使用 dplyr 和 ggplot2 库深入分析银行营销数据集开始这一节，然后讨论如何构建和解释决策树模型。

本练习采用的是某银行机构直销活动的数据集。营销活动是以电话推广为基础的，目的是让顾客认购银行定期理财等金融产品。文件名是 bank-full.csv，包含的变量如表 5.2 所示。

表 5.2 数据集变量说明一览表

变量类型	编号	列名	说　明
银行客户端数据	1	age	年龄（数字）
	2	job	工作：工作类型（分类："行政""未知""失业""管理""家政""企业家""学生""蓝领""个体""退休""技师""服务"）
	3	marital	婚姻状况（分类："已婚""离婚""单身"。注：这里的"离婚"包括离婚或丧偶）
	4	education	教育（类别："未知""中学""小学""大学"）
	5	default	违约史：有信用违约吗？（二进制："yes""no"）
	6	balance	存款余额：年平均余额，以欧元表示（数字）
	7	housing	住房贷款状态：有住房贷款吗？（二进制："yes""no"）
	8	loan	贷款状态：有个人贷款吗？（二进制："yes""no"）
与当前活动的最后联系方式相关	9	contact	联系方式：联系人通信类型（类别："未知""电话""蜂窝"）
	10	day	天：当月最后一次联系的日期（数字）
	11	month	月：去年最后一个联系月份（分类："jan""feb""mar"…）"nov""dec"）
	12	duration	时间：最后一次接触持续的时间，单位为秒（数字）
其他属性	13	campaign	活动：在该活动期间为该客户端执行的联系人数量（数字，包括最后一次的联系人）
	14	pdays	最后联系的间隔天数：在客户端最后一次与之前的活动联系后经过的天数（数字，-1 表示之前没有联系客户端）
	15	previous	活动前的联系次数：在此活动之前和此客户的联系次数（数字）
	16	poutcome	以前活动的成果：之前营销活动的成果（分类："未知""其他""失败""成功"）
输出变量（期望目标）	17	y	客户是否买了定期理财等金融产品？（二进制："yes""no"）

运行以下代码，将这些数据加载到 RStudio 中：

```
# clear environment variables
rm(list = ls())

# setting chapter 4 working directory
setwd("C:/BigDataMarketing/CH05")

# loading libraries
library(ggplot2)
library(tidyverse)
library(rpart)
library(rpart.plot)

# read data
df <- read.csv("data/bank-full.csv",
               header=TRUE,
               sep=";",
               stringsAsFactors = TRUE )
```

这里，可以通过使用 R 中的 read.csv 函数轻松地读取数据文件。需要注意的是 read.csv 函数中的 sep 参数。如果仔细查看数据，会发现 bank-full.csv 文件中的字段是用分号分隔的，而不是逗号。为了正确地将数据加载到数据框中，需要告诉 read.csv 函数使用分号作为分隔符，而不是逗号。另外，通过 stringsAsFactors = TRUE 将字符串转换为因子类型的变量。

加载数据后，数据表如图 5.21 所示。

	age	job	marital	education	default	balance	housing	loan	contact	day	month	duration	campaign	pdays	previous	poutcome	y
1	58	management	married	tertiary	no	2143	yes	no	unknown	5	may	261	1	-1	0	unknown	no
2	44	technician	single	secondary	no	29	yes	no	unknown	5	may	151	1	-1	0	unknown	no
3	33	entrepreneur	married	secondary	no	2	yes	yes	unknown	5	may	76	1	-1	0	unknown	no
4	47	blue-collar	married	unknown	no	1506	yes	no	unknown	5	may	92	1	-1	0	unknown	no
5	33	unknown	single	unknown	no	1	no	no	unknown	5	may	198	1	-1	0	unknown	no
6	35	management	married	tertiary	no	231	yes	no	unknown	5	may	139	1	-1	0	unknown	no
7	28	management	single	tertiary	no	447	yes	yes	unknown	5	may	217	1	-1	0	unknown	no
8	42	entrepreneur	divorced	tertiary	yes	2	yes	no	unknown	5	may	380	1	-1	0	unknown	no
9	58	retired	married	primary	no	121	yes	no	unknown	5	may	50	1	-1	0	unknown	no
10	43	technician	single	secondary	no	593	yes	no	unknown	5	may	55	1	-1	0	unknown	no
11	41	admin.	divorced	secondary	no	270	yes	no	unknown	5	may	222	1	-1	0	unknown	no
12	29	admin.	single	secondary	no	390	yes	no	unknown	5	may	137	1	-1	0	unknown	no
13	53	technician	married	secondary	no	6	yes	no	unknown	5	may	517	1	-1	0	unknown	no
14	58	technician	married	unknown	no	71	yes	no	unknown	5	may	71	1	-1	0	unknown	no
15	57	services	married	secondary	no	162	yes	no	unknown	5	may	174	1	-1	0	unknown	no
16	51	retired	married	primary	no	229	yes	no	unknown	5	may	353	1	-1	0	unknown	no
17	45	admin.	single	unknown	no	13	yes	no	unknown	5	may	98	1	-1	0	unknown	no
18	57	blue-collar	married	primary	no	52	yes	no	unknown	5	may	38	1	-1	0	unknown	no
19	60	retired	married	primary	no	60	yes	no	unknown	5	may	219	1	-1	0	unknown	no
20	33	services	married	secondary	no	0	yes	no	unknown	5	may	54	1	-1	0	unknown	no

图 5.21　加载数据后的数据表截图

5.5.2 数据分析与可视化

在开始分析数据之前，首先用数值对输出变量 y 进行编码，y 包含关于客户是否已经转换或订阅定期理财的信息。可以使用下面的代码用 0 和 1 来编码输出变量 y：

```
# Encode conversions as 0s and 1s
df$conversion <- as.integer(df$y) - 1
```

从这段代码片段中可以看到，可以使用 as .integer 函数对输出变量进行编码。因为这个函数将 y 变量中的 no 值编码为 1，而 y 变量中的 yes 值编码为 2，所以将这些值减去 1，分别编码为 0 和 1。随后将这些编码后的值存储到一个名为 conversion 的新列中。

1. 转化率

首先要看的是总转化率。转化率只是定期理财的客户的百分比，或者在列转换中使用 1 编码的客户的百分比。看看下面的代码：

```
sprintf("conversion rate: %0.2f%%",  sum(df$conversion)/nrow(df)*100.0)
```

如代码所示，只是将转换列中的所有值求和，然后除以数据框中的记录或客户数量 df。使用 sprintf 函数，用两个小数点来格式化这个转换率。输出结果如图 5.22 所示。

```
> sprintf("conversion rate: %0.2f%%", sum(df$conversion)/nrow(df)*100.0)
[1] "conversion rate: 11.70%"
```

图 5.22 输出结果截图

从这个输出结果来看，只有 11.7%的人转换或认购了定期理财。由结果发现，在转化群和非转化群之间存在着很大的不平衡，这是很常见的，也是在各种营销数据集中经常可以观察到的。

2. 按工作类别的转化率

某些工作类别的转换可能比其他类别更频繁。查看不同工作类别的转化率，可以通过运行以下代码来实现。

```
conversionsByJob <- df %>%
  group_by(Job=job) %>%
  summarise(Count=n(), NumConversions=sum(conversion)) %>%
  mutate(ConversionRate=NumConversions/Count*100.0)
```

在代码中，首先根据 Job 列进行分组，该列包含关于每个客户所属的工作类别的信息。然后，使用 n()函数计算给定工作类别中的客户总数，并使用 sum 函数对每个工作类别的转换列进行求和。最后，将转换总数 NumConversion 除以每个工作类别 Count 中的客户总数，并将这些数字乘以 100.0，以得到每个工作类别的转换率。

结果如图 5.23 所示。

	Job	Count	NumConversions	ConversionRate
1	admin.	5171	631	12.202669
2	blue-collar	9732	708	7.274969
3	entrepreneur	1487	123	8.271688
4	housemaid	1240	109	8.790323
5	management	9458	1301	13.755551
6	retired	2264	516	22.791519
7	self-employed	1579	187	11.842939
8	services	4154	369	8.883004
9	student	938	269	28.678038
10	technician	7597	840	11.056996
11	unemployed	1303	202	15.502686
12	unknown	288	34	11.805556

图 5.23　工作类型及对应转化率

由结果可得，学生组的转化率比其他组高得多，退休组紧随其后。然而，将这些数据与原始输出进行比较有点困难，通过图表可以更好地呈现这些数据。可以使用以下代码构建一个横条形图：

```
# conversion rate by job type - bar
ggplot(conversionsByJob, aes(x=Job, y=ConversionRate)) +
  geom_bar(width=0.5, stat="identity", fill = "indianred") +
  coord_flip() +
  xlab("Job Type") +
  ylab("Conversion Rate (%)")
```

在这段代码中，将使用 ggplot 和 geom_bar 函数来构建一个条形图，其中包含 convertions-ByJob 数据（在前面的代码中我们构建了该数据），x 轴是 JobType 变量，y 轴是 ConverTion Rate 变量。然后，使用 coord_flip 函数将垂直条形图翻转为水平条形图。可以使用 ggtitle、xlab 和 ylab 函数随心所欲地更改标题、x 轴标签和 y 轴标签。

结果如图 5.24（a）所示。

为了更清楚地表达不同工作类别之间的差异，我们将结果按转化率进行排序，联合使用 ggplot、geom_segment 和 geom_point 函数来构建一个条形图，如图 5.24（b）所示。代码如下：

```
# reorder by rate
job_order <- conversionsByJob$Job[order(conversionsByJob$ConversionRate)]
conversionsByJob$Job <- factor(conversionsByJob$Job, levels = job_order)
ggplot(conversionsByJob, aes(x=ConversionRate, y=Job)) +
  geom_segment(aes(yend = Job), xend = 0, colour = "indianred", size = 1) +
  geom_point(size = 3, colour = "indianred") +
  theme_bw() +
```

```
theme(
  panel.grid.major.y = element_blank()
) +
xlab("Conversion Rate (%)") +
ylab("Job Type")
```

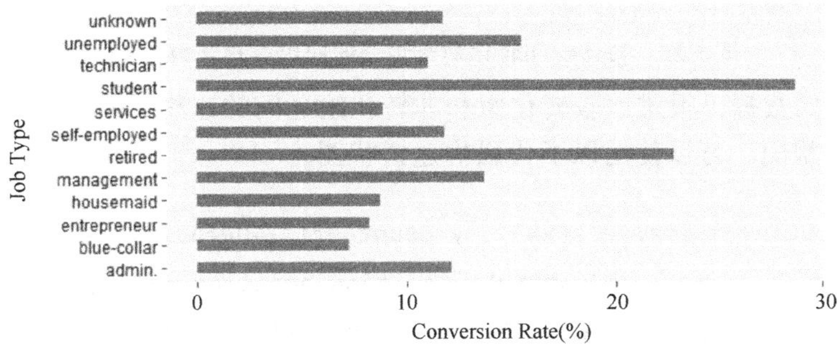

（a）

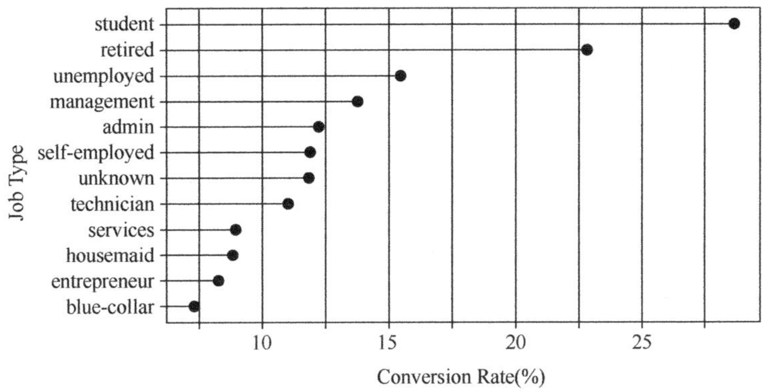

（b）

图 5.24 不同工作类别的转化率条形图

如图 5.24（b）所示，通过一个横条形图可以更容易地看到每个工作类别的转化率差异。不难看出，学生群体和退休群体是转化率最高的两个群体，而蓝领和企业家群体是转化率最低的两个群体。

3. 按转化计算的违约率

另一个值得关注的客户属性是违约率，以及订阅定期理财和不订阅定期理财的客户之间的区别。R 代码如下：

```
defaultByConversion <- df %>%
  group_by(Default=default, Conversion=conversion) %>%
  summarise(Count=n())
```

在这段代码中，使用 group_by 函数将数据框 df 按 default 和 conversion 这两个列分组。通过使用 n()作为聚合函数，可以计算四种情况中每个单元格下有多少客户。结果如图 5.25 所示。

	Default	Conversion	Count
1	no	0	39159
2	no	1	5237
3	yes	0	763
4	yes	1	52

图 5.25　按违约和转化与否划分的四组客户计数结果

仅看这些原始数据，很难比较转化组和非转化组之间的违约率差异。一种可视化数据的方法是使用饼状图。可以使用以下代码构建饼状图：

```
ggplot(defaultByConversion, aes(x="", y=Count, fill=Default)) +
  geom_bar(width=1, stat = "identity", position=position_fill()) +
  geom_text(aes(x=1.25, label=Count), position=position_fill(vjust = 0.5)) +
  coord_polar("y") +
  facet_wrap(~Conversion) +
  ggtitle('Default (0: Non Conversions, 1: Conversions)') +
  theme(
    axis.title.x=element_blank(),
    axis.title.y=element_blank(),
    plot.title=element_text(hjust=0.5),
    legend.position='bottom'
  )
```

在 R 代码中，使用了三个函数：ggplot、geom_bar 和 coord_polar(“y”)。使用 coord_polar(“y”)函数，可以把柱状图转换为饼状图。然后，可以使用 facet_wrap 函数将其划分为两个饼状图：一个用于转化组，另一个用于非转化组，如图 5.26 所示。

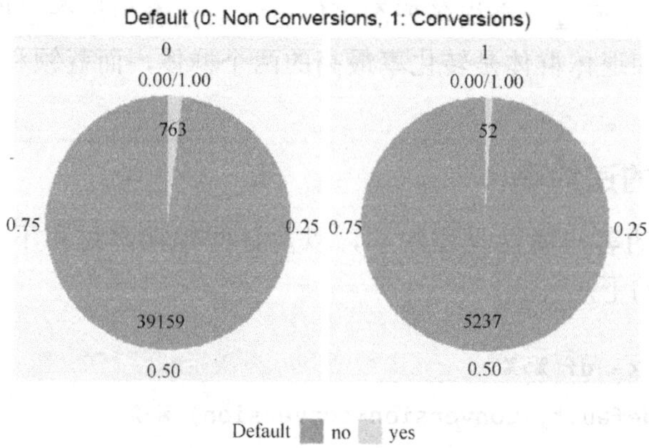

图 5.26　转化组与非转化组客户的违约率饼状图

通过饼状图来比较转化组和非转化组的违约率要容易得多。尽管在这两组中，违约的总体百分比都很低，但非转换组中的违约率大约是转换组的两倍。

4. 按兑换计算的银行余额

接下来，将尝试看看转化组和非转化组之间的银行余额分布是否有差异。箱线图通常是可视化变量分布的好方法。R 代码如下:

```
ggplot(df, aes(x="", y=balance)) +
  geom_boxplot() +
  facet_wrap(~conversion) +
  ylab("balance") +
  xlab("0: Non-Conversion, 1: Conversion") +
  ggtitle("Conversion vs. Non-Conversions: Balance") +
  theme(plot.title=element_text(hjust=0.5))
```

在前一章中已经讨论过如何使用 ggplot 和 geom_boxplot 函数构建箱线图。当运行完以上代码时，将看到如图 5.27（a）所示的箱线图。

因为有如此多的离群值，很难识别两个分布之间的任何差异。因此，需要构建一个没有离群值的箱线图。与前面的代码相比，唯一需要更改的是离群值。geom_boxplot 函数中的 shape = NA 参数，R 代码如下所示：

```
# box plot- remove outlier
ggplot(df, aes(x=balance, y=y)) +
  geom_boxplot(outlier.shape = NA) +
  scale_x_continuous(limits = c(-2000, 5000)) +
  xlab("Balance") +
  ylab("Conversion Status")
```

使用此代码，将看到转化组和非转化组两组之间银行余额分布箱线图，如图 5.27（b）所示。

从图 5.27（b）中可以看到，与非转化组相比，转化组的银行余额的中位数略高。此外，转化组的客户的银行余额似乎比非转化组的客户的变化更多。

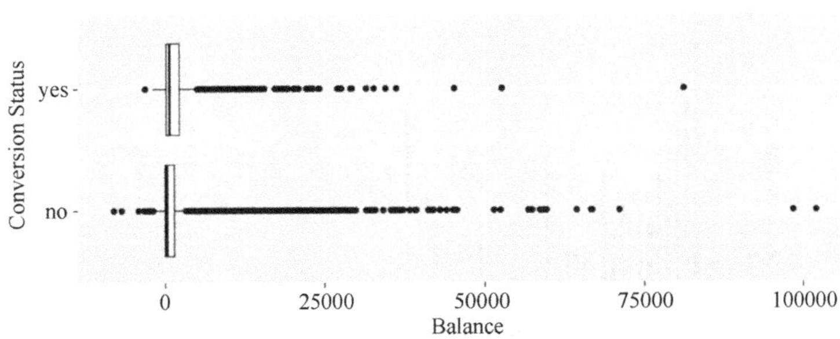

（a）

图 5.27　转化组和非转化组客户的银行余额分布图

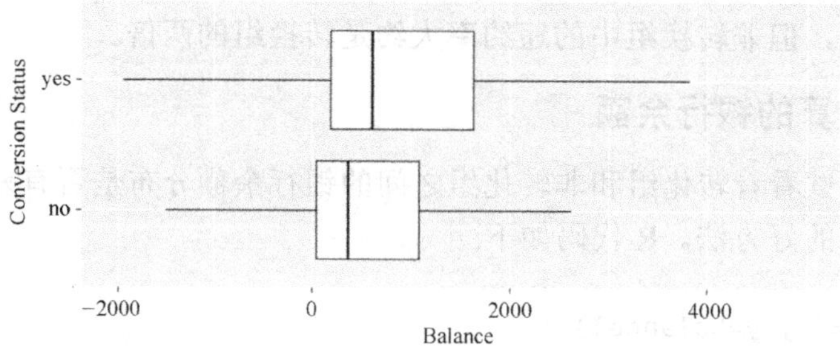

（b）

图 5.27 转化组和非转化组客户的银行余额分布图（续）

5. 按联系人数量计算的转化率

最后，我们看看转化率是如何随着客户接触次数的变化而变化的。通常情况下，在市场营销中，大量的市场联系可能会导致市场营销疲劳，当频繁地接触客户时，转化率会下降。数据中是否存在营销疲劳，让我们看看下面的代码：

```
# Conversion rates by number of contacts
# calculation
conversionsByNumContacts <- df %>%
  group_by(Campaign=campaign) %>%
  summarise(Count=n(), NumConversions=sum(conversion)) %>%
  mutate(ConversionRate=NumConversions/Count*100.0)

# visualization
ggplot(conversionsByNumContacts, aes(x=Campaign, y=ConversionRate)) +
  geom_bar(width=0.5, stat="identity", fill = "indianred") +
  xlab("Number of Contacts") +
  ylab("Conversion Rate (%)")
```

从这个代码片段中，可以看到我们正在按 campaign 列进行分组（其中包含有关该客户在营销活动期间接触客户服务人员或营销人员的次数信息），计算每个客户接触数量的转化率，并用条形图来可视化这个数据，如图 5.28 所示。

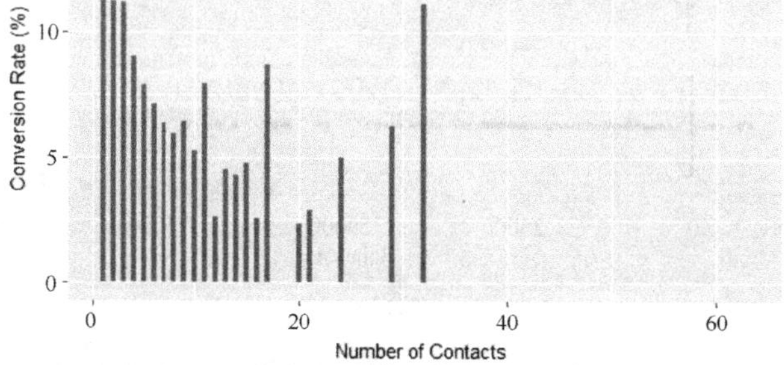

图 5.28 按客户接触数量分组的转化率条形图

客户接触数量越多越会有干扰，虽然他们的样本量较小，但是可以很容易地在这个条形图中看到整体的下降趋势。随着联系人数量的增加，转化率会慢慢下降。这意味着，当你在某个活动中更频繁地与客户联系时，预期的转换率越会下降。

5.5.3 决策树分析

在开始分析数据之前，首先用数值对输出变量 y 进行编码，y 包含客户是否已经转化或订阅定期理财的信息。可以使用下面的代码 0 和 1 来编码输出变量 y：

```
# Encode conversions as 0s and 1s
df$conversion <- as.integer(df$y) - 1
```

在代码中，使用 as.integer 函数对输出变量进行编码。因为这个函数将 y 变量中的 no 值编码为 1，而 y 变量中的 yes 值编码为 2，将这些值减去 1，分别编码为 0 和 1。然后将这些编码后的值存储到一个名为 conversion 的新列中。

1. 编码分类变量

这个数据集中有 8 个分类变量：工作、婚姻、教育、违约、住房、贷款、联系方式和月份。在开始构建决策树之前，需要用数值对这些分类变量进行编码。在这一节中，将研究如何对这些分类变量进行编码。

（1）月份编码

月份（month）变量只能有 12 个值。利用 unique（df$month）快速考察数据集中月份的情况。unique 函数可以快速获得给定列中的唯一值。代码运行及结果输出如图 5.29 所示。

```
> unique(df$month)
 [1] may jun jul aug oct nov dec jan feb mar apr sep
Levels: apr aug dec feb jan jul jun mar may nov oct sep
```

图 5.29　输出结果截图

结果显示，从 1 月到 12 月的月份列有 12 个值。虽然 month 是因子类型，但 levels 没有按自然顺序排序。为此，用下面的代码重新进行编码：

```
# Encode month
df$month <- factor(df$month, levels = tolower(month.abb))
```

在这段代码中，month.abb 是一个内置的 R 常量，包含三个字母缩写的月份名称，如图 5.30 所示。

```
> month.abb
 [1] "Jan" "Feb" "Mar" "Apr" "May" "Jun" "Jul" "Aug" "Sep" "Oct" "Nov" "Dec"
```

图 5.30　输出结果截图

结果中，每个缩写月名的首字母都大写。但是，数据集的月列中的月名称都是小写的。因此使用 tolower 函数将 month.abb 所有的值设为小写。这样要查看每个月有多少条记录，可以使用以下代码：

```
# get how many records in each month
df %>% count(month)
```

运行结果如图 5.31 所示。

```
> df %>% count(month)
   month     n
1    jan  1403
2    feb  2649
3    mar   477
4    apr  2932
5    may 13766
6    jun  5341
7    jul  6895
8    aug  6247
9    sep   579
10   oct   738
11   nov  3970
12   dec   214
```

图 5.31　输出结果截图

（2）对工作、住房和婚姻变量进行编码

接下来，将考察工作、住房和婚姻三个变量的编码。查看代码如下：

```
# check type
class(df$job)
class(df$housing)
class(df$marital)
```

运行结果如图 5.32 所示。

```
> # check type
> class(df$job)
[1] "factor"
> class(df$housing)
[1] "factor"
> class(df$marital)
[1] "factor"
```

图 5.32　输出结果截图

因为这些变量都是因子类型，并且由于这些变量没有自然顺序，因此不需要担心哪个类别用哪个值进行编码。

在数据集中还有一些分类变量没有讨论，如果需要，可以使用在本节中讨论的相同技术对它们进行查看和编码。

2. 建立决策树

既然已经编码了所有的分类变量，就可以开始构建决策树模型了。这里选择决策树模型的特征变量如下：年龄（age）、存款余额（balance）、联系人数量（campaign）、以前的联系次数（previous）、住房（housing）、工作（job）和婚姻（marital）。为了用 R 建立和训练决策树模型，可以使用 rpart 包，具体代码如下：

```
# loading libraries
library(rpart)

# Create a decision tree model - fit_model
fit_model <- rpart(
  conversion ~ age + balance + campaign + previous + housing + job + marital,
  method="class",
  data=df,
  control=rpart.control(maxdepth=4, cp=0.0001)
)
```

如代码所示，rpart 模型的第一个参数是公式，它定义了自变量和目标变量。这里，使用上述特征变量作为自变量。然后，将该决策树模型定义为一个输入为 method="class"的分类模型。最后，可以使用控制输入调优参数来微调决策树模型。在本例中，我们只使用 maxdepth 参数将树的最大深度限制为 4，并将 cp（复杂度参数）的值设置为足够小，以便能够分割树。还有许多决策树模型的其他调优方法，可以运行 help(rpart)或 help(rpart.control)命令，仔细查看 R 文档获得更多信息。

3. 分析决策树

目前已经训练了一个决策树模型，下面需要从模型中提取见解。这里，将使用一个名为 rattle 的库进行可视化。代码如下:

```
# loading libraries
library(rattle)

# Visualize the decision tree with fancyRpartPlot
fancyRpartPlot(fit_model,
              main = "",
              sub = "")
```

代码中首先调用 rattle 库，然后使用 fancyRpartPlot 函数进行可视化本例的模型 fit_model。这里，模型对象 fit_model 是在上一步中建立的决策树模型。一旦运行这个命令，结果显示如图 5.33（a）所示。

在这个树形图中，每个节点包含对该节点的三行描述信息。节点顶部的编号是所构建的节点的顺序标签，可以使用这个标签来引用这个树图中的每个节点。每个节点的最上面的一行显示了对给定节点的预测或分类是什么。例如，如果一个样本属于标记为 4 的节点，则该决策树模型的分类为零，表示没有转化；如果一个样本属于标记为 23 的节点，则该决策树模型下的分类为 1，表示已经转化。

每个节点中的第二行告诉我们给定节点中每个类中记录的百分比。例如，节点 22 中

52%的记录在类 0 或非转化组中，其余 48%在类 1 或转化组中。另外，节点 13 中 39%的客户属于类 0，其余 61%的客户属于类 1。最后，每个节点的底线表示属于每个节点的记录总数的百分比。例如，约 80%的客户属于节点 4 类别，而接近 0%的客户属于节点 13 类别。

了解了每个节点中的每条线的含义，下面讨论一下如何从这个树形图中得出见解。为了理解属于每个叶节点的客户，需要跟踪整个树。例如，属于节点 13 的客户是活动前的联系次数（previous）的值大于 0.5、有住房贷款（housing）和年龄（age）大于或等于 61 的客户。换句话说，凡是在此次活动之前联系过的、61 岁以上有住房贷款的人，都属于 13 号节点，转化的概率较大。

在另一个例子中，为了从根节点到节点 22，我们需要有一个 0 值前面的变量，一个年龄大于或等于 61，非已婚或非单身的婚姻状况（离婚或丧偶），同时工作在以下类别之一：管理者、蓝领、企业家、家政、退休或未知。换句话说，那些在本次活动之前没有联系过的、年龄在 61 岁以上的、离异或丧偶的、工作属于上述类别之一的客户，属于节点 22，他们大约有 50%的概率转化成用户。

正如从这两个范例中注意到的那样，可以通过决策树模型的可视化来了解谁更有可能转化或谁更不可能转化。只需跟踪节点并理解与目标类高度相关的属性类型。在这个练习中，我们将树的深度限制为 4，但是可以选择更大或更小的深度来获得更大或更小的树。也可以通过 method 来设置其他的分类模型，如方差分析（anova）、泊松（poisson）、指数（exp）或自定义分类模型。可视化也可以用 rpart.plot 库来实现，其风格大致相似。下面的代码就是一个例子，对比图 5.33（a）和（b）。

```
# loading libraries
library(rpart)
library(rpart.plot)

# Create a decision tree model - fit_model
fit_model <- rpart(
  conversion ~ age + balance + campaign + previous + housing + job + marital,
  method="anova",
  data=df,
  control=rpart.control(maxdepth=3, cp=0.002)
)

# Visualize the decision tree with rpart.plot
rpart.plot(fit_model,
         box.palette="RdBu",
         shadow.col="gray",
         nn=TRUE)
```

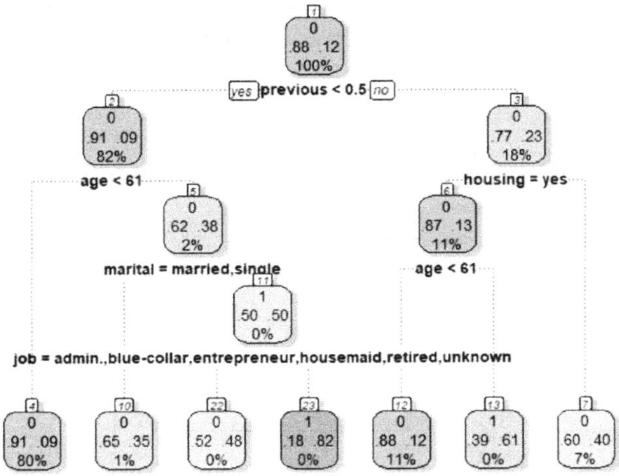

(a)

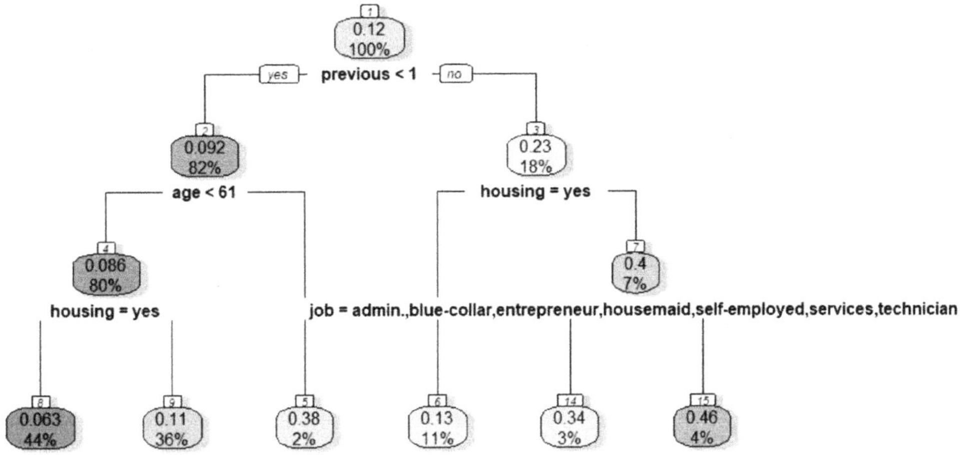

(b)

图 5.33 影响转化率的决策树模型

本章小结

本章在介绍消费者行为分析概要之后，重点介绍了逻辑回归和决策树在分析消费者行为中的应用。更具体地说，学习了如何使用逻辑回归来理解客户的哪些属性驱动更高的参与度。在拟合回归模型时，我们讨论了两种不同类型的变量：连续变量和分类变量。通过回归分析结果，我们展示了如何通过查看系数和 p 值来解释输入和输出变量之间的结果和关系。通过观察回归分析的输出，我们可以了解客户的哪些属性与客户营销参与度有显著的关系。

本章还介绍了一种新的机器学习算法——决策树。我们可以用它来进行营销分析，以便更好地理解数据，并对消费者行为进行分析。我们还学习了如何利用 R 语言的 rattle 包进行可视化和解释结果。

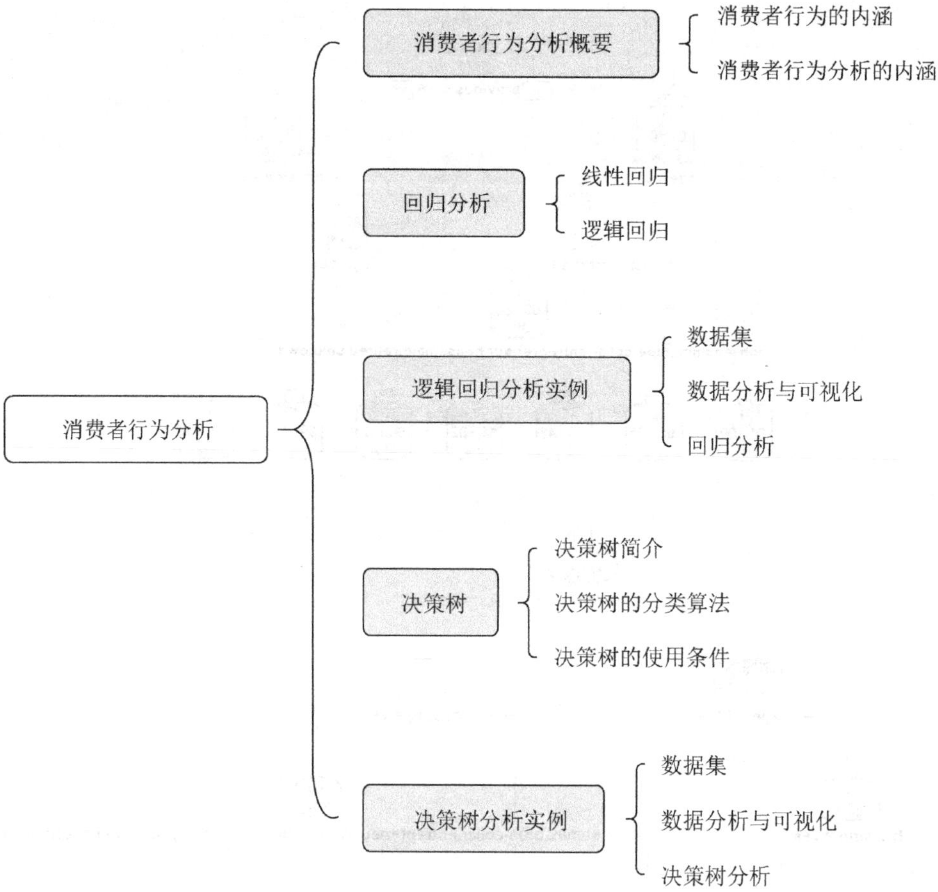

【实训——会员留存分析】

1. 实训背景

用户留存，是指用户在 App、网站、实体店等访问过，并在一段时间后仍有访问的用户情况。留存分析模型往往是一种衡量用户健康度/参与度的方法，它超越下载量、DAU等这样的虚荣指标；通过留存分析可以深入了解用户的留存和流失状况，发现影响产品可持续增长的关键因素，并可用于指导市场决策、产品改进、用户价值提升等。

2. 实训内容

本案例通过分析用户的留存数据，整体上衡量了用户的消费习惯。本次实训的重点是解决以下问题。

① 不同会员创建日期与销售日期的用户分布。
② 按留存率情况区分省市等级。
③ 不同等级留存率首次购买情况。
④ 不同品类的购买留存情况。

3. 实训平台

蓝鹰 BI 平台。

4. 分析思路

本实训的数据主要由 UserId、二级品类、会员创建日期、留存率分组、省、市、销售日期和销售量构成，如表 5.3 所示。

表 5.3　会员留存分析字段说明表

序号	字段名	字段说明
1	UserId	会员唯一标识
2	二级品类	商品二级品类名称
3	会员创建日期	创建会员的日期
4	留存率分组	该用户留存率高低对应的分组
5	省	省
6	省市	省市
7	销售日期	商品销售的日期
8	销售量	商品的销售量

会员留存数据分析思路如图 5.34 所示。

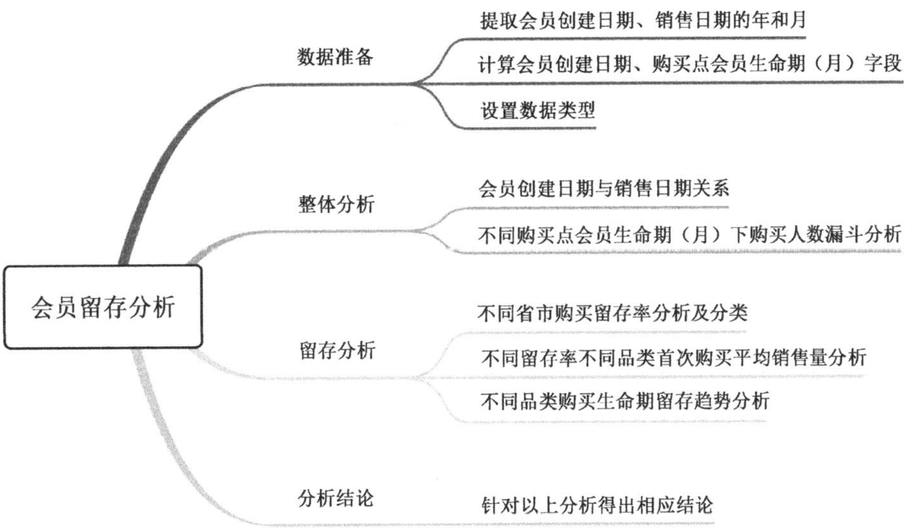

图 5.34　数据分析思维导图

5. 实训步骤

实训步骤可以扫以下二维码获得。

实训指导书　　实训示范视频

说明：①实训指导书配有详细图文说明；②实训示范视频展示实训平台界面和操作步骤。

6. 分析总结

① 观测“会员创建日期与销售日期”。

② 观测“传统漏斗图”。

③ 观测“不同等级留存率”图。

④ 观测“不同留存率首次购买”和“不同品类留存趋势图”。

第 6 章▶▶

商品分析与推荐

【学习目标】

1. 理解商品分析的内涵和目标
2. 熟练掌握商品分析实战
3. 熟练掌握商品推荐实战

本章插图

6.1 商品分析概要

6.1.1 商品分析的内涵

商品分析是一个重要的项目管理过程，是围绕商品的特性、成本、可用性、质量、外观等方面进行的分析，以确定商品是否能有效地吸引目标顾客。因此，商品分析在商品的整个生命周期，从设计、开发、制造到投放市场、交付和销售使用来说都是非常必要的。商品分析涵盖广泛的内容，包括系统分析、商品分解、系统工程、需求分析、价值分析和价值工程。通过商品分析，我们可以提出关于商品的问题，并为项目团队提供答案，以描述商品的特性、功能和其他相关内容。商品分析将商品从一端到另一端进行分解，从部件、功能、技术、成本、需求到营销材料、网站和销售方法进行对应的分析。例如，商品的功能应该与公司宣称的功能相匹配。分析成本/质量比，可选择的设计和竞争情况，以确定商品是否具有成本效益，同时满足顾客的要求。如果公司可以在设计上做些小调整，在降低成本的同时保持商品质量，这将是非常有益的。商品分析是一个广泛的过程，其结果可以帮助生产、质量保证、物流和销售业务。在市场营销领域，商品分析更多是由潜在买家、试图了解竞争对手的商品经理及第三方评审人员进行的。商品分析可以针对自己的商品，也可以针对竞争对手的商品。不管分析的对象是自己做的商品还是竞争对手的商品，商品分析的目的和结果都是非常有价值的。因为要想在竞争激烈的市场中取得成功，了解公司解决方案相对于其他方案的竞争优势是很重要的。企业必须非常了解竞争对手的商品策略、商品和特性。收集这类信息的一个卓有成效的方法是竞争商品分析——对竞争对手的商品进行评估，以确定他们的优势、劣势和目前在市场上的地位。现在越来越多的公司，特别是电子商务公司，对利用数据了解顾客如何参与和与不同商品交互的兴趣和需求在增加。这也证明了严密和科学的商品分析可以帮助企业提高顾客参与度和转化率，最终带来更高的利润。

从市场营销的视角，商品分析是为了在激烈的竞争环境中帮助利益相关者做出更明智的决定，并对公司在更广阔的市场前景中所处的位置有更清晰的愿景。商品分析的应用可以体现在如下几个方面。

1. 商品

从竞争商品分析中提取的数据对商品团队来说是一个关键的资源。这种洞察力可以帮助确定商品差距，激发新想法，并推动商品的进一步创新。商品团队必须不断探索竞争对手商品的缺点，从而在提高商品性能的同时保持领先。

2. 销售

销售团队必须充分了解所有竞争对手的商品，以便在潜在顾客中更好地定位自己的商品。可能的情况是，一位潜在顾客正在与多家公司交谈，比较每家公司。想象一下——一位潜在顾客说："我注意到你的竞争对手的商品有一个新功能，可以帮助简化这个流程。你的商品也有这个功能吗?"如果不熟悉这个功能，不能指出自己的商品有何不同，就可能会失去他们的业务。带着对竞争对手商品细微差别的深刻理解参加未来的会议，可能会在销售讨论中产生重大影响。

3. 市场营销

要想成为一名成功的营销人员，重要的是要了解你的公司在竞争激烈的市场中要如何脱颖而出，以及如何与目标受众建立联系。营销人员需要洞察竞争对手的商品，专注于信息、定位和反复出现的趋势。营销人员可以利用来自商品竞争分析的洞察力来开发更强大的沟通语言、营销策略和活动，突出他们的解决方案的竞争优势。

4. 顾客成功

对于顾客团队来说，从竞争商品分析中收集的信息可以帮助他们提高整体商品满意度和顾客保留率。例如，假设顾客提到他们正在寻找另一家公司。此时顾客沟通要做好战略性反应的准备，让公司的顾客管理人员了解所有竞争对手的商品更新、变化和创新，对于成功与顾客对话和保持顾客留存率至关重要。

5. 管理决策

管理团队总是在寻找让公司更成功、更有利可图的方法。虽然公司高管总是比较了解市场环境，但他们并不总是知道竞争对手商品的来龙去脉。向高管提供一份经过汇编的强有力的报告，可以帮助他们在定义和执行长期愿景时，更好地确定公司的下一步行动。

6.1.2 商品分析的目标

商品分析是一种从数据中获取见解的方式，这些数据包括顾客如何参与和与所提供的商品互动，不同的商品表现如何，以及企业中一些可观察到的弱点和优势是什么。然而，商品分析并不仅仅局限于分析数据。商品分析的最终目标是建立可操作的见解和报告，以进一步优化和提高商品性能，并根据商品分析的发现产生新的营销方法或商品想法。

商品分析从跟踪事件开始。这些事件可以是顾客的网站访问、页面浏览、浏览器历史，购买记录，或任何其他顾客可以采取的行动。然后，您可以开始分析和可视化这些事件中任何可观察到的模式，目的是创建可操作的见解或报告。商品分析的一些共同目标有以下几个。

1. 提高顾客和商品留存率

通过分析顾客查看和购买的内容，可以识别出哪些商品是顾客反复购买的，哪些顾客是回头客。另外，也可以确定哪些商品顾客不买，哪些顾客有流失的风险。分析和理解重复购买的商品和回头客的共同属性可以帮助改善顾客保留策略。

2. 识别流行和趋势商品

作为零售企业的营销人员，对流行和趋势商品有良好的了解是很重要的。这些畅销商品是业务主要收入的驱动因素，而且可以给其他商品提供新的销售机会，如交叉销售或捆绑销售。通过商品分析，能够轻松地识别和跟踪这些流行和趋势商品，并利用这些畅销商品生成新的销售策略。

3. 根据顾客和商品的关键属性细分顾客和商品

通过顾客资料和商品数据，可以根据顾客和商品的属性利用商品分析来细分顾客和商品。划分商品数据的一些方法是基于商品的盈利能力、销售量、再订购量和退款数量。有了这些细分，就可以对下一步的目标商品或顾客群体提出可行的方案。

4. 制定具有更高投资回报率的营销策略

商品分析也可以用于分析营销策略的投资回报率。通过分析用于推广某些商品的营销费用及从这些商品中产生的收入，就可以了解什么是有效的，什么是无效的。将商品分析用于营销投资回报率分析可以帮助创建更有效的营销策略。

根据以上讨论的关于商品分析的内容，本章将在下面的练习中讨论如何使用零售业务数据实现一些商品分析目标。下面将讨论如何使用这些数据来分析回访顾客的模式及他们对总体收入的贡献。此外，将介绍如何使用商品分析来分析畅销商品。更具体地说，将讨论如何跟踪流行商品的趋势，然后简单地讨论如何在营销策略中利用这些流行商品数据来推荐商品。

6.2 商品分析实例

6.2.1 数据集概况

在本节中，将讨论如何使用 R 中的 dplyr 和 ggplot2 库进行商品分析。从分析收入、购买数量和重复购买顾客的购买模式的总体时间序列趋势开始这一节，然后分析正在销售的商品的趋势。

实例中的数据集可以在本书提供的教辅资料中找到并下载。数据集名称为 Online Retail.xlsx，它是 Microsoft Excel 格式的数据。该数据集包含了所有发生在 2010 年 12 月 01 日至 2011 年 12 月 09 日之间某跨国礼品公司的在线零售交易。该公司的许多顾客都是批发商。数据集包含的变量如表 6.1 所示。

表 6.1　实验数据集所含变量信息表

列名	名称	说　明
InvoiceNo	发票号码	发票号码。字符串，分配给每笔交易的唯一的 6 位整数。如果此代码以字母“c”开头，则表示取消
StockCode	商品代码	商品（项目）的代码。字符串，分配给每个不同商品的 5 位整数，唯一的独立代码
Description	商品名称	商品（项目）名称。字符串
Quantity	交易数量	每笔交易中每种商品（项目）的数量。数字
InvoiceDate	开票时间	发票日期和时间。表示生成每笔交易的日期和时间
UnitPrice	单价	单价。数字，每单位英镑的商品价格
CustomerID	顾客编号	顾客编号。字符串，分配给每个顾客的 5 位整数的唯一号码
Country	国家	国家的名字。字符串，每个顾客居住的国家的名称

由于数据集文件格式是 Microsoft Excel 格式，因此在 R 环境中需要装载特别的工具包才能读入数据。为了加载 Excel 格式的数据集，我们需要使用 readxl 库，如果 readxl 库没有安装过，可以使用 RStudio 中的 install.packages("readxl")命令来安装它。在 readxl 库中，有一个名为 read_excel 的函数，可以轻松加载 Excel 文件。代码如下：

```
# install.packages("readxl")
library(readxl)


# Load Excel Data
df <- read_excel(
  path="data/Online Retail.xlsx",
  sheet="Online Retail"
)
```

一旦将这些数据加载到一个数据框中，结果如图 6.1 所示。

	InvoiceNo	StockCode	Description	Quantity	InvoiceDate	UnitPrice	CustomerID	Country
1	536365	85123A	WHITE HANGING HEART T-LIGHT HOLDER	6	2010-12-01 08:26:00	2.55	17850	United Kingdom
2	536365	71053	WHITE METAL LANTERN	6	2010-12-01 08:26:00	3.39	17850	United Kingdom
3	536365	84406B	CREAM CUPID HEARTS COAT HANGER	8	2010-12-01 08:26:00	2.75	17850	United Kingdom
4	536365	84029G	KNITTED UNION FLAG HOT WATER BOTTLE	6	2010-12-01 08:26:00	3.39	17850	United Kingdom
5	536365	84029E	RED WOOLLY HOTTIE WHITE HEART.	6	2010-12-01 08:26:00	3.39	17850	United Kingdom
6	536365	22752	SET 7 BABUSHKA NESTING BOXES	2	2010-12-01 08:26:00	7.65	17850	United Kingdom
7	536365	21730	GLASS STAR FROSTED T-LIGHT HOLDER	6	2010-12-01 08:26:00	4.25	17850	United Kingdom
8	536366	22633	HAND WARMER UNION JACK	6	2010-12-01 08:28:00	1.85	17850	United Kingdom
9	536366	22632	HAND WARMER RED POLKA DOT	6	2010-12-01 08:28:00	1.85	17850	United Kingdom
10	536367	84879	ASSORTED COLOUR BIRD ORNAMENT	32	2010-12-01 08:34:00	1.69	13047	United Kingdom
11	536367	22745	POPPY'S PLAYHOUSE BEDROOM	6	2010-12-01 08:34:00	2.10	13047	United Kingdom
12	536367	22748	POPPY'S PLAYHOUSE KITCHEN	6	2010-12-01 08:34:00	2.10	13047	United Kingdom
13	536367	22749	FELTCRAFT PRINCESS CHARLOTTE DOLL	8	2010-12-01 08:34:00	3.75	13047	United Kingdom
14	536367	22310	IVORY KNITTED MUG COSY	6	2010-12-01 08:34:00	1.65	13047	United Kingdom
15	536367	84969	BOX OF 6 ASSORTED COLOUR TEASPOONS	6	2010-12-01 08:34:00	4.25	13047	United Kingdom
16	536367	22623	BOX OF VINTAGE JIGSAW BLOCKS	3	2010-12-01 08:34:00	4.95	13047	United Kingdom
17	536367	22622	BOX OF VINTAGE ALPHABET BLOCKS	2	2010-12-01 08:34:00	9.95	13047	United Kingdom
18	536367	21754	HOME BUILDING BLOCK WORD	3	2010-12-01 08:34:00	5.95	13047	United Kingdom

图 6.1　数据加载到数据框截图

查看数据框 df 可知，国家(Country)的数据类型是字符串，为了便于分析，利用下列代码将其更改为因子类型。

```
df$Country <- factor(df$Country)
```

在进入下一个步骤之前，需要进行一个数据清理步骤。利用 summary 函数快速考察以下整体数据集，代码如下：

```
summary(df)
```

运行结果的截图如图 6.2 所示。我们注意到交易数量（Quantity）和单价（UnitPrice）存在负数，这与通常的情况不符。通过箱线图进行分布的可视化，如图 6.3 所示。

```
> summary(df)
  InvoiceNo           StockCode          Description          Quantity
 Length:541909      Length:541909      Length:541909      Min.   :-80995.00
 Class :character   Class :character   Class :character   1st Qu.:     1.00
 Mode  :character   Mode  :character   Mode  :character   Median :     3.00
                                                          Mean   :     9.55
                                                          3rd Qu.:    10.00
                                                          Max.   : 80995.00

  InvoiceDate                    UnitPrice            CustomerID              Country
 Min.   :2010-12-01 08:26:00   Min.   :-11062.06   Min.   :12346    United Kingdom:495478
 1st Qu.:2011-03-28 11:34:00   1st Qu.:     1.25   1st Qu.:13953    Germany       :  9495
 Median :2011-07-19 17:17:00   Median :     2.08   Median :15152    France        :  8557
 Mean   :2011-07-04 13:34:57   Mean   :     4.61   Mean   :15288    EIRE          :  8196
 3rd Qu.:2011-10-19 11:27:00   3rd Qu.:     4.13   3rd Qu.:16791    Spain         :  2533
 Max.   :2011-12-09 12:50:00   Max.   : 38970.00   Max.   :18287    Netherlands   :  2371
                                                   NA's   :135080   (Other)       : 15279
```

图 6.2 数据集概况截图

```
ggplot(df, aes(x=Quantity, y="")) +
  geom_boxplot(outlier.shape = NA) +
  xlim(c(-15, 25))+
  ylab("All Records") +
  xlab("Order Quantity")
```

以上代码是使用 geom_boxplot（箱线图）可视化 Quantity 列的分布。运行结果如图 6.3 所示。

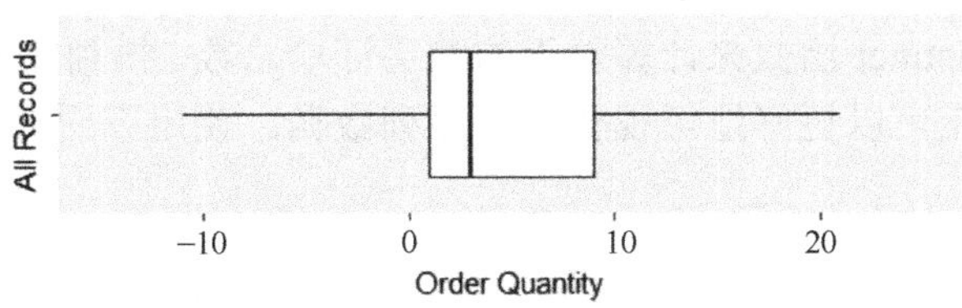

图 6.3 Quantity 列数据分布箱线图

从图 6.3 中可以看出，有些订单是负的。这是因为在数据集的 Quantity 列中，已取消或退款的订单以负数记录。为了说明本练习的目的，将忽略已取消的订单。可以使用以下代码过滤掉数据框中所有取消的订单：

```
# filter out orders with negative quantity (cancel orders)
df <- df[which(df$Quantity > 0),]
```

下面，将进一步分析并深入研究数据。

6.2.2 趋势分析

在查看商品数据之前，作为营销人员，更好地了解收入和订单或购买数量的总体时间序列趋势将是有益的。这将帮助营销人员了解业务在总收入和订单数量方面是在增长还是在萎缩。

随时间的趋势分析常常要依据日期类型的数据。在 R 中，Lubridate 包提供了分析和操作日期的简单工具。如果还没有安装这个库，可以使用 install.packages("lubridate")命令安装它。

```
install.packages("lubridate")
```

1. 订单趋势

下面，首先研究一下随时间推移的订单数量。看看下面的代码：

```
# load library
library(dplyr)
library(ggplot2)
library(lubridate)


# by day
ts_Invoices_by_day <- df %>%
  group_by(InvoiceDate=floor_date(InvoiceDate, "day")) %>%
  summarise(NumOrders=n_distinct(InvoiceNo))
```

在这段代码中，首先使用 group_by 函数按天对数据进行分组。为了按天分组，在 lubridate 库中使用 floor_date 函数与参数"day"。floor_date 函数只是将日期按所提供的单位四舍五入。在本例中，将 InvoiceDate 列舍入到每天的零点钟。然后，对于每天，通过使用 InvoiceNo 列上的 n_distinct 函数来计算每天的购买订单总数。得到的数据框如图 6.4 所示。

通常，使用折线图可以更好地可视化时间序列数据。使用下面的代码可以将每天的数据可视化为折线图。

```
ggplot(ts_Invoices_by_day, aes(x=InvoiceDate, y=NumOrders)) +
  geom_line()+
  ylab("number of orders") +
  xlab("date") +
  ggtitle("Number of Orders over Time (by day)") +
```

```
theme(plot.title=element_text(hjust=0.5))
```

	InvoiceDate	NumOrders
1	2010-12-01	136
2	2010-12-02	143
3	2010-12-03	73
4	2010-12-05	88
5	2010-12-06	108
6	2010-12-07	85
7	2010-12-08	123
8	2010-12-09	132
9	2010-12-10	81
10	2010-12-12	44
11	2010-12-13	70
12	2010-12-14	92
13	2010-12-15	74
14	2010-12-16	121
15	2010-12-17	67
16	2010-12-19	23

图 6.4　按天分组后的订单数

在这段代码中，使用 ggplot2 库中的 ggplot 函数和 geom_line 函数来实现用折现图显示数据。如图 6.5 所示。

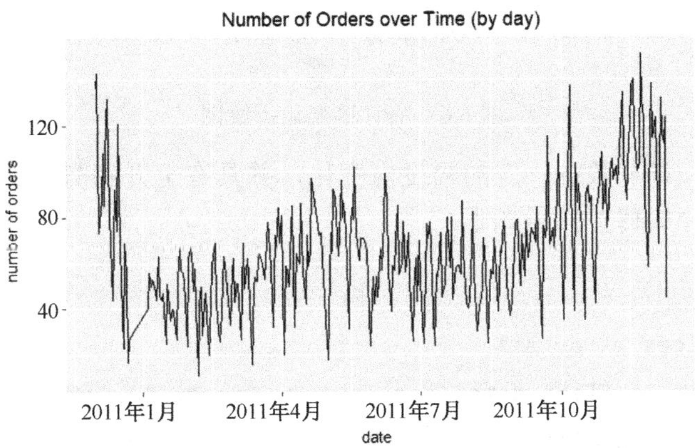

图 6.5　日订单变化折线图

由图 6.5 发现，每天的订单数呈现一定的周期，并且具有随时间逐步提升的趋势。为了消除周期性的影响，下面按周（week）进行统计。具体代码如下：

```
# by week
ts_Invoices_by_week <- df %>%
  group_by(InvoiceDate=floor_date(InvoiceDate, "week")) %>%
  summarise(NumOrders=n_distinct(InvoiceNo))

ggplot(ts_Invoices_by_week, aes(x=InvoiceDate, y=NumOrders)) +
  geom_line()+
```

```
  ylab("number of orders") +
  xlab("date") +
  ggtitle("Number of Orders over Time (by week)") +
  theme(plot.title=element_text(hjust=0.5))
```

同样，在这段代码中，首先使用 group_by 函数按周对数据进行分组。为了按周分组，在 lubridat 库中使用了 floor_date 函数与 week 参数。然后，通过使用 InvoiceNo 列上的 n_distinct 函数来计算每周购买订单的数量。最后，使用折线图可视化这个时间序列数据，如图 6.6 所示。

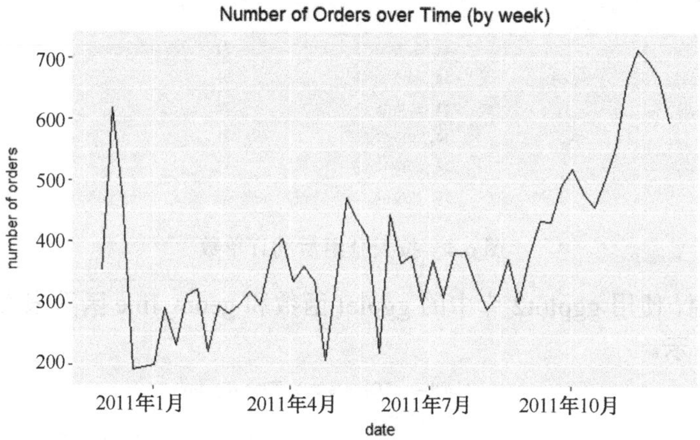

图 6.6　周订单变化折线图

由图 6.6 可知，订单数在一定的幅度内变化，并具有上升趋势。下面进一步按月进行统计分析，结果又会如何？代码如下：

```
# by month
timeSeriesNumInvoices <- df %>%
  group_by(InvoiceDate=floor_date(InvoiceDate, "month")) %>%
  summarise(NumOrders=n_distinct(InvoiceNo))

ggplot(timeSeriesNumInvoices, aes(x=InvoiceDate, y=NumOrders)) +
  geom_line()+
  ylim(c(0, max(timeSeriesNumInvoices$NumOrders) + 100)) +
  ylab("number of orders") +
  xlab("date") +
  ggtitle("Number of Orders over Time") +
  theme(plot.title=element_text(hjust=0.5))
```

在这段代码中，使用 floor_date 函数和 group_by 函数按月对数据进行分组。floor_date 函数只是将日期按所提供的单位四舍五入。在本范例中，将 InvoiceDate 列舍入到每月的第一天。然后，对于每个月，通过使用 InvoiceNo 列上的 n_distinct 函数来计算购买订单的数量。得到的数据框如图 6.7 所示。

将月度数据可视化为折线图，输出结果如图 6.8 所示。

	InvoiceDate	NumOrders
1	2010-12-01	1629
2	2011-01-01	1120
3	2011-02-01	1126
4	2011-03-01	1531
5	2011-04-01	1318
6	2011-05-01	1731
7	2011-06-01	1576
8	2011-07-01	1540
9	2011-08-01	1409
10	2011-09-01	1896
11	2011-10-01	2129
12	2011-11-01	2884
13	2011-12-01	839

图 6.7 按月分组后的订单数

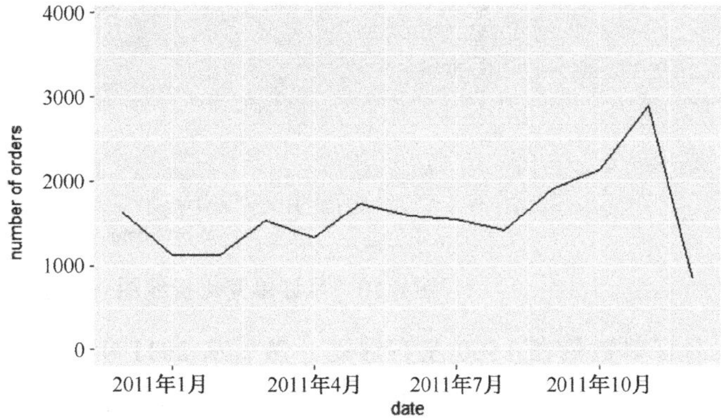

图 6.8 月订单变化折线图

从图 6.8 发现，2011 年 12 月的订单数量突然大幅下降。仔细观察数据，是因为没有 2011 年 12 月的完整数据，可以使用以下代码来验证：

```
# Invoice Data in December 2011
summary(df[which(df$InvoiceDate >= as.Date("2011-12-01")),"InvoiceDate"])
```

在这段代码中，得到了 2011 年 12 月 1 日起所有发票日期的概要，如图 6.9 所示。

```
> summary(df[which(df$InvoiceDate >= as.Date("2011-12-01")),"InvoiceDate"])
  InvoiceDate
 Min.   :2011-12-01 08:33:00
 1st Qu.:2011-12-04 12:32:00
 Median :2011-12-05 17:28:00
 Mean   :2011-12-05 20:37:49
 3rd Qu.:2011-12-08 09:20:00
 Max.   :2011-12-09 12:50:00
```

图 6.9 12 月份所有发票日期概要

从输出结果中可以看到，数据集中只有 2011 年 12 月 1 日到 12 月 9 日的数据。因为不能从已有的数据集获得本月的全貌，所以，如果使用这些数据来分析 12 月份的销售和收入，将是一个错误的描述。为了进一步分析，将不考虑 2011 年 12 月 1 日以后的任何数据。使用以下代码来删除这些数据点：

```
# remove invoices in December 2011
df <- df[which(df$InvoiceDate < as.Date("2011-12-01")),]
```

删除 2011 年 12 月的不完整数据后，我们可以使用之前的代码重新绘制折线图，折线图如图 6.10 所示。

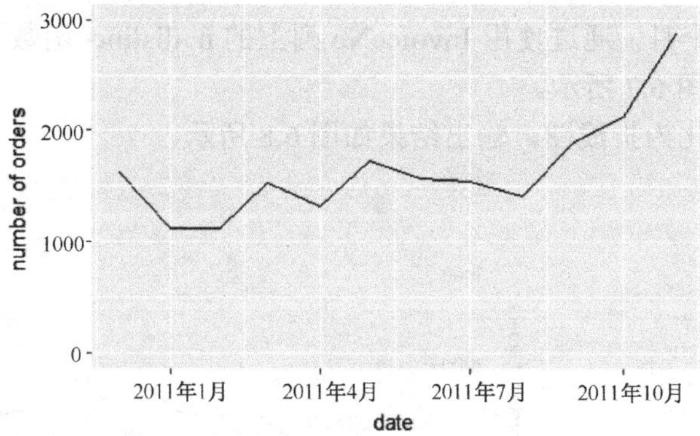

图 6.10　月订单变化折线图——删除 12 月数据

月订单数量在 1500 左右浮动，然后从 2011 年 9 月大幅增加，到 2011 年 11 月几乎翻了一番。一种解释可能是，该业务实际上从 2011 年 9 月开始显著增长；另一种解释可能是季节性影响。在电子商务领域，临近年底的时候，销售出现峰值并不罕见。通常情况下，许多电子商务企业从 10 月到 1 月的销售额会大幅增长。由于没有上年的数据，很难断定销售额的激增是因为业务增长还是受季节性影响。在分析数据时，我们建议您将当年的数据与上年的数据进行比较。

2. 营收趋势

与每月的订单数量类似，让我们快速看一下每月的收入数据。看看下面的代码：

```
df$Sales <- df$Quantity * df$UnitPrice


timeSeriesRevenue <- df %>%
  group_by(InvoiceDate=floor_date(InvoiceDate, "month")) %>%
  summarise(Sales=sum(Sales))
```

在这段代码中，首先是计算每个订单的总销售额，即单价乘以数量。一旦计算并创建了 Sales 列，就可以使用 group_by 函数和 floor_date 函数将数据分组到月度销售数据中。在汇总函数中使用 sum 函数，可以得到月度销售收入数据，如图 6.11 所示。

	InvoiceDate	Sales
1	2010-12-01	823746.1
2	2011-01-01	691364.6
3	2011-02-01	523631.9
4	2011-03-01	717639.4
5	2011-04-01	537808.6
6	2011-05-01	770536.0
7	2011-06-01	761739.9
8	2011-07-01	719221.2
9	2011-08-01	737014.3
10	2011-09-01	1058590.2
11	2011-10-01	1154979.3
12	2011-11-01	1509496.3

图 6.11　月度销售收入数据

可以使用以下代码将这些数据可视化为折线图：

```
ggplot(timeSeriesRevenue, aes(x=InvoiceDate, y=Sales)) +
  geom_line() +
  ylim(c(0, max(timeSeriesRevenue$Sales) + 10000)) +
  ylab("sales") +
  xlab("date")
```

可以使用 geom_line 函数来构建折线图。月度销售收入数据的折线图如图 6.12 所示。

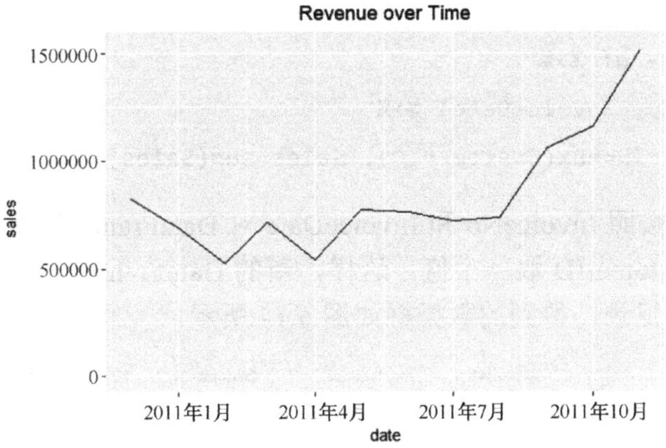

图 6.12　月度销售收入数据折线图

在这张月度销售收入折线图中看到了与之前的月度订单数量折线图相似的模式。从2010 年 12 月到 2011 年 8 月，该公司的月营收在 70 万元左右，然后从 2011 年 9 月开始大幅增长。如前所述，为了验证销售和收入的显著增长究竟是由于业务增长还是由于季节性影响，需要进一步回顾销售历史，并将当前年度的销售与前一年的销售进行比较。

这类一般和广泛的时间序列分析可以帮助营销人员更好地了解业务的整体表现，并识别业务中可能发生的任何潜在问题。从更广泛的分析开始，然后深入到业务中更具体的部分进行进一步的商品分析，通常是一个好办法。

3. 回头客

成功企业的另一个重要因素是留住顾客，拥有众多重复购买的顾客，也就是我们平常所说的回头客。在本节中，我们将分析每月重复购买的数量，以及每月收入中有多少来自这些重复购买的顾客。一个业务稳定的企业要有来自现有顾客的稳定的销售流。让我们看下有多少销售量来自目前正在分析的在线零售业务的现有顾客的重复购买。

分析将着眼于每月重复购买的数量。这意味着顾客在一个月内下了不止一个订单。快速浏览一下拥有的数据，如图 6.13 所示。

	InvoiceNo	StockCode	Description	Quantity	InvoiceDate	UnitPrice	CustomerID	Country	Sales
1	536365	85123A	WHITE HANGING HEART T-LIGHT HOLDER	6	2010-12-01 08:26:00	2.55	17850	United Kingdom	15.30
2	536365	71053	WHITE METAL LANTERN	6	2010-12-01 08:26:00	3.39	17850	United Kingdom	20.34
3	536365	84406B	CREAM CUPID HEARTS COAT HANGER	8	2010-12-01 08:26:00	2.75	17850	United Kingdom	22.00
4	536365	84029G	KNITTED UNION FLAG HOT WATER BOTTLE	6	2010-12-01 08:26:00	3.39	17850	United Kingdom	20.34
5	536365	84029E	RED WOOLLY HOTTIE WHITE HEART.	6	2010-12-01 08:26:00	3.39	17850	United Kingdom	20.34
6	536365	22752	SET 7 BABUSHKA NESTING BOXES	2	2010-12-01 08:26:00	7.65	17850	United Kingdom	15.30
7	536365	21730	GLASS STAR FROSTED T-LIGHT HOLDER	6	2010-12-01 08:26:00	4.25	17850	United Kingdom	25.50
8	536366	22633	HAND WARMER UNION JACK	6	2010-12-01 08:28:00	1.85	17850	United Kingdom	11.10
9	536366	22632	HAND WARMER RED POLKA DOT	6	2010-12-01 08:28:00	1.85	17850	United Kingdom	11.10
10	536367	84879	ASSORTED COLOUR BIRD ORNAMENT	32	2010-12-01 08:34:00	1.69	13047	United Kingdom	54.08

图 6.13　实验数据集截图

从这个数据快照中可以明显看到，一个购买订单（InvoiceNo）有多个记录。然而，分析需要的是每个订单的聚合数据，使得数据框中的一条记录表示一个采购订单。可以使用以下代码来聚合每个购买订单的原始数据。

```
invoiceCustomerDF <- df %>%
  group_by(InvoiceNo, InvoiceDate) %>%
  summarise(CustomerID=max(CustomerID), Sales=sum(Sales))
```

在这段代码中，按照 InvoiceNo 和 InvoiceDate 对 DataFrame df 进行分组，并汇总所有的 Sales，同时为 CustomerID 取一个值。这样，新的 DataFrame invoiceCustomerDf 对于每个购买订单都有一条记录。得到的数据框如图 6.14 所示。

	InvoiceNo	InvoiceDate	CustomerID	Sales
1	536365	2010-12-01 08:26:00	17850	139.12
2	536366	2010-12-01 08:28:00	17850	22.20
3	536367	2010-12-01 08:34:00	13047	278.73
4	536368	2010-12-01 08:34:00	13047	70.05
5	536369	2010-12-01 08:35:00	13047	17.85
6	536370	2010-12-01 08:45:00	12583	855.86
7	536371	2010-12-01 09:00:00	13748	204.00
8	536372	2010-12-01 09:01:00	17850	22.20
9	536373	2010-12-01 09:02:00	17850	259.86
10	536374	2010-12-01 09:09:00	15100	350.40
11	536375	2010-12-01 09:32:00	17850	259.86
12	536376	2010-12-01 09:32:00	15291	328.80
13	536377	2010-12-01 09:34:00	17850	22.20
14	536378	2010-12-01 09:37:00	14688	444.98
15	536380	2010-12-01 09:41:00	17809	34.80
16	536381	2010-12-01 09:41:00	15311	449.98

图 6.14 聚合后的订单数据截图

如图 6.14 所示，数据框中的每条记录都代表了每个订单所需的所有信息。现在，需要汇总每个月的这些数据，并计算对应的一个月中进行了不止一次购买的顾客数量。看看下面的代码：

```
timeSeriesCustomerDF <- invoiceCustomerDF %>%
  group_by(InvoiceDate=floor_date(InvoiceDate, "month"), CustomerID) %>%
  summarise(Count=n_distinct(InvoiceNo), Sales=sum(Sales))
```

与上一节类似，我们使用 group_by 和 floor_date 函数将数据汇总到每个月。仍然按 CustomerID 进行分组，这样就可以计算每个顾客每个月带来了多少订单和多少销售量。这个数据现在看起来如图 6.15 所示。

现在，为了获得重复顾客的数量，需要做的就是过滤掉在该数据的 Count 列中只有 1 的顾客。执行此操作的代码如下所示：

```
repeatCustomers <- na.omit(timeSeriesCustomerDF[which(timeSeriesCustomerDF$Count >
1),])
```

	InvoiceDate	CustomerID	Count	Sales
1	2010-12-01	12347	1	711.79
2	2010-12-01	12348	1	892.80
3	2010-12-01	12370	2	1868.02
4	2010-12-01	12377	1	1001.52
5	2010-12-01	12383	1	600.72
6	2010-12-01	12386	1	258.90
7	2010-12-01	12395	2	679.92
8	2010-12-01	12417	1	291.34
9	2010-12-01	12423	1	237.93
10	2010-12-01	12427	1	303.50
11	2010-12-01	12429	1	1281.50
12	2010-12-01	12431	2	773.95
13	2010-12-01	12433	2	3787.12
14	2010-12-01	12441	1	173.55
15	2010-12-01	12471	4	3874.36
16	2010-12-01	12472	1	1631.30

图 6.15　按顾客汇总月度订单和销售量

新创建的 DataFrame reapeatCustomers 现在包含了每个月进行超过一次购买的所有顾客。为了得到每月累计的购买的顾客数量，我们将运行以下代码：

```
timeSeriesRepeatCustomers <- repeatCustomers %>%
  group_by(InvoiceDate) %>%
  summarise(Count=n_distinct(CustomerID), Sales=sum(Sales))
```

以上代码，首先按照 InvoiceDate 中的月进行分组（这里采用 floor_date 函数将日期向下舍入到每个月的第一天的日期，并以此来表达这个月的窗口期），然后计算顾客的数量，并将总销售额相加。结果如图 6.16 所示。

	InvoiceDate	Count	Sales
1	2010-12-01	263	359170.6
2	2011-01-01	149	219339.8
3	2011-02-01	150	190084.8
4	2011-03-01	201	266773.7
5	2011-04-01	168	194860.1
6	2011-05-01	279	377802.3
7	2011-06-01	219	376084.2
8	2011-07-01	227	317475.0
9	2011-08-01	196	316278.3
10	2011-09-01	271	496818.5
11	2011-10-01	323	573221.8
12	2011-11-01	540	713522.2

图 6.16　月度重复购买顾客数量及对应销售额

现在将这些重复购买的顾客的数量与每月的顾客总数进行比较。可以使用以下代码计算每月顾客总数：

```
# Unique Customers
timeSeriesUniqCustomers <- df %>%
  group_by(InvoiceDate=floor_date(InvoiceDate, "month")) %>%
  summarise(Count=n_distinct(CustomerID))
```

结果如图 6.17 所示。

	InvoiceDate	Count
1	2010-12-01	886
2	2011-01-01	742
3	2011-02-01	759
4	2011-03-01	975
5	2011-04-01	857
6	2011-05-01	1057
7	2011-06-01	992
8	2011-07-01	950
9	2011-08-01	936
10	2011-09-01	1267
11	2011-10-01	1365
12	2011-11-01	1666

图 6.17　月度顾客总数

最后，分析回头客在每月收入中所占的百分比。看看下面的代码：

```
timeSeriesRepeatCustomers$Perc <- timeSeriesRepeatCustomers$Sales /
  timeSeriesRevenue$Sales*100.0
timeSeriesRepeatCustomers$Total <- timeSeriesUniqCustomers$Count
```

在这段代码中，将 timeSeriesRepeatCustomers DataFrame 中的 Sales 列划分为在前一节中创建的 timeSeriesRevenue DataFrame 中的 Sales 列。然后，将每月顾客的数量添加到 timeSeriesRepeatCustomers DataFrame 数据框的新列 Total 中。

让我们在一个图中可视化所有这些数据，使用以下代码：

```
ggplot(timeSeriesRepeatCustomers) +
  geom_line(aes(x=InvoiceDate, y=Total), stat="identity", color="navy") +
  geom_line(aes(x=InvoiceDate, y=Count), stat="identity", color="orange") +
  geom_bar(aes(x=InvoiceDate, y=Perc*20), stat="identity", fill='gray', alpha=0.5)
+
  scale_y_continuous(sec.axis = sec_axis(~./20, name="Percentage (%)")) +
  ggtitle("Number of Unique vs. Repeat & Revenue from Repeat Customers") +
  theme(plot.title=element_text(hjust=0.5))
```

在这段代码中，使用 ggplot2 库中的 geom_line 和 geom_bar 函数创建了两个折线图和一个条状图。第一个折线图表示每月顾客总数 total，将用海军蓝颜色绘制。第二个折线图是每月重复顾客的数量 Count，它将用橙色绘制。最后，用浅蓝色绘制了回头客收入百分比的条状图，即 Perc。这里需要注意的是次 y 轴的比例因子 20。sec_axis 函数定义了次 y 轴的比例公式。在这里，我们使用“~./20”，表示次 y 轴的取值范围为 0 到最大值的 1/20。由于我们将次 y 轴缩小了 20 倍，因此将在 geom_bar 函数中将这个数字乘以 Perc，以使数据的比例与次 y 轴的范围相匹配。结果如图 6.18 所示。

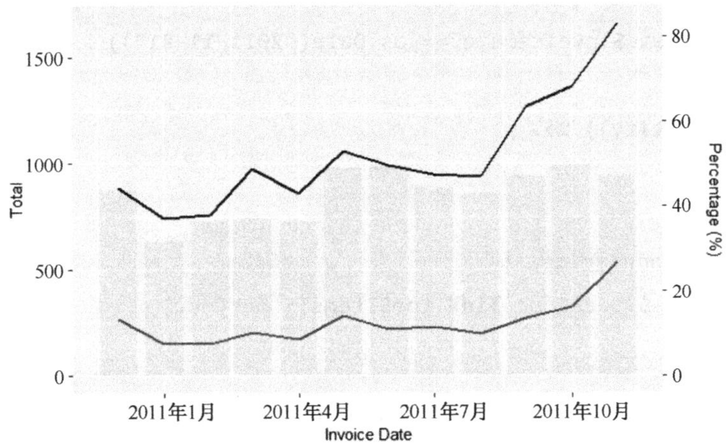

图 6.18　顾客总数、重复顾客数及回头客收入百分比月趋势图

在这个图中我们看到三个情节：蓝色的线代表每月顾客的总数，红色的线代表每月回头客的数量，淡蓝的条状图代表回头客的收入占总收入的百分比。从这个图中可以看到，标记为 Percentage(%)的次 y 轴的范围是主 y 轴 0 到最大值的 1/20，标记为 Total，这与比例因子 20 相匹配。

下面仔细分析图 6.18。从 2011 年 9 月开始，月顾客数量和回头客数量似乎都呈上升趋势，回头客约占月顾客总数的 20%～30%。然而，如果看看回头客的收入百分比，你会发现大约有 40%～50%的收入来自回头客。换句话说，大约有一半的收入是由 20%～30%的回头客带来的。即这一在线零售业务的很大一部分收入来自回头客，该业务明显受益于来自回头客的稳定收入流。这表明留住现有顾客是多么重要。作为一名营销人员，重要的是要记住如何留住现有顾客，建立回头客基础。

4. 畅销商品的趋势

到目前为止，我们已经分析了整个时间序列模式及顾客如何参与整个业务，但没有分析顾客如何参与单个商品。在本节中，我们将探索和分析顾客如何与销售的单个商品交互。更具体地说，我们将着眼于前五名畅销商品的发展趋势。

分析时间序列趋势项的第一个任务是计算每个时期每个商品售出的数量。看看下面的代码：

```
popularItems <- df %>%
  group_by(InvoiceDate=floor_date(InvoiceDate, "month"), StockCode) %>%
  summarise(Quantity=sum(Quantity))
```

在这段代码中，按月和 StockCode 对数据进行分组，StockCode 是每个商品的唯一代码。然后，用总结函数（sumarise）中的求和函数（sum）将给定月份的售出商品的数量（Quantity）

按商品相加。

因为只对前 5 种畅销商品感兴趣，所以需要从这个数据框 popularItems 中再选择前 5 种商品。看看下面的代码：

```
top5Items <- popularItems[
    which(popularItems$InvoiceDate == as.Date("2011-11-01")),
  ] %>%
  arrange(desc(Quantity)) %>%
  head(5)

timeSeriesTop5 <- popularItems[
  which(popularItems$StockCode %in% top5Items$StockCode),
]
```

在这里，首先将 2011 年 11 月售出的商品数量（Quantity）按降序对商品进行排序。使用 which 函数，可以从 2011 年 11 月的 popularItems 中选择数据，然后使用 arrange 函数，可以按我们想要的列 Quantity 对数据进行排序。通过在 arrange 函数中使用 desc，可以对数据进行降序排序。最后，用 head 函数来做前五项。新创建的变量 top5Items 现在拥有 2011 年 11 月前五种的畅销商品。我们需要做的最后一件事是检索这五种商品的时间序列数据。通过使用 which 函数和"%in%"操作符，可以用 top5Items 中的 StockCode 来选择这些商品的数据。

为了可视化这五种商品的时间序列趋势，可以使用以下代码：

```
ggplot(timeSeriesTop5, aes(x=InvoiceDate, y=Quantity, color=StockCode)) +
  geom_line() +
  ylab("number of purchases") +
  xlab("date") +
  ggtitle("Top 5 Popular Items over Time") +
  theme(plot.title=element_text(hjust=0.5))
```

可视化输出结果如图 6.19 所示。

仔细分析这个时间序列图。这五种商品在 2011 年 11 月销量猛增，特别是商品代码为 84826 的商品，从 2011 年 2 月到 2011 年 10 月，销量接近于 0。然后，它在 2011 年 11 月突然飙升。有必要进一步研究是什么导致了这一峰值。这可能是一件对季节性非常敏感的商品，在 11 月变得非常流行，也可能是流行趋势发生了真正的变化，导致这种商品比以前更受欢迎。

排名前五的其他商品的销量，22086、22197、23084 和 85099B，似乎都是在 2011 年 11 月之前的几个月里积累起来的。作为一名营销人员，也有必要仔细研究这些商品的畅销背后的潜在驱动因素及它们越来越受欢迎的趋势。可以进一步观察这些商品在寒冷的季节是否更受欢迎，或者这些特定的商品在市场上是否有增长的趋势。

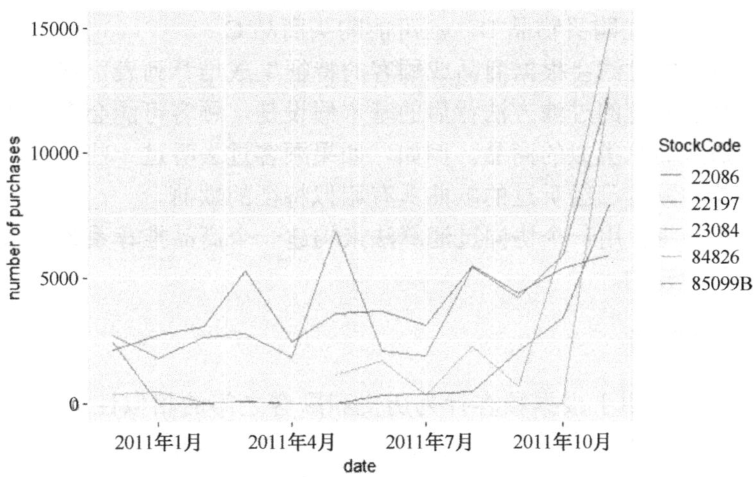

图 6.19　最畅销五款商品的月销量趋势图

分析商品流行的趋势和变化，不仅可以帮助营销人员了解顾客喜欢什么和购买什么最多，还可以帮助定制营销信息。例如，营销人员可以在营销邮件、电话或广告中推荐这些日益流行的商品，以提高顾客的参与度。当顾客对这些商品更感兴趣，更有可能购买这些商品时，企业可能会从顾客那里获得更高的营销参与度。当用这些趋势商品瞄准顾客时，营销人员可能最终获得更高的转换率。

6.3　商品推荐实现

6.3.1　商品推荐系统

商品推荐系统的目标是预测和汇编顾客可能购买的商品列表。近年来，推荐系统得到了广泛的应用，并针对各种业务进行了开发和实现。例如，电子商务公司阿里巴巴旗下的天猫平台根据顾客的搜索推荐相关商品。音乐流媒体服务 Pandora 利用推荐系统为听众推荐音乐。亚马逊平台利用推荐系统来预测并显示顾客可能购买的商品列表。媒体服务提供商 Netflix 使用推荐系统向个人顾客推荐他们可能会看的电影或电视节目。推荐系统的使用还不止于此。它还可以用于向顾客推荐相关文章、新闻或书籍。推荐系统具有广泛应用的潜力，在许多业务中发挥着关键作用，特别是在电子商务和媒体业务中，因为它直接影响销售收入和顾客参与。

通常有两种方法可以产生一份推荐清单。

① 基于顾客的协同过滤。

② 基于内容的协同过滤。

基于顾客的协同过滤有时简称为协同过滤算法。它把顾客之前的行为，比如他们浏览的页面、购买的商品或他们对不同商品的评级等作为基础数据。然后，协作过滤方法使用这些数据来发现顾客或商品之间的相似性，并向顾客推荐最相似的商品。协同过滤方法背后的基本假设是过去看过或购买过类似内容或商品的人，将来很可能会浏览或购买类似类型的内容或商品。例如，如果在购买历史中，顾客甲购买过物品 A、B、C，顾客乙购买过物品 B 和 D，那么甲可能购买物品 D，乙可能购买商品 C。

另外，基于内容的过滤会根据商品或顾客的特征生成推荐列表。它通常查看描述商品特征的关键字。基于内容的过滤方法背后的基本假设是，顾客可能会查看或购买与他们过去购买或查看的那些商品类似的商品。例如，如果顾客过去听过一些歌曲，那么基于内容的过滤方法将推荐与顾客已经听过的歌曲具有相似特征的歌曲。

在本章中，我们将使用一个协同过滤算法来构建一个商品推荐系统，以进一步详解协作过滤算法是如何构建的。

6.3.2 协同过滤算法

协同过滤算法可以用于根据顾客行为历史和顾客之间的相似性来推荐商品。协同过滤算法包括协同和过滤两个步骤。所谓协同，就是集成顾客群体的行为，考察群体的协同状态，并以此作为推荐决策的基础。通过群体的协同作用，群体顾客的购物偏好或需求会逐步进化到更符合顾客选择的状态。对于推荐系统来说，通过顾客的持续协同作用，最终给顾客的推荐会越来越准。第二个步骤是过滤。过滤就是从第一步获得的协同状态（即可行的有一定依据的推荐方案）中将顾客喜欢的方案提取出来。由于第一步获得的推荐方案非常多，因此这种寻找最佳方案的过程称为过滤。

具体来说，协同过滤的思路是通过群体的行为来找到某种相似性（顾客之间的相似性或者标的物之间的相似性），然后通过该相似性来为顾客做决策和推荐。商品推荐系统实现协同过滤算法的第一步是构建顾客—商品矩阵。顾客—商品矩阵由行中的单个顾客和列中的单个商品组成，如表 6.2 所示。

表 6.2　顾客—商品矩阵

顾客	商品				
	A	B	C	D	E
1	0	1	0	1	0
2	1	1	1	0	1
3	0	0	1	0	0
4	1	0	1	0	1
5	0	1	0	0	1

矩阵中的行表示每个顾客，列表示每个商品。每个单元格中的值表示给定顾客是否购买了给定的商品。例如，顾客 1 购买了商品 B 和 D，顾客 2 购买了商品 A、B、C 和 E。为了构建一个基于协同过滤的商品推荐系统，需要首先构建这种类型的顾客—商品矩阵。下一节会通过一个示例更详细地讨论如何在 R 环境中构建这样的矩阵。

有了顾客—商品矩阵，构建基于协同过滤的商品推荐系统的下一步就是计算顾客之间的相似度。余弦相似度是测量相似度的常用方法。两个顾客之间余弦相似度的计算公式如下：

$$\cos(U_1,U_2)=\frac{\sum_{i=1}^{n}P_{1i}P_{2i}}{\sqrt{\sum_{i=1}^{n}P_{1i}^2\sum_{i=1}^{n}P_{2i}^2}}$$

在这个等式中，U_1 和 U_2 代表顾客 1 和顾客 2。P_{1i} 和 P_{2i} 表示顾客 1 和顾客 2 购买的每

个商品 i。由此方程计算得出，顾客 1 和顾客 2 之间的余弦相似度为 0.353 553，顾客 2 和顾客 4 之间的余弦相似度为 0.866 025。余弦相似度越大，两个顾客就越相似。因此，在此示例中，顾客 2 和顾客 4 比顾客 1 和顾客 2 更相似。在下面的实例练习部分，将讨论如何计算使用 R 的顾客之间的余弦相似性。

最后，当使用商品推荐的协同过滤算法时，有两种方法可以采用——基于顾客的方法和基于商品的方法。顾名思义，基于顾客的协同过滤算法使用顾客之间的相似性，基于物品的协同过滤算法利用物品之间的相似性。这意味着，当我们在基于顾客的协同过滤算法中计算两个顾客之间的相似性时，需要构建并使用顾客—商品矩阵。然而，对于基于商品的算法，我们需要计算两个商品之间的相似性，需要构建和使用商品—顾客矩阵，可以通过简单地转置顾客—商品矩阵来获得这个矩阵。在接下来的实例练习部分，将更详细地讨论这两种算法之间的区别，以及如何使用 R 基于这两种算法构建推荐系统。

6.3.3 商品推荐实例

在本节中，将讨论如何使用 R 构建商品推荐系统。更具体地说，将学习如何使用 dplyr、reshape2 和 coop 包在 R 中实现协同过滤算法。下面首先分析一些电子商务业务数据，然后讨论构建协同过滤商品推荐系统的两种方法。

在这个练习中，将延续运用在商品分析实例中使用的数据集。使用 readxl 包中的 read_excel 函数来加载 Excel 文件中的数据。我们将数据的路径提供给参数路径，将 Excel 电子表格的名称提供给参数表。在这些数据加载到一个数据框中之后，将 Country 转换为因子型变量，然后删除在 Quantity 列中有一些负数的记录，因为这是已取消的订单。具体使用的 R 代码如下：

```
# clear environment variables
rm(list = ls())

# setting chapter 4 working directory
setwd("C:/BigDataMarketing/CH06")

library(dplyr)
library(readxl)

#### 1. Load Data ####
df <- read_excel(
  path="data/Online Retail.xlsx",
  sheet="Online Retail"
)
# convert Country to factor
df$Country <- factor(df$Country)
# filter out orders with negative quantity (cancel orders)
```

```
df <- df[which(df$Quantity > 0),]
# check data type and summarize data
head(df)
str(df)
summary(df)
```

运行代码的结果截图如图 6.20 所示。

```
> head(df)
# A tibble: 6 x 8
  InvoiceNo StockCode Description                         Quantity InvoiceDate         UnitPrice CustomerID Country
  <chr>     <chr>     <chr>                                  <dbl> <dttm>                  <dbl>      <dbl> <fct>
1 536365    85123A    WHITE HANGING HEART T-LIGHT HOL~           6 2010-12-01 08:26:00      2.55      17850 United Kingd~
2 536365    71053     WHITE METAL LANTERN                        6 2010-12-01 08:26:00      3.39      17850 United Kingd~
3 536365    84406B    CREAM CUPID HEARTS COAT HANGER             8 2010-12-01 08:26:00      2.75      17850 United Kingd~
4 536365    84029G    KNITTED UNION FLAG HOT WATER BO~           6 2010-12-01 08:26:00      3.39      17850 United Kingd~
5 536365    84029E    RED WOOLLY HOTTIE WHITE HEART.             6 2010-12-01 08:26:00      3.39      17850 United Kingd~
6 536365    22752     SET 7 BABUSHKA NESTING BOXES               2 2010-12-01 08:26:00      7.65      17850 United Kingd~
> str(df)
tibble[,8] [531,285 x 8] (S3: tbl_df/tbl/data.frame)
 $ InvoiceNo  : chr [1:531285] "536365" "536365" "536365" "536365" ...
 $ StockCode  : chr [1:531285] "85123A" "71053" "84406B" "84029G" ...
 $ Description: chr [1:531285] "WHITE HANGING HEART T-LIGHT HOLDER" "WHITE METAL LANTERN" "CREAM CUPID HEARTS COAT HANGE
R" "KNITTED UNION FLAG HOT WATER BOTTLE" ...
 $ Quantity   : num [1:531285] 6 6 8 6 6 2 6 6 6 32 ...
 $ InvoiceDate: POSIXct[1:531285], format: "2010-12-01 08:26:00" "2010-12-01 08:26:00" "2010-12-01 08:26:00" "2010-12-01
 08:26:00" ...
 $ UnitPrice  : num [1:531285] 2.55 3.39 2.75 3.39 3.39 7.65 4.25 1.85 1.85 1.69 ...
 $ CustomerID : num [1:531285] 17850 17850 17850 17850 17850 ...
 $ Country    : Factor w/ 38 levels "Australia","Austria",..: 36 36 36 36 36 36 36 36 36 36 ...
> summary(df)
  InvoiceNo          StockCode          Description           Quantity          InvoiceDate
 Length:531285      Length:531285      Length:531285      Min.   :    1.00   Min.   :2010-12-01 08:26:00
 Class :character   Class :character   Class :character   1st Qu.:    1.00   1st Qu.:2011-03-28 11:59:00
 Mode  :character   Mode  :character   Mode  :character   Median :    3.00   Median :2011-07-20 12:01:00
                                                          Mean   :   10.66   Mean   :2011-07-04 18:15:45
                                                          3rd Qu.:   10.00   3rd Qu.:2011-10-19 12:35:00
                                                          Max.   :80995.00   Max.   :2011-12-09 12:50:00

   UnitPrice           CustomerID               Country
 Min.   :-11062.060   Min.   :12346   United Kingdom:486286
 1st Qu.:     1.250   1st Qu.:13969   Germany       :  9042
 Median :     2.080   Median :15159   France        :  8408
 Mean   :     3.857   Mean   :15294   EIRE          :  7894
 3rd Qu.:     4.130   3rd Qu.:16795   Spain         :  2485
 Max.   : 13541.330   Max.   :18287   Netherlands   :  2363
                      NA's   :133361  (Other)       : 14807
```

图 6.20　数据集概况

1. 数据准备

在使用协同过滤算法构建商品推荐系统之前，需要做几件事。首先，需要处理数据集中的 NaN 值，特别是那些在 CustomerID 字段中具有 NA 值的记录。如果 CustomerID 字段中没有正确的值，就无法构建一个合适的推荐系统，因为协同过滤算法依赖于单个顾客的历史物品购买数据。其次，在为商品推荐实现协同过滤算法之前，我们需要构建顾客对商品的矩阵。顾客—商品矩阵是简单的表格数据，其中每列表示每个商品，每行表示一个顾客，每个单元格中的值表示给定的顾客是否购买了给定的商品。

开始处理 CustomerID 字段中的 NA 值。如果仔细查看数据，您会注意到有些记录没有 CustomerID。因为需要构建一个顾客—商品矩阵，其中每行对应于每个顾客，所以不能在数据中包括那些没有 CustomerID 的记录。先查看有多少记录没有 CustomerID。

使用下面的代码：

```
# find how many records with no CustomerID
sum(is.na(df$CustomerID))
# sneak peek at records with no CustomerID
head(df[which(is.na(df$CustomerID)),])
```

在这里使用 is.na 函数来检测缺失的值，如有缺失值则返回 TRUE。通过使用 sum 函数对这些值求和，可以计算没有 CustomerID 的记录的数量。从输出结果中可以看到，有 133 361 条记录没有 CustomerID。为了查看那些没有 CustomerID 的记录，接下来使用 head 函数查看开始的 6 行数据，输出结果如图 6.21 所示。

```
> # find how many records with no CustomerID
> sum(is.na(df$CustomerID))
[1] 133361
> # sneak peek at records with no CustomerID
> head(df[which(is.na(df$CustomerID)),])
# A tibble: 6 x 8
  InvoiceNo StockCode Description Quantity InvoiceDate
  <chr>     <chr>     <chr>          <dbl> <dttm>
1 536414    22139     NA                56 2010-12-01 11:52:00
2 536544    21773     DECORATIVE~        1 2010-12-01 14:32:00
3 536544    21774     DECORATIVE~        2 2010-12-01 14:32:00
4 536544    21786     POLKADOT R~        4 2010-12-01 14:32:00
5 536544    21787     RAIN PONCH~        2 2010-12-01 14:32:00
6 536544    21790     VINTAGE SN~        9 2010-12-01 14:32:00
# ... with 3 more variables: UnitPrice <dbl>, CustomerID <dbl>,
#   Country <fct>
```

图 6.21　查看并计数缺失值结果

获得缺少 CustomerID 值的记录后，需要在进一步分析中排除它们。从数据框中删除缺失值的一种方法是使用 R 中的 na.omit 函数。na.omit 函数能从数据框中删除缺失值(NA)的记录。具体代码如下：

```
# current DataFrame shape
dim(df)
# remove records with NA
df <- na.omit(df)
dim(df)
```

一旦运行此代码，数据框 df 中的所有记录现在都将具有 CustomerID 值。R 中的 dim(df)函数是查看数据框大小的，包括行数和列数。数据框 df 在删除缺失值之前和之后的容量如图 6.22 所示。

```
> # current DataFrame shape
> dim(df)
[1] 531285      8
> # remove records with NA
> df <- na.omit(df)
> dim(df)
[1] 397924      8
```

图 6.22　删除缺失值前后的数据框容量

2. 构建顾客—商品矩阵

目前的数据表示顾客购买的单个商品。然而，为了构建一个具有协同过滤算法的商品推荐系统，需要有一个数据，其中每个记录包含每个顾客购买的商品的信息。在本节中，将把数据转换为顾客—商品矩阵，其中每行代表一个顾客，列对应不同的商品。

为了将数据转换为顾客—商品矩阵，需要使用 reshape2 包中的 dcast 函数。如果 R 环境中还没有安装这个包，可以运行 install.packages(“reshape2”)命令来安装。代码如下：

```
install.packages("reshape2") # if needed
library(reshape2)


customerItemMatrix <- dcast(
  df, CustomerID ~ StockCode, value.var="Quantity"
)
```

在代码中，reshape2 包的 dcast 函数将数据框重塑为另一种形式的数据框。在示例中，重塑数据框以便行表示单个顾客，列表示不同的商品。CustomerID ~ StockCode，使 StockCode 的各个代码映射到列，而每行表示单个顾客。value.var 参数定义了取哪个值，相当于告诉 dcast 函数将 Quantity 字段的值作为重塑后的数据框中元素的值。

为了将数据转换为顾客—商品矩阵，需要使用 tidyverse 包中的 pivot_wider 函数。如果 R 环境中还没有安装这个包，可以运行 install.packages(“tidyverse”)命令来安装并调用这个包，然后选择相关的列，最后通过 pivot_wider 函数来重塑数据框。所用的代码如下：

```
install.packages("tidyverse") # if needed
library(tidyverse)


# build customer-item matrix
customerItemMatrix <- df %>% select(c("CustomerID", "StockCode","Quantity")) %>%
  pivot_wider(names_from = StockCode,
              values_from = Quantity)
```

在这段代码中，首先选择与构建顾客—商品矩阵相关的列，然后通过 tidyverse 包中的 pivot_wider 函数将数据框重塑为另一种形式的数据框。在示例中，重塑的数据框将以行表示单个顾客(CustomerID)，列表示不同的商品(StockCode)，而元素值则依据订单数量(Quantity)而定。因此，这里在选择了"CustomerID" "StockCode"和"Quantity"三列之后，通过 pivot_wider 函数来实现重塑数据框，并将 StockCode 的各个代码映射到列，而每行的顾客代码(CustomerID)表示单个顾客。values_from 参数设定了取订单数量(Quantity)字段的值作为重塑后的 DataFrame 中元素的值。结果如图 6.23 所示。

在重塑后的数据框中，顾客代码(CustomerID)为 17850 的顾客购买了 3 种商品 85123A（计 17 次）、71053（计 17 次）和 84406B（计 15 次）。同样，CustomerID 为 13047 的顾客购买了 85123A 的商品 2 次，计 24 件，而 CustomerID 为 15311 的顾客购买了 StockCode 84406B 的商品 1 件，还有一些顾客没有购买这三种商品中的任何一件（元素的值为 NULL）。从这里可以看到，我们现在有一个矩阵，其中每行表示出每个顾客购买每种商品的批次和数量情况。

	CustomerID	85123A	71053	84406B
1	17850	c(6, 6, 6, 6, 8, 6, 6, 6, 6, 6, 6, 12, 6, 12, 6, 6, 12)	c(6, 6, 6, 6, 8, 6, 6, 6, 6, 6, 6, 12, 6, 12, 6, 6, 12)	c(8, 8, 8, 8, 8, 6, 6, 6, 6, 6, 6, 6, 6, 8, 12)
2	13047	c(12, 12)	NULL	NULL
3	12583	NULL	NULL	NULL
4	13748	NULL	NULL	NULL
5	15100	NULL	NULL	NULL
6	15291	NULL	NULL	c(8, 8)
7	14688	NULL	NULL	NULL
8	17809	NULL	NULL	NULL
9	15311	NULL	NULL	1
10	16098	NULL	NULL	NULL
11	18074	NULL	NULL	NULL
12	17420	NULL	NULL	NULL
13	16029	NULL	NULL	NULL
14	16250	NULL	NULL	NULL
15	12431	NULL	NULL	NULL
16	17511	c(64, 32, 32, 32, 64, 32, 32, 64, 64, 64, 64, 64)	NULL	NULL

图 6.23　重塑后的数据框

在标准的顾客—商品矩阵中，元素的值应该是表达是否购买，并不关心购买的数量和分布。因此，还需要将这个数据框的元素值进行 0 或 1 编码，用 1 的值意味着给定的顾客购买了给定的商品，而 0 的值意味着给定的顾客从未购买过给定的商品。为此，我们首先定义编码函数 encode_fn。如果大于 0，encode_fn 函数将值编码为 1，否则将其编码为 0。因为还有一些空值(NULL)，将其设置为 0。看看下面的代码：

```
# function: 0-1 encoding the customer-item matrix
encode_fn <- function(x) {ifelse(sum(x) > 0, 1, 0)}
# build customer-item matrix with 0-1 encoding
customerItemMatrix <- df %>% select(c("CustomerID", "StockCode","Quantity")) %>%
  pivot_wider(names_from = StockCode,
              values_from = Quantity,
              values_fn = encode_fn,
              values_fill = 0)
```

在这段代码中，使用 tidyverse 包中的 pivot_wider 函数的参数设置，将 encode_fn 编码函数应用于矩阵的每个元素。结果如图 6.24 所示。

编码后的顾客—商品矩阵，可以用于协同过滤算法。下面将探讨两种构建商品推荐系统的方法——基于顾客的和基于商品的。在基于顾客的方法中，根据顾客购买物品的历史记录计算顾客之间的相似性。在基于商品的方法中，根据经常与其他商品一起购买的商品计算商品之间的相似性。为了测量顾客之间或商品之间的相似度，我们将使用 coop 库中的余弦函数，这是一个在 R 中能快速实现余弦相似度计算的库，coop 库中的余弦函数可以有效地计算 R 中的余弦相似度矩阵。为此可以使用以下代码安装和调用这个 R 的工具包。

```
install.packages("coop") # if deeded
# load coop
library(coop)
```

	CustomerID	85123A	71053	84406B	84029G	84029E	22752	21730	22633	22632	84879	22745	22748	22749
1	17850	1	1	1	1	1	1	1	1	1	0	0	0	0
2	13047	1	0	0	0	0	0	0	0	0	1	1	1	1
3	12583	0	0	0	0	0	0	0	0	0	0	0	0	0
4	13748	0	0	0	0	0	0	0	0	0	0	0	0	0
5	15100	0	0	0	0	0	0	0	0	0	0	0	0	0
6	15291	0	0	1	0	0	0	0	0	0	1	0	0	0
7	14688	0	0	0	0	0	0	0	0	0	0	0	0	0
8	17809	0	0	0	0	0	0	0	0	0	0	0	0	1
9	15311	0	0	1	0	0	1	0	0	0	0	0	0	0
10	16098	0	0	0	0	0	0	0	0	0	0	0	0	0
11	18074	0	0	0	0	0	0	0	0	0	0	0	0	0
12	17420	0	0	0	0	0	0	0	0	0	0	0	0	0
13	16029	0	0	0	0	0	0	0	0	0	0	0	0	0
14	16250	0	0	0	0	0	0	0	0	0	0	0	0	0
15	12431	0	0	0	0	0	0	0	0	0	0	0	0	0
16	17511	1	0	0	1	0	1	0	0	0	1	0	0	0
17	13705	0	0	0	0	0	0	0	0	0	1	0	0	0
18	13747	0	0	0	0	0	0	0	0	0	0	0	0	0
19	13408	1	1	1	0	0	0	0	1	1	1	1	1	0
20	13767	1	0	0	0	0	1	0	0	0	1	0	0	0

图 6.24　编码后的数据框

3. 基于顾客的协同过滤和推荐

为了构建一个基于顾客的协同过滤算法，需要使用以下代码计算顾客之间的余弦相似度。

```
# User-to-User Similarity Matrix
userToUserSimMatrix <- cosine(
  as.matrix(
    # excluding CustomerID column
    t(customerItemMatrix[, 2:dim(customerItemMatrix)[2]])
  )
)
colnames(userToUserSimMatrix) <- customerItemMatrix$CustomerID
rownames(userToUserSimMatrix) <- customerItemMatrix$CustomerID
```

在这段代码中，使用 coop 库中的余弦函数可以计算并构建余弦相似度矩阵。需要注意的是，我们在计算余弦相似度之前对顾客—商品矩阵进行了转置。这是为了计算顾客与顾客之间的相似性。如果没有置换，余弦函数将计算物品之间的相似性。最后，在这段代码的最后一行，我们用顾客编码（CustomerID）重命名列。结果如图 6.25 所示。

在图 6.25 中，对角元素的值为 1，表示顾客和他自己之间的余弦相似度是 1。其余代表两个顾客之间的成对余弦相似度。例如，顾客 12431 和 17850 之间的余弦相似度为 0.034184289。而顾客 12431 与 12583 之间的余弦相似度为 0.241 030 06。这表明，基于顾客之前购买的商品，顾客 12431 与顾客 12583 更相似，而顾客 17850 与顾客 15311 更相似（相似度为 0.091642900）。通过这种方式，可以很容易地分辨出哪些顾客与其他顾客相似，哪些顾客购买了与其他顾客相似的商品。

	17850	13047	12583	13748	15100	15291	14688	17809	15311	16098	18074	17420	16029	16250	12431
17850	1.00000000	0.02119520	0.00000000	0.00000000	0.00000000	0.05542740	0.000000000	0.00000000	0.091642900	0.03742406	0.00000000	0.00000000	0.00000000	0.00000000	0.034184289
13047	0.02119520	1.00000000	0.01811457	0.07930516	0.00000000	0.09868274	0.103790968	0.02864166	0.114212482	0.00000000	0.00000000	0.03671115	0.01464269	0.06212365	0.053253886
12583	0.00000000	0.01811457	1.00000000	0.00000000	0.00000000	0.00000000	0.153302846	0.08249420	0.164478388	0.09595395	0.00000000	0.03524537	0.04217412	0.01988107	0.241030065
13748	0.00000000	0.07930516	0.00000000	1.00000000	0.00000000	0.02592379	0.000000000	0.09028939	0.034289633	0.03500700	0.05661385	0.03857584	0.06154575	0.00000000	0.031976474
15100	0.00000000	0.00000000	0.00000000	0.00000000	1.00000000	0.00000000	0.000000000	0.00000000	0.041996053	0.00000000	0.00000000	0.00000000	0.00000000	0.00000000	0.000000000
15291	0.05542740	0.09868274	0.00000000	0.02592379	0.00000000	1.00000000	0.052196731	0.03745029	0.170672128	0.00000000	0.14089399	0.02400077	0.01914599	0.08122955	0.059684506
14688	0.00000000	0.10379097	0.15330285	0.00000000	0.00000000	0.05219673	1.000000000	0.04847862	0.251999961	0.05638839	0.00000000	0.06213698	0.09913632	0.03504998	0.160959031
17809	0.00000000	0.02864166	0.08249420	0.09028939	0.00000000	0.03745029	0.048478617	1.00000000	0.061919801	0.02528609	0.00000000	0.02786391	0.08891084	0.03143473	0.080839817
15311	0.09164290	0.11421248	0.16447839	0.03428963	0.04199605	0.17067213	0.251999961	0.06191980	1.000000000	0.03601132	0.05823805	0.06349206	0.12029172	0.09848947	0.187494928
16098	0.03742406	0.00000000	0.09595395	0.03500700	0.00000000	0.00000000	0.056388387	0.02528609	0.036011318	1.00000000	0.00000000	0.03241019	0.00000000	0.00000000	0.120895253
18074	0.00000000	0.00000000	0.00000000	0.05661385	0.00000000	0.14089399	0.000000000	0.00000000	0.058238046	0.00000000	1.00000000	0.00000000	0.00000000	0.11826248	0.000000000
17420	0.00000000	0.03671115	0.03524537	0.03857584	0.00000000	0.02400077	0.062136977	0.02786391	0.063492063	0.03241019	0.00000000	1.00000000	0.11396058	0.00000000	0.074011156
16029	0.00000000	0.01464269	0.04217412	0.06154575	0.00000000	0.01914599	0.099136319	0.08891084	0.120291720	0.00000000	0.00000000	0.11396058	1.00000000	0.03214122	0.082656669
16250	0.00000000	0.06212365	0.01988107	0.00000000	0.00000000	0.08122955	0.035049982	0.03143473	0.098489473	0.00000000	0.11826248	0.00000000	0.03214122	1.00000000	0.033398338
12431	0.03418429	0.05325389	0.24103006	0.03197647	0.00000000	0.05968451	0.160959031	0.08083982	0.187494928	0.12089525	0.00000000	0.07401116	0.08265667	0.03339834	1.000000000

图 6.25　基于顾客的余弦相似度矩阵

这些成对余弦相似度测量将用于商品推荐。以其中一个顾客作为示例，对 ID 为 12350 的顾客进行最相似的顾客排名：

```
top10SimilarCustomersTo12350 <- customerItemMatrix$CustomerID[
 order(userToUserSimMatrix[,"12350"], decreasing = TRUE)[1:11]
]
```

在这段代码中，使用 order 函数对顾客—顾客相似度矩阵的 12350 列中的值进行排序。使用 decreasing = TRUE 参数，表明按降序对值进行排序。

运行这段代码后得到以下输出结果，如图 6.26 所示。

```
> top10SimilarCustomersTo12350
 [1] 12350 17935 12414 12652 12791 16754 16692 12814 16426 16333 12475
```

图 6.26　与顾客 12350 最相似的十位顾客

在与顾客 12350 最相似的前 10 位顾客中，选择顾客 17935，并讨论如何使用这些结果来推荐商品。首先需要确认顾客 12350 和 17935 已经购买的物品，然后去找目标顾客 17935 没有购买的商品，但是顾客 12350 买了。由于这两个顾客在过去购买过类似的商品，因此假设顾客 12350 购买的商品中，目标顾客 17935 有很高的机会购买他或她没有购买的这些商品。最后，利用这张商品清单向目标顾客 17935 推荐这些商品。

首先看看如何检索顾客 12350 过去购买过的商品。代码如下所示：

```
itemsBoughtByA <- customerItemMatrix[
  which(customerItemMatrix$CustomerID == "12350"),
]

itemsBoughtByA <- colnames(customerItemMatrix)[which(itemsBoughtByA != 0)]
```

在这段代码中，使用了 which 操作符来查找非零元素的列索引。这段代码的结果如图 6.27 所示。

```
> itemsBoughtByA
 [1] "CustomerID" "POST"       "21832"      "21915"      "22620"      "21866"
 [7] "22557"      "22551"      "79066K"     "21864"      "79191C"     "21908"
[13] "20615"      "20652"      "22348"      "22412"      "21171"      "84086C"
```

图 6.27　顾客 12350 购买过的商品

使用以下代码，可以得到顾客 17935 已购买的商品列表。

```
itemsBoughtByB <- customerItemMatrix[
  which(customerItemMatrix$CustomerID == "17935"),
]

itemsBoughtByB <- colnames(customerItemMatrix)[which(itemsBoughtByB != 0)]
```

顾客 17935 已购买的商品如图 6.28 所示。

```
> itemsBoughtByB
 [1] "CustomerID" "22752"      "22749"      "22659"      "POST"       "85099B"
 [7] "22449"      "22553"      "21866"      "21867"      "22557"      "22551"
[13] "22754"      "22755"      "22753"      "22640"      "22210"      "22209"
[19] "22208"      "22450"      "20828"      "20657"      "20856"      "20659"
[25] "22211"      "21051"      "23309"      "23292"      "23290"
```

图 6.28　顾客 17935 购买过的商品

现在有两套商品是顾客 12350 和 17935 分别购买过的。通过简单的设置操作，我们可以找到顾客 12350 购买的商品，而顾客 17935 没有购买的商品。代码如下所示：

```
itemsToRecommendToB <- setdiff(itemsBoughtByA, itemsBoughtByB)
```

itemsToRecommendToB 变量中的项目是顾客 12350 购买的商品，但是顾客 17935 还没有购买。根据分析时的假设情况，这些商品是顾客 17935 可能购买的商品。向顾客 17935 推荐的商品清单如图 6.29 所示。

```
> itemsToRecommendToB
 [1] "21832"  "21915"  "22620"  "79066K" "21864"  "79191C" "21908"  "20615"
 [9] "20652"  "22348"  "22412"  "21171"  "84086C"
```

图 6.29　向顾客 17935 推荐的商品

为了获得这些物品的描述，可以使用以下代码：

```
itemsToRecommendToBDescriptions <- unique(
  df[
    which(df$StockCode %in% itemsToRecommendToB),
    c("StockCode", "Description")
    ]
)
itemsToRecommendToBDescriptions <- itemsToRecommendToBDescriptions[
```

```
  match(itemsToRecommendToB, itemsToRecommendToBDescriptions$StockCode),
]
```

在这段代码中，使用%in%操作符来获得与 itemsToRecommendToB 变量中的项相匹配的记录。运行这段代码，将得到推荐商品的描述，如图 6.30 所示。

	StockCode	Description
1	21832	CHOCOLATE CALCULATOR
2	21915	RED HARMONICA IN BOX
3	22620	4 TRADITIONAL SPINNING TOPS
4	79066K	RETRO MOD TRAY
5	21864	UNION JACK FLAG PASSPORT COVER
6	79191C	RETRO PLASTIC ELEPHANT TRAY
7	21908	CHOCOLATE THIS WAY METAL SIGN
8	20615	BLUE POLKADOT PASSPORT COVER
9	20652	BLUE POLKADOT LUGGAGE TAG
10	22348	TEA BAG PLATE RED RETROSPOT
11	22412	METAL SIGN NEIGHBOURHOOD WITCH
12	21171	BATHROOM METAL SIGN
13	84086C	PINK/PURPLE RETRO RADIO

图 6.30 推荐商品的描述信息

基于顾客的协同过滤算法讨论了如何为单个顾客提供有针对性的商品推荐。在推送给顾客的营销信息中，可以定制并包含每个目标顾客可能购买的这些商品，可能会从顾客群中带来更多的转化。

然而，使用基于顾客的协同过滤算法有一个主要的缺点，这种算法是基于单个顾客的购买历史的，并不适用于对新顾客的商品推荐。对于新顾客，没有足够的数据将他们与其他顾客进行比较。为了处理这个问题，可以使用基于商品的协同过滤算法。

4. 基于商品的协同过滤和推荐

基于商品的协同过滤算法类似于基于顾客的协同过滤算法，除了它使用的是商品之间的相似度，而不是顾客之间的相似度。之前需要计算顾客之间的余弦相似度，但现在要计算的是商品之间的余弦相似度。看看下面的代码：

```
# Item-to-Item Similarity Matrix
itemToItemSimMatrix <- cosine(
  as.matrix(
    # excluding CustomerID column
    customerItemMatrix[, 2:dim(customerItemMatrix)[2]]
  )
```

```
)
```

如果将此代码与前面的代码（计算顾客—顾客的相似度矩阵）进行比较，唯一的区别是，这次我们没有转置顾客—商品矩阵，直接使用了 coop 库的余弦函数。

结果如图 6.31 所示。

	85123A	71053	84406B	84029G	84029E	22752	21730	22633	22632	84879	22745	22748	22749	22310	84969
85123A	1.00000000	0.22400616	0.22820651	0.20235798	0.21277644	0.14956688	0.19227356	0.236801111	0.20561187	0.31109757	0.14883882	0.13882793	0.19374238	0.07616323	0.09866713
71053	0.22400616	1.00000000	0.15628012	0.11279650	0.16276488	0.11352239	0.09217079	0.122975780	0.11177454	0.14472710	0.10033501	0.08587147	0.09386293	0.09127653	0.07094757
84406B	0.22820651	0.15628012	1.00000000	0.13132749	0.12059410	0.14545314	0.13658049	0.125156544	0.13443969	0.15984556	0.07669917	0.06248689	0.09934853	0.06440731	0.05006262
84029G	0.20235798	0.11279650	0.13132749	1.00000000	0.34194213	0.10543848	0.11618137	0.321946097	0.20493368	0.12426299	0.09836740	0.10824106	0.12039000	0.06391897	0.05961965
84029E	0.21277644	0.16276488	0.12059410	0.34194213	1.00000000	0.13524203	0.08196184	0.252357307	0.26696803	0.16277875	0.09462916	0.11280490	0.08785954	0.06148987	0.04779494
22752	0.14956688	0.11352239	0.14545314	0.10543848	0.13524203	1.00000000	0.10667211	0.084215192	0.13569244	0.14564969	0.18857226	0.17678477	0.15392982	0.09480257	0.09474209
21730	0.19227356	0.09217079	0.13658049	0.11618137	0.08196184	0.10667211	1.00000000	0.058461282	0.09768499	0.08641748	0.03827627	0.05159487	0.08141442	0.06267707	0.03247849
22633	0.23680111	0.12297578	0.12515654	0.32194610	0.25235731	0.08421519	0.05846128	1.000000000	0.47621639	0.15964563	0.10999439	0.12103512	0.18800387	0.00000000	0.05000000
22632	0.20561187	0.11177454	0.13443969	0.20493368	0.26696803	0.13569244	0.09768499	0.476216391	1.00000000	0.14528752	0.12659242	0.14626414	0.12341300	0.06909802	0.04475718
84879	0.31109757	0.14472710	0.15984556	0.12426299	0.16277875	0.14564969	0.08641748	0.159645625	0.14528752	1.00000000	0.13588190	0.14341086	0.11811063	0.06418428	0.07760551
22745	0.14883882	0.10033501	0.07669917	0.09836740	0.09462916	0.18857226	0.03827627	0.109994388	0.12659242	0.13588190	1.00000000	0.80235704	0.25028603	0.03790490	0.08838835
22748	0.13882793	0.08587147	0.06248689	0.10824106	0.11280490	0.17678477	0.05159487	0.121035116	0.14626414	0.14341086	0.80235704	1.00000000	0.26468571	0.04866122	0.11347042
22749	0.19374238	0.09386293	0.09934853	0.12039000	0.08785954	0.15392982	0.08141442	0.188003868	0.12341300	0.11811063	0.25028603	0.26468571	1.00000000	0.07838495	0.06963106
22310	0.07616323	0.09127653	0.06440731	0.06391897	0.06148987	0.09480257	0.06267707	0.000000000	0.06909802	0.06418428	0.03790490	0.04866122	0.07838495	1.00000000	0.10721125
84969	0.09866713	0.07094757	0.05006262	0.05961965	0.04779494	0.09474209	0.03247849	0.050000000	0.04475718	0.07760551	0.08838835	0.11347042	0.06963106	0.10721125	1.00000000

图 6.31　基于商品的余弦相似度矩阵

与前面一样，对角元素的值为 1。这表示这一商品和它本身之间的相似性为 1。其他元素包含基于余弦相似度计算的商品与商品之间的相似度量值。例如，在图 6.31 中，商品 22752 和商品 85123A 之间的余弦相似度是 0.149 566 88。商品 22752 和商品 84969 之间的余弦相似度为 0.094 742 09。这说明商品 22752 与商品 85123A 更相似，而商品 84969 与商品 22748 更相似（相似度为 0.113 470 42）。

使用这种商品与商品相似度矩阵进行商品推荐的策略与前面所使用的基于顾客的算法所做的类似。首先，对于目标顾客购买的给定商品，我们将从刚刚建立的商品—商品相似度矩阵中找到最相似的商品。然后，把这些相似的物品推荐给顾客，因为这些相似的物品是被其他购买了目标顾客最初购买的商品的顾客购买的。

假设一个新顾客刚刚购买了商品 23166，营销人员希望在营销电子邮件中包含该顾客最有可能购买的一些商品，那么他需要做的第一件事是找到与商品 23166 最相似的商品。可以使用以下代码获得与商品 23166 最相似的 10 个商品：

```
top10SimilarItemsTo23166 <- colnames(itemToItemSimMatrix)[
  order(itemToItemSimMatrix[,"23166"], decreasing = TRUE)[1:11]
]
```

使用带 decresing= TRUE 参数的 order 函数，可以将相似的商品按降序排序。然后，使用这个索引列表，可以得到与商品 23166 类似的前 10 项。

结果如图 6.32 所示。

```
> top10SimilarItemsTo23166
 [1] "23166" "23165" "23167" "22993" "23307" "22722" "22720" "22666" "23243"
"22961" "23306"
```

图 6.32　与商品 23166 最相似的十项商品

可以使用以下代码获得这些相似商品的描述：

```
top10SimilarItemDescriptions <- unique(
  df[
    which(df$StockCode %in% top10SimilarItemsTo23166),
    c("StockCode", "Description")
  ]
)
top10SimilarItemDescriptions <- top10SimilarItemDescriptions[
  match(top10SimilarItemsTo23166,
top10SimilarItemDescriptions$StockCode),
]
```

在这段代码中，使用%in%操作符来筛选匹配变量 top10SimilarItemsTo23166 中类似项列表的项。运行代码后看到如图 6.33 所示的输出：

	StockCode	Description
1	23166	MEDIUM CERAMIC TOP STORAGE JAR
2	23165	LARGE CERAMIC TOP STORAGE JAR
3	23167	SMALL CERAMIC TOP STORAGE JAR
4	22993	SET OF 4 PANTRY JELLY MOULDS
5	23307	SET OF 60 PANTRY DESIGN CAKE CASES
6	22722	SET OF 6 SPICE TINS PANTRY DESIGN
7	22720	SET OF 3 CAKE TINS PANTRY DESIGN
8	22666	RECIPE BOX PANTRY YELLOW DESIGN
9	23243	SET OF TEA COFFEE SUGAR TINS PANTRY
10	22961	JAM MAKING SET PRINTED
11	23306	SET OF 36 DOILIES PANTRY DESIGN

图 6.33　推荐商品描述

这里的第一项是目标顾客刚刚购买的商品，剩下的 10 项是购买了第一项商品的其他人经常购买的商品。正如所看到的，那些买了陶瓷罐的人通常会买果冻模具、香料罐和蛋糕罐。有了这些数据后，就可以将这些商品作为进一步推荐的商品包含在推送给目标顾客的营销信息中。个性化的营销信息和有针对性的商品推荐通常可以从顾客那里获得更高的转化率。使用基于商品的协同过滤算法，可以轻松地为新顾客和现有顾客进行商品推荐。

本章小结

本章在介绍产品分析的内涵和目标之后，通过实例进行了产品趋势分析，进而详细介绍了主流的商品推荐系统——协同过滤算法。我们深入探讨了如何构建基于协同过滤的推荐系统。讨论了构建产品推荐系统的两种方法：协同过滤和基于内容的过滤，以及它们之间的区别。然后演示了建一个基于协作过滤的推荐系统的步骤，并在 R 语言中实现。我们还讨论了使用协同过滤算法进行产品推荐的两种不同方法——基于顾客的方法和基于商品的方法。

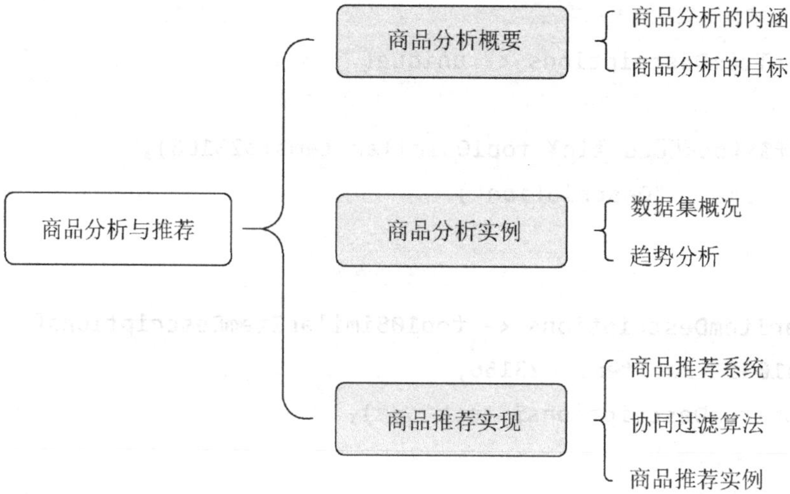

【实训——服装销售数据分析】

1. 实训背景

销售数据分析是衡量企业销售总量的重要手段。通过产品细分维度、渠道细分维度、时间维度等角度综合分析企业销售总量，衡量不同维度对销售总额的贡献，以及销售总额背后的原因拆解，对于下次销售中的策略调整起到指导作用。

2. 实训内容

本实训通过服装销售数据中的销售产品类型及时间两大维度进行分析。本次实训重点解决了以下问题。

（1）公司整体的销售量、销售额、利润、利润率。

（2）公司哪些一级产品的销售额最高，哪些一级产品的销售额最低，原因是什么？

（3）公司哪些二级产品的销售额最高，哪些二级产品的销售额最低，原因是什么？

（4）公司一级产品和二级产品的销售额分布。

（5）不同产品之间的销售额和利润及利润率之间的关系是什么，背后潜藏的深层含义是什么？

（6）销售额在不同月份的分布情况，哪个月份销售额最高，哪个月份销售额最低，原因是什么？

3. 实训平台

蓝鹰 BI 平台。

4. 分析思路

本实训的数据主要由表 6.3、表 6.4 和表 6.5 表构成，即产品信息表、时间码表和销售表。通过事实表（销售表）与维度表（产品信息表、时间码表）进行数据建模处理。通过产品和时间维度对销售额和利润进行数据分析。

表 6.3　产品信息表

序号	字段名	字段说明
1	产品编号	产品编号（主键）
2	产品描述	产品详细描述
3	二级品类	二级品类产品描述
4	价格	产品单价
5	一级品类	一级品类产品描述
6	一级类编码	一级品类产品编码

表 6.4　时间码表

序号	字段名	字段说明
1	周 ID	周 ID（主键）
2	年内周	该周在本年属于第几周
3	自然年	自然年
4	年 周	自然年和周的组合
5	季度	季度
6	月名称	月份中文描述
7	月数字	月中文描述

表 6.5　销售表

序号	字段名	字段说明
1	ID	Id，无特殊含义（主键）
2	产品编号	产品编号
3	颜色编号	产品颜色编号
4	周 ID	周 ID
5	分店编码	分店编号
6	利润	利润
7	销售额	销售额
8	销售数量	销售数量

服装销售数据分析整体分析思路总结，如图 6.34 所示。

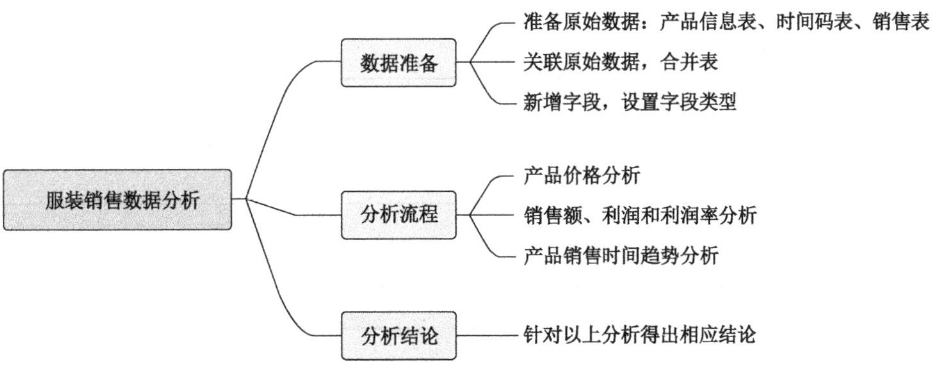

图 6.34　数据分析思维导图

5. 实训步骤

实训步骤可以扫以下二维码获得。

实训指导书　　实训示范视频

说明：①实训指导书配有详细图文说明；②实训示范视频展示实训平台界面和操作步骤。

6. 分析总结

① 观测“一级品类价格分析”和“二级品类价格分析”。

② 观测“一级品类价格分析”和“二级品类价格分析”，并联动两图形——日用品。

③ 观测“一级品类价格分析”和“二级品类价格分析”，并联动两图形——汗衫和 T 恤衫。

④ 观测“二级品类价格分布分析”。

⑤ 观测“产品销售额利润率分析”。

⑥ 观测“产品销售时间趋势分析”。

第 7 章▶▶

营销效果预测

【学习目标】

1. 理解预测分析在市场营销中的应用场景和基本问题
2. 掌握评估分类模型性能的五个测度
3. 理解随机森林算法的原理、优缺点和应用场景
4. 熟练掌握随机森林用于市场预测的实例

本章插图

7.1 市场营销预测基础

7.1.1 市场营销中的预测分析

本章将扩展从第 4 章和第 5 章中获得的知识，特别是在第 5 章（消费者行为分析）中进行的消费者行为分析练习。对于成功的和更智能的营销策略，不能仅仅停留在分析消费者数据上。以数据科学为基础的先进的技术和机器学习，现在可以做出明智的预测和估计客户未来的行为，比如什么类型的客户更有可能参与营销，客户可能购买的数量，或客户可能会流失。这些基于历史客户数据建立的智能预测可以帮助企业提高营销绩效，并针对不同的目标受众进一步调整营销策略。在本章，将学习如何利用数据科学预测未来，以及如何帮助面向未来的营销努力。

预测分析从历史数据中分析和提取信息，以确定模式，并对未来的结果做出预测。大量的统计和机器学习模型用于发现数据集中的属性或特征与想要预测的目标变量或行为之间的关系。预测分析可以应用于许多不同的行业。

例如，预测分析经常被用于金融行业的欺诈监测，其中机器学习模型被训练来监测和防止潜在的欺诈交易。医疗保健行业也可以从预测分析中受益，预测分析可以帮助医生制定决策。此外，市场营销的许多工作也可以从预测分析中获益，如客户获取、客户保留、向上销售和交叉销售等。

在预测分析中，一般来说，有两种类型的问题。

1. 分类问题

分类问题是指一个观察对象可能属于一组类别。例如，预测客户是否会打开营销电子邮件是一个分类问题。这个问题只有两种可能的结果——打开营销电子邮件或不打开营销

电子邮件。

2. 回归问题

回归问题的结果可以取任意范围的实数。例如，预测客户生命周期价值就是一个回归问题。一个客户的终身价值可能为 0 元，而另一个客户的终身价值可能为 10 万元。这种结果可以取连续值的问题被称为回归问题。

预测分析可以解决市场营销领域中许多不同类型的问题，但大致可以分为四类。

（1）用户参与的可能性。预测分析可以帮助营销人员通过营销策略预测用户参与的可能性。例如，如果你的营销活动经常发生在电子邮件领域，你可以利用预测分析来预测哪些客户最有可能打开你的营销电子邮件，并针对这些客户定制营销策略，从而最大化营销结果。如果在社交媒体上展示广告，预测分析可以帮助识别可能会单击广告的特定类型的客户。

（2）客户生命周期价值。预测分析可以用以预测客户的预期生命周期价值。通过使用历史交易数据，预测分析可以帮助识别高价值客户。使用这些预测，公司就可以更加专注于与那些高价值客户建立健康的关系。下一章会更详细地讨论如何为客户生命周期价值预测建立预测模型。

（3）推荐合适的产品和内容。正如第 6 章“产品分析与推荐”中已经讨论过的，可以使用机器学习算法来预测哪些商品客户可能会购买或浏览，从而为单个客户推荐正确的产品和内容来提高客户转化率。

（4）客户获取和保留。预测分析也被广泛用于客户获取和保留。根据企业收集的潜在客户或潜在客户的档案数据及现有客户的历史数据，可以用预测分析来识别高质量的潜在客户，或者根据潜在客户转化为活跃客户的可能性对其进行排名。另外，可以使用客户流失数据和现有客户的历史数据来开发预测模型，以预测哪些客户可能离开或退订产品。

除了这四个常见的营销预测分析场景，还有许多其他地方用到预测分析。在未来应该创造性地发挥预测分析在营销策略中的应用。

7.1.2 分类模型的评估

在开发预测模型时，知道如何评估这些模型是很重要的。在本节中，将讨论评估分类模型性能的五种不同的度量标准。可以用来衡量预测性能的第一个指标是准确性。准确性即所有预测中正确预测的百分比，如下式所示：

$$准确性=\frac{正确预测的数量}{记录的总数}$$

通常用于分类问题的第二个度量标准是精度。精度的定义为真阳性数除以真阳性数和假阳性数之和。真阳性是指被模型正确预测为阳性的情况，而假阳性是指被模型预测为阳性，但真实标签为阴性的情况。公式如下：

$$精度=\frac{真阳性的数量(\mathrm{TP})}{真阳性的数量(\mathrm{TP})+假阳性的数量(\mathrm{FP})}$$

除了精度，召回率也是评价分类模型性能的常用指标。召回率的定义是真阳性数除以真阳性数和假阴性数之和。假阴性是指模型被预测为阴性，但真实的标签是阳性的情况。召回率可以被看作是模型检索或找到多少正面案例的一种度量。公式如下：

$$召回率=\frac{真阳性的数量(TP)}{真阳性的数量(TP)+假阴性数量(FN)}$$

最后两个指标是受试者工作特征（ROC）曲线和曲线下面积（AUC）。ROC 曲线显示了真阳性率和假阳性率在不同阈值下的变化。AUC 就是 ROC 曲线下的总面积。AUC 范围为 0～1，AUC 值越高，模型性能越好。随机分类器的 AUC 为 0.5，因此任何 AUC 高于 0.5 的分类器都表明该模型比随机预测的性能更好。图 7.1 是典型的 ROC 曲线。

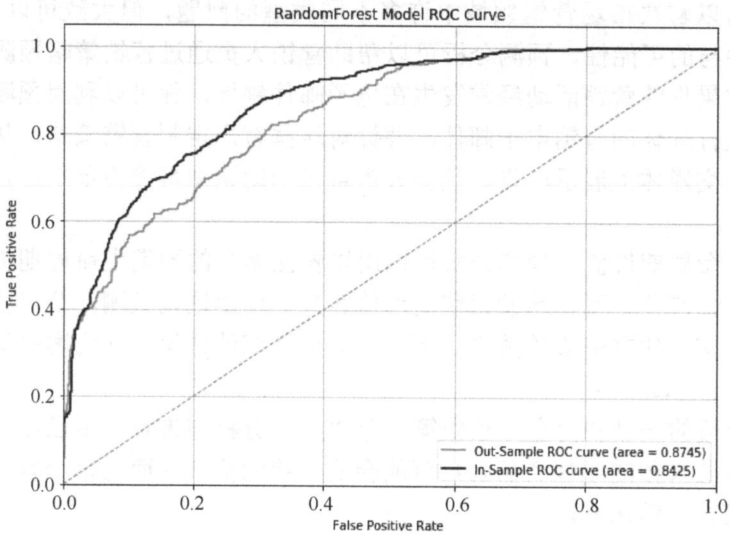

图 7.1 ROC 曲线示意图

在接下来的练习中，将使用刚才讨论的这 5 个指标来评估我们用 R 构建的模型的性能。下一节通过构建机器学习模型来预测营销参与可能性的实例来说明营销效果预测的一般步骤。

7.2 随机森林模型

7.2.1 随机森林的工作原理

随机森林算法是一种灵活、易于使用的机器学习算法，即使不进行超参数调优，大多数情况下也能产生很好的结果。它也是最常用的算法之一，因为它的简单性和多样性（它可以用于分类和回归问题）。该算法被应用于银行和电子商务等各个行业，用以预测行为和结果。

1. 什么是随机森林算法

随机森林算法是一种由决策树算法构造而成的有监督机器学习算法，常常用于解决回归和分类问题。随机森林利用集成学习思路，结合许多分类器来提供复杂问题解决方案。例如，结合决策树算法等。

随机森林算法由许多决策树组成。随机森林构建的“森林”是决策树的集合，通常使用“套袋”法聚合进行训练。套袋法是一种集成元算法，可以提高机器学习算法的准确性，从而提高组合模型的整体效果。

该算法根据决策树的预测生成结果。它通过取不同树输出的平均值来预测。增加树的数量可以提高结果的精度。随机森林消除了决策树算法的局限性。它减少了数据集的过拟合，提高了精度。它不需要进行很多配置或调参就能生成预测结果。

2. 随机森林的工作原理

随机森林算法由许多决策树组成，决策树是随机森林算法的构建块。因此，首先回顾一下决策树。在第 5 章中提到，决策树是一种形成树状结构的决策支持技术。决策树由三个组件组成：决策节点、叶节点和根节点。决策树算法将训练数据集划分为多个分支，这些分支又进一步划分为其他分支。这个序列一直持续到得到一个叶节点。叶节点不能进一步分离。决策树中的节点表示用于预测结果的属性。决策节点提供到叶节点的链接。图 7.2 显示了决策树中的三种节点类型。

决策树的关键是如何确定根节点和如何分叉。较多的算法采用熵和信息增益作为确定根节点和分叉的依据。熵是计算不确定性的一个度量。信息增益是在给定一组自变量的情况下，如何降低目标变量中的不确定性的度量。信息增益概念涉及使用自变量（特征）来获得关于目标变量（类）的信息。利用目标变量的熵和给定的条件下目标变量的熵来估计信息增益。信息增益用于决策树的训练，它有助于减少这些树的不确定性。

假设想预测客户是否会购买手机。手机的特点构成了他做出这一决定的基础。这种分析可以用决策树来表示。决策的根节点和决策节点代表了上述手机的特征。叶节点表示最终输出，要么购买，要么放弃购买。决定选择的主要特征包括价格、内存和存储空间。决策树如图 7.3 所示。

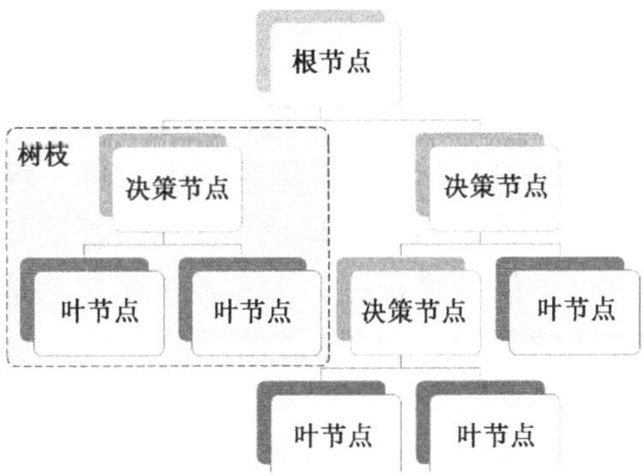

图 7.2 决策树模型示意图

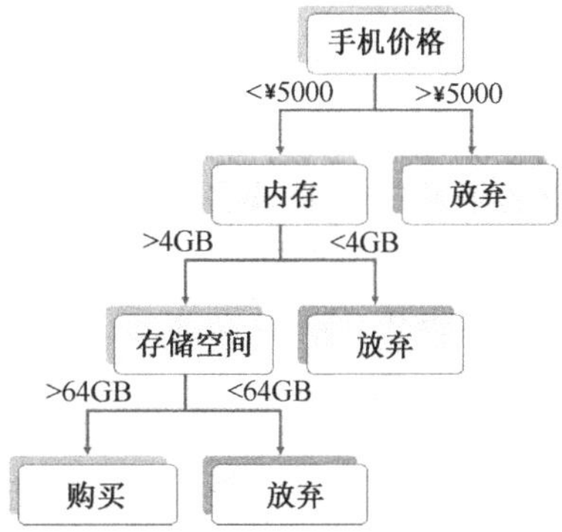

图 7.3 手机购买预测的决策树模型

决策树算法与随机森林算法的主要区别在于随机森林算法的根节点建立和节点分离是随机进行的。随机森林采用套袋法来生成所需的预测。套袋包括使用不同的数据样本（训练数据），而不仅仅是一个数据样本。训练数据集包括用于进行预测的观察结果和特征。决策树根据提供给随机森林算法的训练数据产生不同的输出结果。这些输出结果将根据节点样本数排序，最高的将被选为最终输出。

手机购买的例子仍可以用来解释随机森林的工作原理。随机森林有许多决策树，而不是只有一棵。假设我们只有四棵决策树。在这种情况下，包含手机观察和特征的训练数据将被分为四个根节点。根节点可以代表四个可能影响客户选择的特性（价格、内存、摄像头和存储空间）。随机森林通过随机选择特征来分割节点。最终的预测将根据四棵树的结果进行选择。大多数决策树选择的结果将是最终选择。如果三棵树预测购买，一棵树预测不购买，那么最终的预测将是购买。在这种情况下，预计客户会购买手机。

随机森林算法在分类问题和回归问题中得到了广泛应用。随机森林分类采用集成方法来获得结果。训练数据被用来训练各种决策树。这个数据集由观测数据和特征组成，这些数据将在节点分裂期间随机选择。森林系统依赖于各种决策树。每棵决策树由决策节点、叶节点和根节点组成。每棵树的叶节点是该特定决策树产生的最终输出结果。最终输出结果的选择遵循多数投票制度。在这种情况下，大多数决策树选择的输出结果将成为森林系统的最终输出结果。图 7.4 显示了一个简单的随机森林分类器。

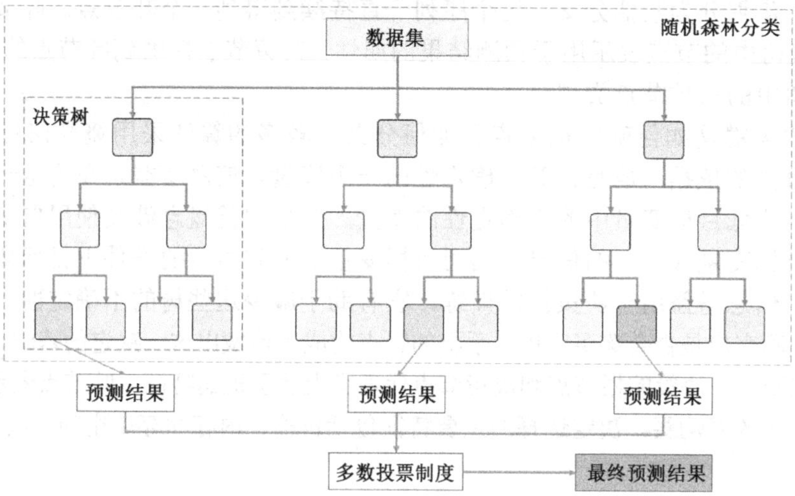

图 7.4　随机森林分类原理图

以一个训练数据集为例，该数据集包含各种水果，如香蕉、苹果、菠萝和杧果。随机森林分类器将该数据集划分为多个子集。这些子集被赋予随机森林系统中的每一棵决策树。每棵决策树都会产生特定的输出。例如，树 1 和树 2 的预测是苹果。另一棵决策树的预测结果是香蕉。随机森林分类器收集多数投票以提供最终预测。大多数决策树都选择苹果作为预测对象。这使得分类器选择苹果作为最终的预测，如图 7.5 所示。

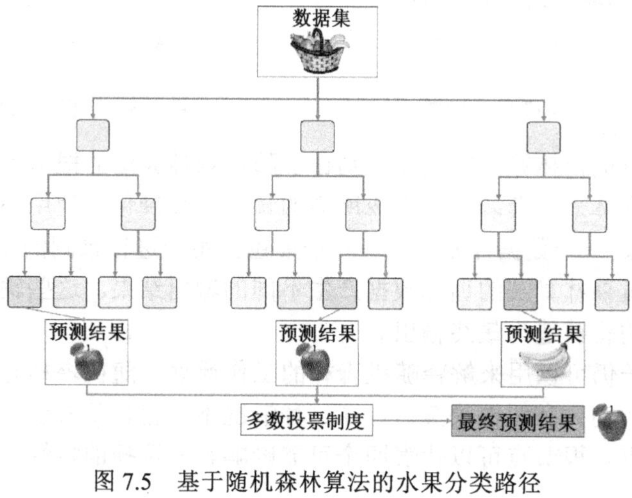

图 7.5　基于随机森林算法的水果分类路径

7.2.2 随机森林算法的优缺点

1. 随机森林算法的优点

随机森林算法最大的优点是它的多功能性。它可以用于回归和分类问题，也很容易看到它分配给输入特征的相对重要性。随机森林算法也是一种非常方便的算法，因为它使用的默认超参数通常会产生良好的预测结果。理解超参数是非常简单的，它们也不是很多。机器学习中最大的问题是过拟合，但由于随机森林分类器，大多数情况下过拟合是不会发生的。如果森林中有足够多的树，分类器就不会过度拟合模型。所以总结起来，随机森林算法的优点体现在如下几点。

- 可以执行回归和分类任务，比决策树算法更精确；
- 在每个随机森林树中，在节点的分裂点可随机选择特征子集，可以产生容易理解的良好预测；
- 可以有效地处理大型数据集；
- 相较于决策树算法，在预测结果方面提供了更高水平的准确性；
- 提供了处理丢失数据的有效方法；
- 可以在不进行超参数调优的情况下产生合理的预测；
- 解决了决策树的过拟合问题。

2. 随机森林算法的缺点

随机森林模型是由大量的森林（决策树）模型组合而成的。森林的规模越大，随机森林模型的预测精确度就越高，但是也导致模型的训练速度较慢。当训练的随机样本数量十分庞大时，整体模型的训练时间较长，从而无法进行实时预测。因此，随机森林算法很难应用于对预测速度要求较高的实际问题。一般来说，在大多数现实世界的应用场景中，随机森林算法已经可以满足实际的性能要求。但在某些情况下，由于运行性能要求很高并且很重要，我们应该首选其他方法。因此，随机森林算法的缺点主要包括以下两点：

- 需要更多的计算资源；
- 相较于决策树算法，消耗更多的时间。

7.2.3 随机森林算法的应用场景

随机森林算法在各行业的应用比较广泛，如电子商务、银行、卫生保健和股票市场等。在电子商务领域，通过随机森林算法，电子商务供应商可以根据客户过去的消费行为预测客户的偏好。在银行系统，随机森林算法在银行业中被用来预测贷款申请人的资信。这有助于贷款机构在是否给客户贷款的问题上做出正确的决定。银行也使用随机森林算法来检测欺诈者。在卫生保健领域，卫生专业人员使用随机森林算法为病人诊断，通过评估病人以前的病史、过去的医疗记录来确定病人的正确剂量。在股票市场，金融分析师常用它来确定股票的潜在市场。

但随机森林算法也不是万能的，使用随机森林算法时应该认真分析问题的性质，合理选择。研究表明，随机森林算法在以下情况下并不理想。①外推场景。随机森林算法在数据外推中并不理想。与线性回归不同，线性回归使用现有的观测值来估计观测范围以外的值。这就解释了为什么随机森林算法的大多数应用都与分类有关。②数据稀疏。当数据非常稀疏时，随机森林算法不能产生良好的结果。在这种情况下，特性子集和引导样本将产生一个不变空间。这将导致无效的分类，影响结果。

7.3 市场营销预测实例

7.3.1 数据集及其特征变量的选择

1. 数据集概况

在本节中，将讨论如何在 R 环境中使用机器学习算法构建预测模型。更具体地说，将学习如何建立一个基于随机森林算法的预测模型，以及如何优化随机森林模型，并评估模型的性能。主要使用 cattools、ROCR 和 randomForest 软件包来评估、可视化和建立预测客户营销参与可能性的机器学习模型。

实例中使用的数据集与第 5 章的相同，这里不再赘述。运行以下代码将这些数据加载到 RStudio 中：

```
# clear environment variables
rm(list = ls())

# setting chapter 7 working directory
setwd("C:/BigDataMarketing/CH07")

#### 1. Load Data ####
df <- read.csv(
  file="data/WA_Fn-UseC.csv",
  header=TRUE,
  sep=",",
  stringsAsFactors = TRUE)
```

数据框的外观如图 7.6 所示。

	Customer	State	Customer.Lifetime.Value	Response	Coverage	Education	Effective.To.Date	EmploymentStatus	Gender	Income	Location.Code
1	BU79786	Washington	2763.519	No	Basic	Bachelor	2/24/11	Employed	F	56274	Suburban
2	QZ44356	Arizona	6979.536	No	Extended	Bachelor	1/31/11	Unemployed	F	0	Suburban
3	AI49188	Nevada	12887.432	No	Premium	Bachelor	2/19/11	Employed	F	48767	Suburban
4	WW63253	California	7645.862	No	Basic	Bachelor	1/20/11	Unemployed	M	0	Suburban
5	HB64268	Washington	2813.693	No	Basic	Bachelor	2/3/11	Employed	M	43836	Rural
6	OC83172	Oregon	8256.298	Yes	Basic	Bachelor	1/25/11	Employed	F	62902	Rural
7	XZ87318	Oregon	5380.899	Yes	Basic	College	2/24/11	Employed	F	55350	Suburban
8	CF85061	Arizona	7216.100	No	Premium	Master	1/18/11	Unemployed	M	0	Urban
9	DY87989	Oregon	24127.504	Yes	Basic	Bachelor	1/26/11	Medical Leave	M	14072	Suburban
10	BQ94931	Oregon	7388.178	No	Extended	College	2/17/11	Employed	F	28812	Urban
11	SX51350	California	4738.992	No	Basic	College	2/21/11	Unemployed	M	0	Suburban
12	VQ65197	California	8197.197	No	Basic	College	1/6/11	Unemployed	F	0	Suburban
13	DP39365	California	8798.797	No	Premium	Master	2/6/11	Employed	M	77026	Urban
14	SJ95423	Arizona	8819.019	Yes	Basic	High School or Below	1/10/11	Employed	M	99845	Suburban
15	IL66569	California	5384.432	No	Basic	College	1/18/11	Employed	M	83689	Urban
16	BW63560	Oregon	7463.139	No	Basic	Bachelor	1/17/11	Employed	F	24599	Rural
17	FV94802	Nevada	2566.868	No	Basic	High School or Below	2/6/11	Medical Leave	M	25049	Suburban
18	OE15005	California	3945.242	No	Basic	College	1/5/11	Medical Leave	M	28855	Suburban

图 7.6　数据框外观

可以看出，这是在第 5 章中用于客户分析的数据集。该数据集共有 24 个变量，如表 7.1 所示。

表 7.1　数据集变量一览表

变量代号	变量名称	数据类型
Customer	客户编码	字符串
State	州	字符串，分类变量
Customer Lifetime Value	客户生命周期价值	数字
Response	响应	字符串，分类变量
Coverage	保险范围	字符串，分类变量
Education	教育	字符串，分类变量
Effective To Date	有效日期	字符串，日期
EmploymentStatus	就业状况	字符串，分类变量
Gender	性别	字符串，分类变量
Income	收入	数字
Location Code	位置代码	字符串，分类变量
Marital Status	婚姻状况	字符串，分类变量
Monthly Premium Auto	汽车每月保费	数字
Months Since Last Claim	自上次索赔以来的月份	数字
Months Since Policy Inception	保单生效日期	数字
Number of Open Complaints	公开投诉个案数目	数字
Number of Policies	政策的数量	数字
Policy Type	政策类型	字符串，分类变量
Policy	政策	字符串，分类变量
Renew Offer Type	更新提供类型	字符串，分类变量
Sales Channel	销售渠道	字符串，分类变量
Total Claim Amount	总索赔金额	数字
Vehicle Class	车辆类型	字符串，分类变量
Vehicle Size	车辆的大小	字符串，分类变量

2. 特征变量的选择

这个实例的目标是预测客户营销参与可能性。根据前面章节对这个数据集的探索获得的知识，基于与目标相关的变量来确定因变量和自变量。

很明显，客户营销参与情况在数据集中是客户响应（Response），这就是因变量。

其余的变量都是自变量的选择范围。对于自变量的选择，应该考虑其与因变量的关系及模型的特点。在本实例中，分析所关心的是客户是否参与推广的套餐，以及哪些客户群更乐于参与，其参与的可能性如何，所以客户编码、州、有效日期、位置代码和更新提供类型 5 个变量不纳入自变量的列表。最终获得的特征变量如表 7.2 所示。

表 7.2　特征变量列表

变量类型	变量名称	变量代号	数据类型
因变量	响应	Response	分类型

续表

变量类型	变量名称	变量代号	数据类型
自变量	销售渠道	Sales Channel	分类型
	车辆的大小	Vehicle Size	分类型
	车辆类型	Vehicle Class	分类型
	政策	Policy	分类型
	政策类型	Policy Type	分类型
	就业状况	EmploymentStatus	分类型
	婚姻状况	Marital Status	分类型
	教育	Education	分类型
	保险范围	Coverage	分类型
	性别	Gender	分类型
	收入	Income	连续型
	汽车每月保费	Monthly Premium Auto	连续型
	自上次索赔以来的月份	Months Since Last Claim	连续型
	保单生效日期	Months Since Policy Inception	连续型
	公开投诉个案数目	Number of Open Complaints	连续型
	政策的数量	Number of Policies	连续型
	总索赔金额	Total Claim Amount	连续型
	客户生命周期价值	Customer Lifetime Value	连续型

7.3.2 特征变量的编码

为了在 R 中建立机器学习模型，数据集中的所有特征变量都需要有数值。然而，在选择的特征变量数据集中，存在许多具有非数值型的列。例如，目标变量——响应（Response），也就是试图用机器学习模型预测的变量，是非数值型的。它包含两个字符串值：Yes 或 No。首先要用数值来编码这个响应目标变量，以便能够建立机器学习模型。另一个例子是性别（Gender）列，可以将其用作预测模型的特性之一，它也没有数值。它包含两个字符串值：F 表示女性，M 表示男性。本节将讨论如何对这些非数值型的列进行编码，以便将它们作为机器学习模型的特征使用。

1. 因变量编码

第一步是编码响应变量（Response）。用 1 来编码 Yes 值，用 0 来编码 No 值。代码如下：

```
## 2.1. Response Variable: Response
df$Engaged <- as.integer(df$Response) - 1
```

这段代码使用 as .integer 函数将 Response 列的值转换为整数值。减去 1 的原因是，它将值编码为 1 表示 No, 2 表示 Yes，而不是我们想要的 0 表示 No, 1 表示 Yes。然后，将这些编码后的值存储在新创建的 Engaged 列中。为了使用这个新创建的列获得整体响应或参与度，可以使用以下代码：

```
mean(df$Engaged)
```

整体客户响应结果如图 7.7 所示。

```
> mean(df$Engaged)
[1] 0.1432012
```

图 7.7　输出结果截图

2. 分类变量编码

根据表 7.2 所示，以下列是数据集中的分类变量：

```
## 2.2. Categorical Features
categoricalVars = c(
  "Sales.Channel", "Vehicle.Size", "Vehicle.Class", "Policy", "Policy.Type",
  "EmploymentStatus", "Marital.Status", "Education", "Coverage", "Gender"
)
```

在第 5 章讨论过，针对分类变量的编码要考虑其自身的特点，区分各个类别是否具有顺序及大小比较的可能性。在本例中，上述这些分类变量的值并不一定具有区分彼此的顺序。因此，可以按因子的 level，每一个标签对应一个新列，并赋值为 1，否则为 0。

在 R 中利用 model.matrix 函数可以轻松地为每个分类变量创建虚拟变量。看看下面的代码：

```
encodedDF <- model.matrix(~.-1, df[categoricalVars])
```

在这段 R 代码中，为分类变量创建虚拟变量很简单，只需应用函数即可。这里使用的是“~.-1”表达式。如果不使用这个表达式，函数将在输出矩阵中创建一个不必要的名为 Intercept 的列。新创建的数据框的前几列如图 7.8 所示。

	Sales.ChannelAgent	Sales.ChannelBranch	Sales.ChannelCall Center	Sales.ChannelWeb	Vehicle.SizeMedsize	Vehicle.SizeSmall	Vehicle.ClassLuxury Car	Vehicle.ClassLuxury SUV
1	1	0	0	0	1	0	0	0
2	1	0	0	0	1	0	0	0
3	1	0	0	0	1	0	0	0
4	0	0	1	0	1	0	0	0
5	1	0	0	0	1	0	0	0
6	0	0	0	1	1	0	0	0
7	1	0	0	0	1	0	0	0
8	1	0	0	0	1	0	0	0
9	1	0	0	0	1	0	0	0
10	0	1	0	0	1	0	0	0
11	1	0	0	0	0	1	0	0
12	1	0	0	0	1	0	0	0
13	1	0	0	0	1	0	0	0
14	0	1	0	0	1	0	0	0
15	0	0	1	0	1	0	0	0
16	0	1	0	0	1	0	0	0
17	0	0	1	0	1	0	0	0
18	0	0	1	0	1	0	0	0

图 7.8　重新编码后的分类自变量

从这个输出中可以看到，新的数据框的每一列都表示原始列中的每个类别。例如，第一列 Sales.ChannelAgent，如果销售代理接触到给定记录或客户，则编码为 1，否则编码为

0。第五列 Vehicle.SizeMedsize，如果给定的记录或客户拥有中型车辆，则用 1 编码，否则用 0 编码。

3. 分类变量与连续变量的集成

成功地用数值编码了所有类别变量后，需要将连续变量附加到这个新创建的数据框中。看看下面的代码：

```
## 2.3. Continuous Features
continuousFeatures <- c(
  'Customer.Lifetime.Value', 'Income', 'Monthly.Premium.Auto',
  'Months.Since.Last.Claim', 'Months.Since.Policy.Inception',
  'Number.of.Open.Complaints', 'Number.of.Policies', 'Total.Claim.Amount'
)

encodedDF <- cbind(encodedDF, df[continuousFeatures])
```

这段代码使用 cbind 函数，按列组合了两个数据框。然后，将这个组合的数据框存储为变量 encodedDF。encodedDF 包含了所有编码后的分类变量和连续变量。

7.3.3 建立预测模型

1. 分割训练集与测试集

已经准备好开始构建和训练机器学习模型，用以预测客户的参与。此时，还需要将样本集，即编码数据框 encodedDF，分成两个子集——一个用于训练模型，另一个用于测试和评估训练后的模型。caTools 包有一个方便的功能，可以将给定的样本集分割成训练集和测试集。如果 R 环境中尚未安装这个库，可以使用下面的命令来安装它。

```
install.packages('caTools')
```

下面的代码将显示如何将样本集分割为训练集和测试集：

```
library(caTools)

sample <- sample.split(df$Customer, SplitRatio = .7)

trainX <- as.matrix(subset(encodedDF, sample == TRUE))
trainY <- as.double(as.matrix(subset(df$Engaged, sample == TRUE)))

testX <- as.matrix(subset(encodedDF, sample == FALSE))
testY <- as.double(as.matrix(subset(df$Engaged, sample == FALSE)))
```

在这段代码中，caTools 包中的 split 函数允许分析者将数据集分割成想要的比例。这段代码将 SplitRatio 定义为 0.7，这意味着将 70%的样本集作为训练集，剩余 30%的样本集作为测试集。结果变量 sample 现在有一个布尔值数组，TRUE 或 FALSE，其中 70%的数组为 TRUE，其余 30%为 FALSE。

有了这些数据，就可以创建训练集和测试集。这段代码使用 R 中的子集函数来创建训练集和测试集。首先，将那些与样本变量中 TRUE 值对应的记录作为训练集。然后，将那些索引对应于样本变量中 FALSE 值的记录作为测试集。图 7.9 是样本集中的训练集和测试集的分割情况。

正如图 7.9 所示，encodedDF 中总共有 9 134 条记录，trainX 中有 6393 条记录，testX 中有 2 741 条记录，这意味着大约 70%的样本集进入了训练集，其余 30%的样本集进入了测试集。下面将使用这些训练集和测试集来构建和评估模型。

```
> dim(encodedDF)
[1] 9134   42
> dim(trainX)
[1] 6393   42
> dim(testX)
[1] 2741   42
```

图 7.9　分解后的训练集和测试集

2. 随机森林模型

使用以上准备好的数据，用随机森林算法建立一个预测模型，该模型可以预测客户是否会响应或参与营销活动。使用 R 语言的 randomForest 库来构建。如果 R 环境中尚未安装这个库，可以使用下面的命令来安装它：

```
install.packages('randomForest')
```

安装完毕，即可使用下面的代码来构建一个随机森林模型：

```
library(randomForest)


rfModel <- randomForest(x=trainX, y=factor(trainY))
```

现在可以为随机森林模型调优许多超参数。超参数是在训练机器学习模型之前定义的参数。例如，对于随机森林算法，可以在随机森林模型中定义树的数量，也可以定义森林中每棵树的最大终端节点数，这样就可以限制森林中每棵树的大小。

有许多超参数可以定义和调整。

- ntree：它定义了想在森林中建造的树的数量。一般来说，更多的树意味着更好的性能结果。但是，随着森林中树的数量的增加，每个增加的树的性能增益会减少。因为在一个森林中有更多的树，意味着训练树的计算成本更高，所以当训练增加的树的计算成本超过性能收益时，应该尝试找到平衡并停止添加树。
- sampsize：这个参数定义了为了训练每棵树而抽取的样本大小。这在训练随机森林模型时引入了森林的随机性。如果有一个高的样本容量而在一个树较少的随机森林中，算法有更高的机会过拟合。这意味着经过训练的树在训练集内的性能和预测能力都很好，但在之前没有见过的数据集上的预测能力很差。减少样本量可以帮助避免过拟合，但随着样本量的减少，模型的性能通常会下降。
- nodesize：该参数定义了终端节点的最低样本量。这意味着每个终端节点至少需要多少个样本。这个数字越大，树就能长得越小。增加这个数字可以减轻过拟合问题，但是以牺牲模型性能为代价的。

- maxnodes：该参数定义了森林中每棵树可以拥有的最大终端节点数。如果你不设置这个数字，算法就会把树长到最大。这可能导致过拟合的训练集。减少终端节点的最大数量可以帮助克服过拟合问题。

有关其他超参数的更详细描述和信息，您可以参考官方文档，在以下链接找到。https://www.rdocumentation.org/packages/randomForest/versions/4.6-14/topics/randomForest。

3. 训练随机森林模型

使用 randomForest 包训练随机森林模型很简单。参考的代码如下：

```
rfModel <- randomForest(x=trainX, y=factor(trainY), ntree=200, maxnodes=24)
```

使用 randomForest 包中的 randomForest 函数可以轻松地训练一个随机森林模型，只需要将训练集提供给函数。为了便于说明，下面将指导模型构建 200 棵树，其中每棵树只能生长到 24 个终端节点。

运行这段代码后，模型对象如图 7.10 所示。

Name	Type	Value
rfModel	list [18] (S3: randomForest)	List of length 18
call	language	randomForest(x = trainX, y = factor(trainY), ntree = 200, maxnodes = 24)
type	character [1]	'classification'
predicted	factor	Factor with 2 levels: "0", "1"
err.rate	double [200 x 3]	0.12851 0.13050 0.13714 0.13459 0.13609 0.13522 0.00844 0.00576 0.00418 0.00458 ...
confusion	double [2 x 3]	5.47e+03 8.50e+02 8.00e+00 6.60e+01 1.46e-03 9.28e-01
votes	double [6393 x 2] (S3: matrix, arr	1.0000 1.0000 1.0000 1.0000 0.9529 0.9855 0.0000 0.0000 0.0000 0.0000 0.0471 0.0 ...
oob.times	double [6393]	72 68 81 80 85 69 ...
classes	character [2]	'0' '1'
importance	double [42 x 1]	7.916 1.327 1.275 0.951 1.374 2.026 ...
importanceSD	NULL	Pairlist of length 0
localImportance	NULL	Pairlist of length 0
proximity	NULL	Pairlist of length 0
ntree	double [1]	200
mtry	double [1]	6
forest	list [14]	List of length 14
y	factor	Factor with 2 levels: "0", "1"
test	NULL	Pairlist of length 0
inbag	NULL	Pairlist of length 0

图 7.10　训练后的模型对象信息

一旦一个随机森林模型被训练或拟合，模型对象就包含了许多有用的信息。从经过训练的随机森林模型中提取的有用属性之一，就是随机森林中单个“树”的信息。使用 getTree 函数，可以检索如何在随机森林中构建单个树，如图 7.11 所示。

```
> getTree(rfModel, 1)
   left daughter right daughter split var split point status prediction
1              2              3        42   302.37692      1          0
2              4              5         1     0.50000      1          0
3              6              7        35  2017.56718      1          0
4              8              9        39    11.50000      1          0
5             10             11        42    49.16778      1          0
6             12             13        38     9.00000      1          0
7             14             15        39    96.50000      1          0
8             16             17         3     0.50000      1          0
9             18             19        35  3884.07793      1          0
10            20             21        26     0.50000      1          0
11            22             23        24     0.50000      1          0
12             0              0         0     0.00000     -1          1
13            24             25         5     0.50000      1          0
14            26             27        36 10261.50000      1          0
15             0              0         0     0.00000     -1          1
16            28             29         5     0.50000      1          0
17             0              0         0     0.00000     -1          1
18            30             31        36 63155.50000      1          0
19            32             33        22     0.50000      1          0
20            34             35        39    33.50000      1          0
```

图 7.11　随机森林中单个树的信息

这里看到的是随机森林中第一棵树的信息。它显示了一些关于树结构的信息。左子列（left daughter）和右子列（right daughter）描述这个节点在给定树中的位置。状态列(status)描述该节点是否是末端。（status = −1）代表该节点是末端，而（status = 1）代表该节点不是末端。预测列（prediction）显示来自该节点的预测。

可以从拟合的随机森林模型中获得的其他信息是对森林中每棵树的预测。看看下面的代码：

```
predict(rfModel, trainX, predict.all=TRUE)$individual
```

通过使用 predict 函数中 predict.all=TRUE 参数标签，返回对森林中每棵树的预测。输出如图 7.12 所示。

```
> predict(rfModel, trainX, predict.all=TRUE)$individual
  [,1] [,2] [,3] [,4] [,5] [,6] [,7] [,8] [,9] [,10] [,11] [,12] [,13] [,14] [,15] [,16] [,17] [,18] [,19] [,20]
2 "0"  "0"  "0"  "0"  "0"  "0"  "0"  "0"  "0"  "0"   "0"   "0"   "0"   "0"   "0"   "0"   "0"   "0"   "0"   "0"
3 "0"  "0"  "0"  "0"  "0"  "0"  "0"  "0"  "0"  "0"   "0"   "0"   "0"   "0"   "0"   "0"   "0"   "0"   "0"   "0"
4 "0"  "0"  "0"  "0"  "0"  "0"  "0"  "0"  "0"  "0"   "0"   "0"   "0"   "0"   "0"   "0"   "0"   "0"   "0"   "0"
5 "0"  "0"  "0"  "0"  "0"  "0"  "0"  "0"  "0"  "0"   "0"   "0"   "0"   "0"   "0"   "0"   "0"   "0"   "0"   "0"
7 "0"  "0"  "0"  "0"  "0"  "0"  "0"  "0"  "0"  "1"   "0"   "0"   "0"   "0"   "0"   "0"   "0"   "0"   "0"   "0"
```

图 7.12　随机森林中的 20 棵树的预测结果

图 7.12 所示的输出结果显示了前 20 棵树对训练集中前 5 个记录的预测。从这个输出中可以看到，森林中的第 10 棵树预测了训练集中的第 5 个记录的类为 1，但其他 19 棵树预测了训练集中的第 5 个记录的类都为 0。正如输出结果中看到的，不同的树对训练集的每个记录的预测都是不同的。这是因为每棵树都是用随机选择的不同特征子集来训练的。利用这些信息，可以看到随机森林模型的最终预测是如何由这些单独的决策树的结果形成的。

从一个训练后的随机森林对象中还可以获得有关特征的重要性信息。通过特征的重要性信息来理解每个特征对最终预测的重要性或影响。使用下面的代码获得每个特征的重要性：

```
# - Feature Importances
importance(rfModel)
```

在输出视窗中，点击 MeanDecreaseGini 从大到小排序后，其部分输出如图 7.13 所示。

	MeanDecreaseGini
EmploymentStatusRetired	79.53570496
Income	15.94162535
Total.Claim.Amount	15.18077217
Monthly.Premium.Auto	10.44278372
Months.Since.Policy.Inception	10.29795578
Customer.Lifetime.Value	9.94049909
Sales.ChannelAgent	7.79810344
EmploymentStatusEmployed	7.06427627
Months.Since.Last.Claim	5.64273909
EmploymentStatusUnemployed	5.28121781
Number.of.Policies	3.84756208
Marital.StatusMarried	3.28316796
Marital.StatusSingle	2.74178994
Sales.ChannelCall Center	2.48643039
Number.of.Open.Complaints	1.97891586
Vehicle.SizeSmall	1.47860900
Vehicle.ClassSports Car	1.33321392
EmploymentStatusMedical Leave	1.23028096
Sales.ChannelWeb	1.17542995
Sales.ChannelBranch	1.16026682
EducationMaster	1.11254704
Vehicle.SizeMedsize	1.02651454
EducationDoctor	0.99058004
EducationCollege	0.93252906

图 7.13　模型中每个特征的重要性信息

如图 7.13 所示，特征 EmploymentStatusRetired 似乎是做出最终预测的最重要的因素。另外，收入（Income）、索赔数量（Total.Claim.Amount）和客户生命周期价值（Customer.Lifetime.Value）特征是第二、第三和第四个重要的特征。

4. 评估分类模型

在本章的前面，讨论了评估分类模型性能的五种测度。在这一节中，学习如何使用 R 语言来计算和可视化由随机森林模型建立的分类模型结果。

首先要看的三个指标是准确性、精确度和召回率。开始评估模型性能之前，需要查看模型预测结果。使用在前一节中建立的随机森林模型对数据集进行预测，参看下面的代码：

```
inSamplePreds <- as.double(predict(rfModel, trainX)) - 1
outSamplePreds <- as.double(predict(rfModel, testX)) - 1
```

根据这些预测结果，下面将评估随机森林模型在训练集和测试集中的表现如何。下面的代码展示了如何在 R 中计算准确性、精确度和召回率。

```
# - Accuracy
accuracy <- mean(testY == outSamplePreds)


# - Precision
precision <- sum(outSamplePreds & testY) / sum(outSamplePreds)


# - Recall
recall <- sum(outSamplePreds & testY) / sum(testY)
```

利用该方法比较样本内训练集的准确性、精确度和召回率与样本外测试集的准确性、精确度和召回率。输出结果如图 7.14 所示。

```
> inSamplePreds <- as.double(predict(rfModel, trainX)) - 1
> outSamplePreds <- as.double(predict(rfModel, testX)) - 1
> # - Accuracy, Precision, and Recall
> inSampleAccuracy <- mean(trainY == inSamplePreds)
> outSampleAccuracy <- mean(testY == outSamplePreds)
> print(sprintf('In-Sample Accuracy: %0.4f', inSampleAccuracy))
[1] "In-Sample Accuracy: 0.8692"
> print(sprintf('Out-Sample Accuracy: %0.4f', outSampleAccuracy))
[1] "Out-Sample Accuracy: 0.8617"
>
> inSamplePrecision <- sum(inSamplePreds & trainY) / sum(inSamplePreds)
> outSamplePrecision <- sum(outSamplePreds & testY) / sum(outSamplePreds)
> print(sprintf('In-Sample Precision: %0.4f', inSamplePrecision))
[1] "In-Sample Precision: 1.0000"
> print(sprintf('Out-Sample Precision: %0.4f', outSamplePrecision))
[1] "Out-Sample Precision: 0.8824"
>
> inSampleRecall <- sum(inSamplePreds & trainY) / sum(trainY)
> outSampleRecall <- sum(outSamplePreds & testY) / sum(testY)
> print(sprintf('In-Sample Recall: %0.4f', inSampleRecall))
[1] "In-Sample Recall: 0.0873"
> print(sprintf('Out-Sample Recall: %0.4f', outSampleRecall))
[1] "Out-Sample Recall: 0.0383"
```

图 7.14　样本内外的准确性、精确度和召回率

这个输出结果提供了随机森林模型在预测响应方面的性能的简要概述。对于训练集，整体预测的准确率为 0.8692，即模型预测的准确率约为 87%。对于测试集，总体预测的准确率为 0.8617。样本内和样本外预测的精确度分别为 1.0000 和 0.8824，召回率分别为 0.0873 和 0.0383。由于随机性和不同的超参数，可能会得到不同的结果。

下面要看的指标是 ROC 曲线和 AUC，使用 R 中的 ROCR 包。如果 R 环境中尚未安装这个包，可以使用下面的命令来安装它。

```
install.packages('ROCR')
```

首先看看下面的 ROC 曲线代码和 AUC 值：

```
library(ROCR)

inSamplePredProbs <- as.double(predict(rfModel, trainX, type='prob')[,2])
outSamplePredProbs <- as.double(predict(rfModel, testX, type='prob')[,2])

pred <- prediction(outSamplePredProbs, testY)
perf <- performance(pred, measure = "tpr", x.measure = "fpr")
auc <- performance(pred, measure='auc')@y.values[[1]]

plot(
  perf,
  main=sprintf('Random Forest Model ROC Curve (AUC: %0.2f)', auc),
  col='darkorange',
  lwd=2
) + grid()
abline(a = 0, b = 1, col='darkgray', lty=3, lwd=2)
```

首先，使用预测函数（predict）及 type=' prob '参数标签，从随机森林模型中得到预测概率。然后，使用 ROCR 包中的预测函数（prediction）。这个函数可以计算 ROC 曲线的不同概率截断处的真阳性和假阳性的数量。利用预测函数的输出，可以得到真实阳性率和假阳性率在不同的概率截断与性能函数（performance）。最后，为了获得 AUC 值，可以使用相同的性能函数，但使用不同的参数标签 measure=' auc '。

有了这些数据，就可以绘制 ROC 曲线了。使用 plot 函数和 perf 变量可以绘制 ROC 曲线，如图 7.15 所示。

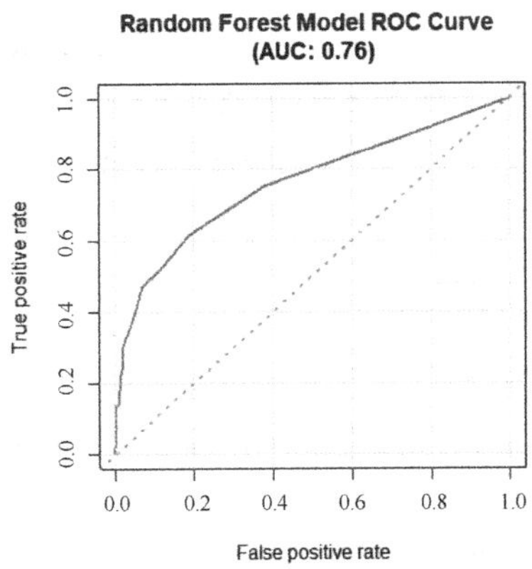

图 7.15　随机森林模型的 ROC 曲线

图 7.15 中显示，随机森林模型的 AUC 是 0.76。与代表随机线的基准直线相比，模型的性能要好得多，这说明随机森林模型预测结果比随机预测结果要好得多。

本章小结

在本章中，我们讨论了预测分析及其在市场营销中的应用。我们首先讨论了什么是预测分析，以及如何在各种行业（如金融和医疗保健行业）中使用预测分析，并讨论了五种不同的方法来评估预测模型的性能——准确性、精确度、召回率、ROC 曲线和 AUC。

然后我们详细讨论了随机森林模型的原理，及其优缺点。作为评估预测模型性能的例子，介绍了在 R 环境中建立一个基于随机森林算法的预测模型，以及如何优化随机森林模型，并评估模型的性能。

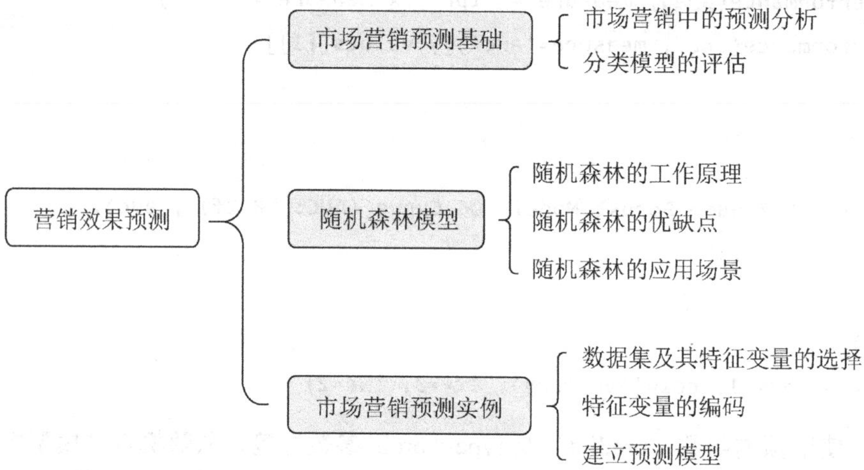

【实训——价格优惠和客户态度分析】

1. 实训背景

众所周知，对于企业而言，利润最大化是其最终目标。而商品价格无疑对于商品的需求与供给都有极大的影响，直接关系到一个企业的市场份额与利润组成。如何制定一个具有竞争力的价格，使销售量与单位利润之间达到巧妙的平衡且使总利润达到最大化，是企业决策的关键。在此，我们观察不同客户对价格优惠的态度，即客户的需求对于价格变化的敏感程度，来讨论和分析企业如何在商品价格的制定与调整上进行决策。

2. 实训内容

本实训通过分析不同价格变化等级下商品销量的变化，来了解客户对不同商品价格优惠的态度，从而为企业提供商品定价思路。本次实训重点解决了以下问题。

（1）了解客户获券用券的整体情况。

（2）观察客户用券比例的分布。

（3）不同价格变化等级下的商品销量分析。

3. 实训平台

蓝鹰 BI 平台

4. 分析思路

本实训的数据主要由“会员留存分析”表构成，创建度量值如购买点会员生命期、首次购买 flag 等，并提取会员创建日期和销售日期对应的年、月维度，按年、月、购买点生命期和品类等维度进行会员留存数据分析。

本次数据主要由促销分析表（见表 7.3）和价格弹性表（见表 7.4）构成，创建计算字段如用券数、获券数等，通过分析数据观察不同客户对价格优惠的态度。

表 7.3　促销分析表

序号	字段名	字段说明
1	cardnum	卡号唯一标识
2	areaprovince	区域省份
3	用券数	该卡号使用的优惠券数量
4	获券数	该卡号获得的优惠券总数

表 7.4　价格弹性表

序号	字段名	字段说明
1	四级名称	商品四级名称
2	大类编码	商品大类编码
3	产品小类	商品小类名称
4	价格下降等级	价格下降等级，数值越大降价幅度越大
5	价格变化等级	价格变化等级，折扣值，对应下降等级
6	销量变化比%	新价格下销量与原价格下销量比例
7	值计算记录数量	计算销量变化比的销售记录数

不同客户对价格优惠的态度观察分析思路如图 7.16 所示。

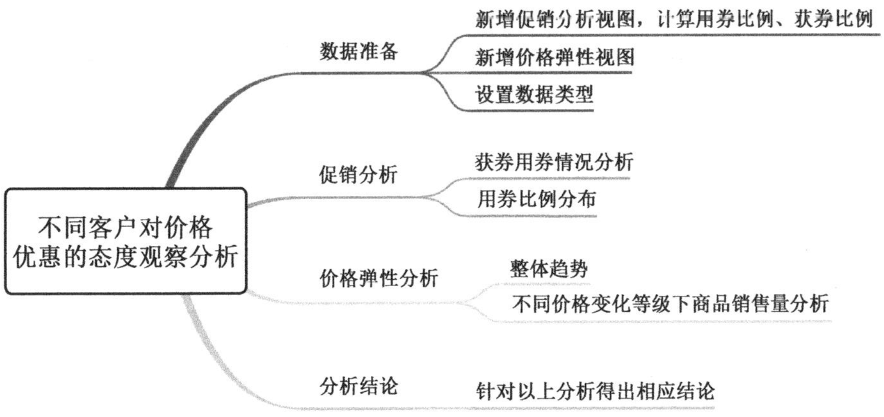

图 7.16　数据分析思维导图

5. 实训步骤

实训步骤可以扫以下二维码获得。

实训指导书　　　　实训示范视频

说明：①实训指导书配有详细图文说明；②实训示范视频展示实训平台界面和操作步骤。

6. 分析总结

① 观测“获券用券情况”。

② 观测“用券比例分布”。

③ 观测“不同价格变化等级下销量分析 1&2”。

第 8 章▶▶

客户终身价值预测

【学习目标】

1. 理解客户终身价值的内涵与意义
2. 熟练掌握回归模型的评估
3. 熟练掌握客户终身价值的预测

本章插图

8.1 客户终身价值基础

8.1.1 客户终身价值的内涵

本章将关注市场营销中的客户终身价值（Customer Lifetime Value, CLV）。在市场营销中，营销活动的预算一直是一个挑战。企业不希望花费太多而导致负的投资回报率，也不希望花费过少而导致没有明显的营销结果。在决定营销策略的预算时，希望知道运行一个给定的营销活动的预期回报是什么。了解单个客户的终身价值可以帮助营销人员证明他们的营销预算是合理的，也可以帮助营销人员找到潜在的高价值客户。

什么是客户终身价值（CLV）？CLV 是指在与客户的关系持续期间，客户预计将在企业、商家或产品上花费的金额。它不仅仅是简单的商品交换指标，更是一种衡量客户在一段时间内对企业的业务有多大价值的指标。在市场营销中，CLV 是需要拥有和监控的关键指标之一。并非所有的客户都应受到企业同等的重视。因为留住现有客户比寻找新客户的成本更低，所以留住较高价值的客户对企业的成功至关重要。CLV 衡量的是客户在与公司的终身关系中对公司的总价值，所以更高的 CLV 意味着拥有更多的忠实客户。

这一指标对于获取新客户尤为重要。获得新客户通常比保留现有客户的成本更高，因此了解获得的新客户的终身价值和成本对于建立具有积极投资回报率的营销策略至关重要。例如，如果企业客户的平均 CLV 是 100 元，而获得一个新客户只需要花费 10 元，那么企业的业务将随着获得新客户而产生更多收益。

然而，如果获取新客户需要花费 150 元，而客户的平均 CLV 仍然是 100 元，那么每次客户获取都将赔钱。简单地说，如果在新客户获取上的营销支出超过了 CLV，每次新客户获取都将赔钱，那么最好还是与现有客户合作。

CLV 的值可以由客户的平均购买数量、购买频率和生命周期来确定。例如，假设一个客户的平均购买金额为 100 元，平均每个月购买 5 次，那么这个客户的每月平均价值是 500

元，也就是将平均购买金额与平均购买频率相乘。现在，我们需要知道这个客户的生命周期。评估客户生命周期的一种方法是查看平均每月流失率，即离开和终止与公司业务关系的客户的百分比。可以使用流失率来估算客户的生命周期。假设流失率为 5%，以及预估的客户生命周期为 20 年，那么客户的每月平均价值为 500 元的话，按生命周期为 20 年计算，该客户的 CLV 为 12 万元。最终的 CLV 的值是用每月平均价值 500 元乘以 12 个月和 20 年的生命周期来计算的。

8.1.2 客户终身价值的意义

CLV 代表了每个客户的财务价值。CLV 与客户盈利的差异点在于，前者可以展望未来以获得深刻的见解，而后者仅是衡量过去的活动。一个合格的营销人员需要着眼于未来，以决定应该销售哪些产品，如何优化业务，以及如何更好地服务客户。因此，CLV 可以被称为营销分析中最完整的指标。新客户比率、每单成本、客户保留率、转化率等对企业未来的收益都很重要，但 CLV 综合了每个客户的所有重要统计数据。

企业可以利用 CLV 制定广泛的战略和管理决策。例如，因为 CLV 是企业从客户的一生中获得的利益，所以可以用来确定客户获取成本的限制。CLV 为企业提供了一种将其客户基础从高盈利客户细分到低盈利客户的方法。了解每个客户的盈利能力是管理所有客户的第一步。

客户的终身价值不是一成不变的。企业可以通过了解驱动 CLV 的因素并找到影响这些因素的方法来提高客户的 CLV。例如，增加客户保留率对 CLV 有重大影响，因为客户停留的时间越长，为公司提供的利润越多。

CLV 帮助管理者做出投资决策。例如，营销经理可能想提高客户满意度，但可能发现很难证明在这方面需要投入多少。但如果管理者能够将客户满意度与保留率及随后的 CLV 联系起来，任务就会变得容易。

除了指导客户管理决策，CLV 还提供了对公司价值的估计。大多数公司的大部分利润来自客户，这意味着当前和未来客户的价值应该是公司市场价值的一个标志。对于 Netflix、Sirius 卫星广播、信用卡公司等基于客户的公司，财务分析师通常会仔细检查 CLV 驱动因素，以评估这些业务的健康状况。

综上所述，企业需要重视客户终身价值（CLV）的原因包括以下几个方面。

（1）提高客户留存率。

（2）帮助确定客户细分。

（3）衡量客户忠诚度。

（4）确定营销策略的有效性。

（5）协助判断产品质量。

（6）提高企业整体盈利能力。

企业通过客户终身价值（CLV）分析，给企业本身带来的价值可能包括如下几个方面。

（1）衡量营销活动、计划和其他活动的财务影响。

（2）帮助公司朝着更大的财务目标迈进，或者开始创建这些目标。

（3）改变对营销的思考方式，比如设置忠诚度目标，或者建立营销预算等。

（4）帮助在短期和长期营销目标方面找到平衡，并展示对投资的财务回报的更好理解。

（5）通过帮助营销人员花更少的时间获取价值较低的客户，鼓励他们做出更好的决策。

（6）有效地管理客户关系，从而提高利润。

需要说明的是，客户终身价值并非灵丹妙药。如果使用不当，CLV 实际上会浪费时间和金钱。营销人员在尝试 CLV 分析时，会犯一些常见的错误。当进行 CLV 分析应用时应注意以下几点。

（1）与公司目标不一致。首先要弄清楚公司目标，然后得到公司高层的支持。利用 CLV 模型，开发一个支持这些目标的计划。无论企业的目标是增长销量还是利润， CLV 模型都可以考虑在内，避免未来的意外。

（2）细分市场不准确。细分市场的核心理念是，所有客户并非生而相同，了解客户群体之间的差异是有效获取和留住客户的关键。根据业务的性质，客户细分可能需要进行一些认真的数据分析。

（3）为客户的生命周期选择一个不切实际的数字。作为一家初创公司，可能不知道自己真正的客户寿命。它可能会随着产品的变化而不断变化，所以在计算 CLV 时，必须进行猜测。决定的初始数字实际上并不重要，因为可以随着更多的数据而重新评估它。最重要的是要选择一个合理的数字。

（4）忽略了随时间变化的灵活性。众所周知，企业需要留住那些在营销投资中净现值为正的客户，抛弃那些回报为负的客户。由于市场是动态的，传统的计算是相当静态的，没有考虑到公司在任何时候放弃给定客户的灵活性。模型无灵活性意味着没有选择，而选择是有价值的。这实际上是一个缺陷。

8.1.3 客户终身价值的计算与分析

1. 计算客户终身价值

前面已经阐明了 CLV 的重要性，下面讨论如何计算 CLV。通常，计算 CLV 有多种方法。一般而言，企业计算 CLV 有两种不同的视角。一种是历史 CLV 的视角。这种计算结果获取方式很简单，直接由原始数据计算而来，因而更为准确。它体现的是企业从一个客户以前的购买中获得的总利润，当然也包括与购买产品有关的所有费用。

第二种视角是预测性 CLV。这种情况的计算比较困难。但是，从本质上说，预测性 CLV 对公司的业务也很有用，因为它支持未来的规划。预测性 CLV 依赖于现有的事物，但与行为变量混在一起。每一次新的购买，连同行为数据，都增强了预测性 CLV。数据会改变，需要不断适应它们。但好处则是，更多的数据意味着更高的准确性。因此，从长远来看，预测性 CLV 会给企业带来更多的好处。

以下，简单介绍一下 CLV 的计算公式。

CLV 的最简单的计算公式是：

$$\text{CLV} = \text{每年客户收入} \times \text{关系的持续时间} - \text{获取和服务客户的总成本}$$

这个公式适用于数据可能与去年同期相对持平的情况。比如每年春节购买装饰用品就是一个同期基本持平的例子。

这属于第一种视角—— 历史 CLV，即通过回顾过去的事件来衡量。下面是一个使用上述简单公式计算客户终身价值的示例。

客户 A 每年的收入= 500（元）

客户关系持续时间= 10（年）

获取成本= 50（元）

服务成本=每年 50 元（10 年 500 元）

数学计算是这样的：

500 × 10 = 5000（元）

5000 − 550 = 4450（元）

客户 A 的 CLV = 4450 元

2. 客户终身价值分析

第二种视角—— 预测性 CLV，是一个算法过程，它获取历史数据，并利用它来准确地预测客户关系可能持续多久，以及它的价值将是什么。其实质是 CLV 分析。当企业的客户收入并不是每年都保持平稳时，就需要考虑客户生命周期中会发生什么变化？

在这种情况下，需要一个更详细的模型来预测 CLV 的各个要素。例如，因为通常不知道客户的生命周期，所以经常试图估计某个特定时期的客户生命周期。可以通过估计客户 12 个月、24 个月或 3 个月的客户终身价值来实现。除了通过一个例子讨论的方法，CLV 也可以通过建立预测模型来估计。利用机器学习算法和客户的购买历史数据，可以建立机器学习模型，预测客户在一定时期内的 CLV。在本章的练习中，将学习如何建立一个回归模型来预测客户3 个月的 CLV。

8.2 回归模型的评估

上一章我们讨论了分类模型的评估方法，本章再来讨论一下使用回归模型的评估。因为回归模型的预测输出结果取连续值，所以这意味着它可以取任何值，而不局限于从预定义的值集合中取。正如在第 7 章“营销效果预测”中对参与度预测的结果只能取两个值——0 表示没有参与，1 表示参与，分类模型的预测输出只能取一定数量的值。由于这种差异，需要使用不同的指标度量来评估回归模型。

评估回归模型有四种常用度量方法——均方误差（MSE）、中位数绝对误差（MAE）、R^2 和预测值与实际值散点图。

1. 均方误差（MSE）

顾名思义，MSE 测量误差平方的平均值，其中误差是预测值和实际值之间的差异。MSE 的方程如下：

$$\mathrm{MSE}=\frac{1}{n}\sum_{i=1}^{n}(Y_i-Y_i^{'})^2$$

式中，Y_i 值为实际值，$Y_i^{'}$ 值为预测值。因为 MSE 是误差平方的平均值，所以这种度量对离群值很敏感，并且受到高度影响。

2. 中位数绝对误差（MAE）

MAE 对异常值的敏感度较低，被认为更稳健，因为中值受到异常值或尾部值的影响远小于平均值。公式如下所示：

$$\text{MAE}(y,\hat{y}) = \text{median}(|y_1-\hat{y}_1|,\cdots,|y_n-\hat{y}_n|)$$

这个方程中的 y 值代表实际值，$\hat{y}$ 值表示预测值。

3. R^2

另一个常用的回归模型的度量是 R^2，也称为决定系数。R^2 表示拟合优度。换句话说，它衡量了一个回归模型对数据的拟合程度。简单地说，R^2 是回归模型对目标变量可变性的解释百分比。方程如下：

$$R^2 = \frac{\text{解释变异量}}{\text{总体变异量}}$$

R^2 通常在 0 和 1 之间。R^2 的值为零意味着模型根本没有解释或捕获目标变量的可变性，与数据不是很吻合。R^2 的值为 1 表示模型捕获了 100%的目标变量变异性，与数据完美拟合。R^2 的值越接近 1，模型拟合越好。

4. 预测值与实际值散点图

最后，使用预测值与实际值的散点图来显示模型的拟合程度。散点图的示例如图 8.1 所示。

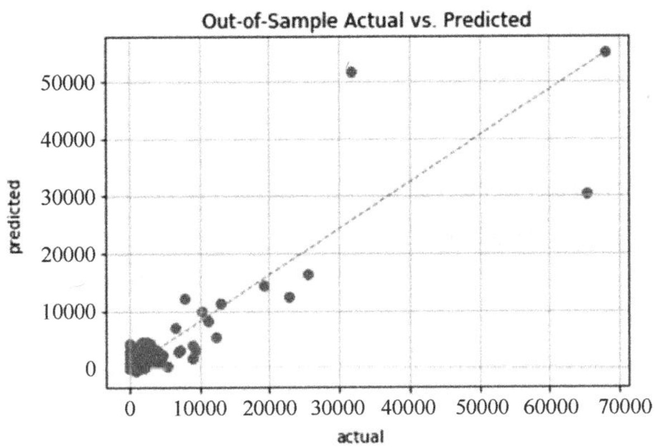

图 8.1　预测值与实际值散点图

模型中的 R^2 值越高，这些点越会靠近对角线。另外，如果模型中的 R^2 值较低，这些点会分散在对角线之外。在下面的练习部分，将讨论如何用 R 语言计算和可视化这些度量，并将使用这些度量来评估回归模型。

8.3　客户终身价值预测实例

8.3.1　数据集概况与数据清理

1. 数据集概况

本实例中的数据集是某跨国礼品公司的在线零售交易数据，交易时段为 2010 年 12 月 01 日至 2011 年 12 月 09 日之间。数据集名称为 Online Retail.xlsx，是 Excel 格式的数据，可以在本书资源网站上找到并下载。数据集包含的变量如表 8.1 所示。

表 8.1 数据集变量列表

列名	名称	说　明
InvoiceNo	发票号码	字符串，分配给每笔交易的唯一的 6 位整数。如果此代码以字母“C”开头，则表示取消
StockCode	产品代码	字符串，分配给每个产品的唯一的独立代码，由 5 位整数构成
Description	产品名称	字符串
Quantity	交易数量	数字，是每笔交易中每种产品（项目）的数量
InvoiceDate	开票时间	日期，表示生成每笔交易的日期和时间
UnitPrice	单价	数字，每单位英镑的产品价格
CustomerID	客户编号	字符串，分配给每个客户的 5 位整数的唯一号码
Country	国家	字符串，每个客户居住的国家的名称

由于数据集文件格式是 Excel 格式，在 R 环境中需要装载特别的工具包才能读入数据。为了加载 Excel 格式的数据集，需要使用 readxl 库，如果 readxl 库没有安装过，可以使用 RStudio 中的 install.packages("readxl")命令来安装它。在 readxl 库中，有一个名为 read_excel 的函数，可以轻松加载 Excel 文件。代码如下：

```
# clear environment variables
rm(list = ls())

# setting chapter 8 working directory
setwd("C:/BigDataMarketing/CH08")

# load library
library(dplyr)
library(ggplot2)
library(readxl)

#### 1. Load Excel Data ####
df <- read_excel(
  path="data/Online Retail.xlsx",
  sheet="Online Retail"
)
```

一旦将这些数据加载到一个数据框中，就可以通过 str 函数查看数据框的变量，代码如下所示：

```
# investigate the structure of df
str(df)
```

输出结果的截图如图 8.2 所示。由此可见，数据框共有 8 个列变量，其中发票号码、产品代码、产品名称和国家 4 个变量是字符串；单价、交易数量和客户编号是数值型数据列；开票时间是 R 语言日期类型（POSIXct）数据。图 8.3 是数据框的前 18 行的内容截图。

```
> str(df)
tibble[,8] [541,909 x 8] (S3: tbl_df/tbl/data.frame)
 $ InvoiceNo  : chr [1:541909] "536365" "536365" "536365" "536365" ...
 $ StockCode  : chr [1:541909] "85123A" "71053" "84406B" "84029G" ...
 $ Description: chr [1:541909] "WHITE HANGING HEART T-LIGHT HOLDER" "WHITE METAL LANTERN"
 "CREAM CUPID HEARTS COAT HANGER" "KNITTED UNION FLAG HOT WATER BOTTLE" ...
 $ Quantity   : num [1:541909] 6 6 8 6 6 2 6 6 6 32 ...
 $ InvoiceDate: POSIXct[1:541909], format: "2010-12-01 08:26:00" "2010-12-01 08:26:00"
 ...
 $ UnitPrice  : num [1:541909] 2.55 3.39 2.75 3.39 3.39 7.65 4.25 1.85 1.85 1.69 ...
 $ CustomerID : num [1:541909] 17850 17850 17850 17850 17850 ...
 $ Country    : chr [1:541909] "United Kingdom" "United Kingdom" "United Kingdom" "United
 Kingdom" ...
```

图 8.2　数据框变量结构信息截图

	InvoiceNo	StockCode	Description	Quantity	InvoiceDate	UnitPrice	CustomerID	Country
1	536365	85123A	WHITE HANGING HEART T-LIGHT HOLDER	6	2010-12-01 08:26:00	2.55	17850	United Kingdom
2	536365	71053	WHITE METAL LANTERN	6	2010-12-01 08:26:00	3.39	17850	United Kingdom
3	536365	84406B	CREAM CUPID HEARTS COAT HANGER	8	2010-12-01 08:26:00	2.75	17850	United Kingdom
4	536365	84029G	KNITTED UNION FLAG HOT WATER BOTTLE	6	2010-12-01 08:26:00	3.39	17850	United Kingdom
5	536365	84029E	RED WOOLLY HOTTIE WHITE HEART.	6	2010-12-01 08:26:00	3.39	17850	United Kingdom
6	536365	22752	SET 7 BABUSHKA NESTING BOXES	2	2010-12-01 08:26:00	7.65	17850	United Kingdom
7	536365	21730	GLASS STAR FROSTED T-LIGHT HOLDER	6	2010-12-01 08:26:00	4.25	17850	United Kingdom
8	536366	22633	HAND WARMER UNION JACK	6	2010-12-01 08:28:00	1.85	17850	United Kingdom
9	536366	22632	HAND WARMER RED POLKA DOT	6	2010-12-01 08:28:00	1.85	17850	United Kingdom
10	536367	84879	ASSORTED COLOUR BIRD ORNAMENT	32	2010-12-01 08:34:00	1.69	13047	United Kingdom
11	536367	22745	POPPY'S PLAYHOUSE BEDROOM	6	2010-12-01 08:34:00	2.10	13047	United Kingdom
12	536367	22748	POPPY'S PLAYHOUSE KITCHEN	6	2010-12-01 08:34:00	2.10	13047	United Kingdom
13	536367	22749	FELTCRAFT PRINCESS CHARLOTTE DOLL	8	2010-12-01 08:34:00	3.75	13047	United Kingdom
14	536367	22310	IVORY KNITTED MUG COSY	6	2010-12-01 08:34:00	1.65	13047	United Kingdom
15	536367	84969	BOX OF 6 ASSORTED COLOUR TEASPOONS	6	2010-12-01 08:34:00	4.25	13047	United Kingdom
16	536367	22623	BOX OF VINTAGE JIGSAW BLOCKS	3	2010-12-01 08:34:00	4.95	13047	United Kingdom
17	536367	22622	BOX OF VINTAGE ALPHABET BLOCKS	2	2010-12-01 08:34:00	9.95	13047	United Kingdom
18	536367	21754	HOME BUILDING BLOCK WORD	3	2010-12-01 08:34:00	5.95	13047	United Kingdom

图 8.3　数据框外观截图

在讲入下一个数据清理步骤之前，利用 summary 函数快速考察以下整体数据集，代码如下：

```
summary(df)
```

运行结果的截图如图 8.4 所示。注意到客户代码（CustomerID）存在空值（NA），交易数量（Quantity）和单价（UnitPrice）存在负数，这与现实情况不符，因此有必要对数据进行清理。

```
> summary(df)
  InvoiceNo          StockCode          Description           Quantity
 Length:541909      Length:541909      Length:541909      Min.   :-80995.00
 Class :character   Class :character   Class :character   1st Qu.:     1.00
 Mode  :character   Mode  :character   Mode  :character   Median :     3.00
                                                          Mean   :     9.55
                                                          3rd Qu.:    10.00
                                                          Max.   : 80995.00

  InvoiceDate                    UnitPrice            CustomerID              Country
 Min.   :2010-12-01 08:26:00   Min.   :-11062.06   Min.   :12346     United Kingdom:495478
 1st Qu.:2011-03-28 11:34:00   1st Qu.:     1.25   1st Qu.:13953     Germany       :  9495
 Median :2011-07-19 17:17:00   Median :     2.08   Median :15152     France        :  8557
 Mean   :2011-07-04 13:34:57   Mean   :     4.61   Mean   :15288     EIRE          :  8196
 3rd Qu.:2011-10-19 11:27:00   3rd Qu.:     4.13   3rd Qu.:16791     Spain         :  2533
 Max.   :2011-12-09 12:50:00   Max.   : 38970.00   Max.   :18287     Netherlands   :  2371
                                                   NA's   :135080    (Other)       : 15279
```

图 8.4　数据框数据概况截图

2. 数据清理

从以下几个方面进行数据清理。

（1）处理负数

存在数量值为负的交易，表示已取消订单。在这个练习中将忽略那些被取消的订单，因此需要从数据框中排除它们。在 Quantity 列中排除这些负数的代码如下：

```
df <- df[which(df$Quantity > 0),]
```

简单地把所有那些带正数的行存储到变量 df 中。

（2）删除 NA 记录

需要删除 CustomerID 列中没有值的记录。因为要构建一个机器学习模型来预测 3 个月的客户价值，所以在分析中需要按 CustomerID 列对数据进行分组。没有 CustomerID，就不能正确地为这个项目构建模型。删除空值记录的代码如下所示：

```
df <- na.omit(df)
```

这段代码使用了 na.omit 函数。这个函数返回一个删除了 null 或者 NA 值的对象。然后，将输出存储回原始的数据框。

（3）处理不完整的数据

该数据集拥有交易时段为 2010 年 12 月 01 日至 2011 年 12 月 09 日之间的所有数据。其中 2011 年 12 月只有 9 天的交易数据，是不完整的。为了正确地为 3 个月的客户价值预测构建模型，将忽略 2011 年 12 月 9 天的交易数据。看看下面的代码，如何从数据框中删除这些记录：

```
df <- df[which(df$InvoiceDate < '2011-12-01'),]
```

将 2011 年 12 月 1 日之前发生的所有事务存储到变量 df 中。

（4）总销售额

最后，需要为每个事务的总销售额创建一个列。看看下面的代码：

```
df$Sales <- df$Quantity * df$UnitPrice
```

只是简单地将 Quantity 列乘以 UnitPrice 列来得到每笔交易的总购买金额。然后，将这些值存储到名为 Sales 的列中。现在已经完成了所有的清理任务。

下面按每个客户的每笔订单来汇总数据。看看下面的代码：

```
# per order data
ordersDF <- df %>%
  group_by(CustomerID, InvoiceNo) %>%
  summarize(Sales=sum(Sales), InvoiceDate=max(InvoiceDate))
```

在这段代码中，按照 CustomerID 和 InvoiceNo 这两列对变量 df 进行分组。然后，将每个客户和订单的所有商品的销售额加起来，并将给定订单的最后一个交易时间作为 InvoiceDate。

这样就有了一个数据框 ordersDF，以方便知道每个客户下的每个订单信息。数据如图 8.5 所示。

	CustomerID	InvoiceNo	Sales	InvoiceDate
1	12346	541431	77183.60	2011-01-18 10:01:00
2	12347	537626	711.79	2010-12-07 14:57:00
3	12347	542237	475.39	2011-01-26 14:30:00
4	12347	549222	636.25	2011-04-07 10:43:00
5	12347	556201	382.52	2011-06-09 13:01:00
6	12347	562032	584.91	2011-08-02 08:48:00
7	12347	573511	1294.32	2011-10-31 12:25:00
8	12348	539318	892.80	2010-12-16 19:09:00
9	12348	541998	227.44	2011-01-25 10:42:00
10	12348	548955	367.00	2011-04-05 10:47:00
11	12348	568172	310.00	2011-09-25 13:13:00
12	12349	577609	1757.55	2011-11-21 09:51:00
13	12350	543037	334.40	2011-02-02 16:01:00
14	12352	544156	296.50	2011-02-16 12:33:00
15	12352	545323	144.35	2011-03-01 14:57:00
16	12352	545332	840.30	2011-03-01 15:52:00
17	12352	546869	120.33	2011-03-17 16:00:00
18	12352	547390	160.33	2011-03-22 16:08:00
19	12352	567505	366.25	2011-09-20 14:34:00
20	12352	568699	266.25	2011-09-28 14:58:00

图 8.5　以单个客户的每笔订单汇总的数据框截图

8.3.2　数据分析

在开始构建模型之前，仔细查看客户购买的历史数据。为了计算 CLV，需要知道每个客户的购买频率、最近购买量和总购买量。我们将计算每个客户的平均购买金额和终生购买金额，以及每个客户的持续购买时间和购买频率。看看下面的代码：

```
# order amount & frequency summary
summaryDF <- ordersDF %>%
  group_by(CustomerID) %>%
  summarize(
    SalesMin=min(Sales), SalesMax=max(Sales), SalesSum=sum(Sales),
    SalesAvg=mean(Sales), SalesCount=n(),
    InvoiceDateMin=min(InvoiceDate), InvoiceDateMax=max(InvoiceDate),
    PurchaseDuration=as.double(floor(max(InvoiceDate)-min(InvoiceDate))),
    PurchaseFrequency=as.double(floor(max(InvoiceDate)-min(InvoiceDate)))/n()
  )
```

首先按 CustomerID 列分组，并按 Sales 和 InvoiceDate 列汇总数字。使用 R 中的最小（min）、最大（max）、和（sum）、平均值（mean）和 n 函数，可以计算最小、最大和总购买金额，以及每个客户的平均购买金额和购买数量。还可以使用最小和最大函数来获得每个客户的第一个和最后一个订单日期。对于 PurchaseDuration，取最后一个订单日期和第一个订单日期之间的天数。对于 PurchaseFrequency，将 PurchaseDuration 数量除以订单数量，以获得两次购买之间的平均天数。

运行结果的数据框 summaryDF，如图 8.6 所示.

	CustomerID	SalesMin	SalesMax	SalesSum	SalesAvg	SalesCount	InvoiceDateMin	InvoiceDateMax	PurchaseDuration	PurchaseFrequency
1	12346	77183.60	77183.60	77183.60	77183.6000	1	2011-01-18 10:01:00	2011-01-18 10:01:00	0	0.000000
2	12347	382.52	1294.32	4085.18	680.8633	6	2010-12-07 14:57:00	2011-10-31 12:25:00	327	54.500000
3	12348	227.44	892.80	1797.24	449.3100	4	2010-12-16 19:09:00	2011-09-25 13:13:00	282	70.500000
4	12349	1757.55	1757.55	1757.55	1757.5500	1	2011-11-21 09:51:00	2011-11-21 09:51:00	0	0.000000
5	12350	334.40	334.40	334.40	334.4000	1	2011-02-02 16:01:00	2011-02-02 16:01:00	0	0.000000
6	12352	120.33	840.30	2506.04	313.2550	8	2011-02-16 12:33:00	2011-11-03 14:37:00	260	32.500000
7	12353	89.00	89.00	89.00	89.0000	1	2011-05-19 17:47:00	2011-05-19 17:47:00	0	0.000000
8	12354	1079.40	1079.40	1079.40	1079.4000	1	2011-04-21 13:11:00	2011-04-21 13:11:00	0	0.000000
9	12355	459.40	459.40	459.40	459.4000	1	2011-05-09 13:49:00	2011-05-09 13:49:00	0	0.000000
10	12356	58.35	2271.62	2811.43	937.1433	3	2011-01-18 09:50:00	2011-11-17 08:40:00	302	100.666667
11	12357	6207.67	6207.67	6207.67	6207.6700	1	2011-11-06 16:07:00	2011-11-06 16:07:00	0	0.000000
12	12358	484.86	484.86	484.86	484.8600	1	2011-07-12 10:04:00	2011-07-12 10:04:00	0	0.000000
13	12359	547.50	2876.85	6372.58	1593.1450	4	2011-01-12 12:43:00	2011-10-13 12:47:00	274	68.500000
14	12360	534.70	1083.58	2662.06	887.3533	3	2011-05-23 09:43:00	2011-10-18 15:22:00	148	49.333333
15	12361	189.90	189.90	189.90	189.9000	1	2011-02-25 13:51:00	2011-02-25 13:51:00	0	0.000000
16	12362	303.76	829.99	4697.19	521.9100	9	2011-02-17 10:30:00	2011-11-04 09:07:00	259	28.777778
17	12363	252.90	299.10	552.00	276.0000	2	2011-04-11 13:29:00	2011-08-22 10:18:00	132	66.000000
18	12364	79.80	623.92	1002.78	334.2600	3	2011-08-19 15:24:00	2011-10-30 15:43:00	72	24.000000
19	12365	320.69	320.69	641.38	320.6900	2	2011-02-21 13:51:00	2011-02-21 14:04:00	13	6.500000
20	12370	277.20	1590.82	3545.69	886.4225	4	2010-12-14 12:58:00	2011-10-19 14:51:00	309	77.250000

图 8.6　数据框 summaryDF 外观截图

通过这些数据能够了解每个客户的购买情况。例如，ID 为 12346 的客户在 2011 年 1 月 18 日只进行了一次购买。然而，ID 为 12347 的客户在 2010 年 12 月 7 日至 2011 年 10 月 31 日期间，或在 327 天的时间里，进行了 6 次购买。该客户在每个订单上的平均花费约为 681 美元，平均而言，该客户每 54.5 天进行一次购买。

下面更仔细地查看重复购买的客户的购买次数的分布。看看下面的代码：

```
summaryDF <- summaryDF[which(summaryDF$PurchaseDuration > 0),]

salesCount <- summaryDF %>%
  group_by(SalesCount) %>%
  summarize(Count=n())

ggplot(salesCount[1:19,], aes(x=SalesCount, y=Count)) +
  geom_bar(width=0.5, stat="identity", fill = "indianred") +
  xlab("Sales Count") +
  ylab("Count") +
  theme(plot.title = element_text(hjust = 0.5))
```

首先在第一行代码中排除了只有一次购买的客户。然后，计算每个 SalesCount 的客户数量。最后，使用 ggplot 和 geom_bar 创建一个条形图来显示该数据，结果如图 8.7 所示。

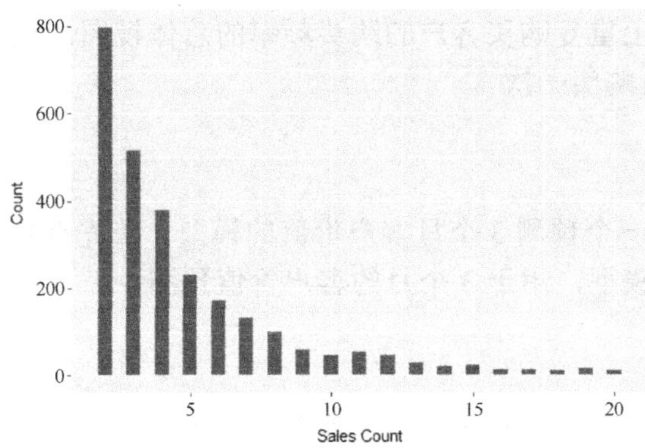

图 8.7　复购次数分布

从图 8.7 中可以看到，大多数客户的历史购买次数不超过 10 次。进一步查看这些回头客的平均购买间隔天数。先看一下下面的代码：

```
library(ggstance)

ggplot(summaryDF, aes(x=PurchaseFrequency)) +
  geom_histogram(binwidth = 10,
                 fill = "indianred",
                 colour = "white") +
  geom_boxplot(aes(y = 475),
               width = 50,
               color = "darkblue",
               outlier.shape = 1,
               outlier.colour = "indianred") +
  xlab("avg. number of days between purchases") +
  ylab("count") +
  ylim(0, 500)
```

使用 R 中的 geom_histogram 函数和 geom_boxplot 函数一起来构建购买频率数据的直方图。bins 参数定义了要构建的直方图中箱的数量。结果如图 8.8 所示。

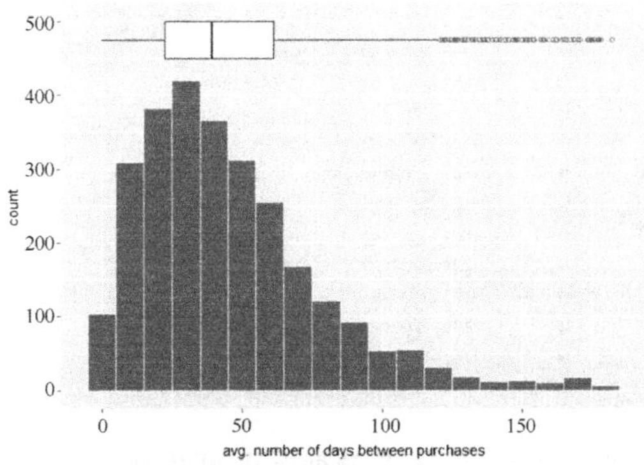

图 8.8　平均购买频率分布

图 8.8 显示了历史上重复购买客户的购买频率的总体视图。从这张图中可以看到，大多数回头客每 20～60 天购买一次。

8.3.3 价值预测

本节将在 R 中建立一个预测 3 个月客户价值的模型。首先准备模型构建所需的数据，然后训练一个线性回归模型，用于 3 个月的客户价值预测。

1. 数据准备

为了构建一个预测模型，首先需要准备数据，以便将相关数据输入模型。看看下面的代码：

```
# group data into every 3 months
library(lubridate)


ordersDF$Quarter = as.character(round_date(ordersDF$InvoiceDate, '3 months'))


dataDF <- ordersDF %>%
  group_by(CustomerID, Quarter) %>%
  summarize(SalesSum=sum(Sales), SalesAvg=mean(Sales), SalesCount=n())
```

在这段代码中，使用了 lubridate 包以帮助分析者更容易地处理带有日期的数据。使用 lubridate 包中的 round_date 函数，首先将 InvoiceDate 指向最近的季度。然后，按 CustomerID 和新创建的列 Quarter 对数据进行分组，以获得每个客户的季度销售数据。每组 3 个月的时间窗口，将所有的销售额相加得到总购买金额，并取购买金额的平均值，以及给定时期内每个客户的总购买数量。通过这种方式，获得了每 3 个月为每个客户提供购买信息的汇总数据。dataDF 中的数据如图 8.9 所示。

	CustomerID	Quarter	SalesSum	SalesAvg	SalesCount
1	12346	2011-01-01	77183.60	77183.60000	1
2	12347	2011-01-01	1187.18	593.59000	2
3	12347	2011-04-01	636.25	636.25000	1
4	12347	2011-07-01	967.43	483.71500	2
5	12347	2011-10-01	1294.32	1294.32000	1
6	12348	2011-01-01	1120.24	560.12000	2
7	12348	2011-04-01	367.00	367.00000	1
8	12348	2011-10-01	310.00	310.00000	1
9	12349	2012-01-01	1757.55	1757.55000	1
10	12350	2011-01-01	334.40	334.40000	1
11	12352	2011-04-01	1561.81	312.36200	5
12	12352	2011-10-01	944.23	314.74333	3
13	12353	2011-07-01	89.00	89.00000	1
14	12354	2011-04-01	1079.40	1079.40000	1
15	12355	2011-04-01	459.40	459.40000	1
16	12356	2011-01-01	2271.62	2271.62000	1
17	12356	2011-04-01	481.46	481.46000	1
18	12356	2012-01-01	58.35	58.35000	1
19	12357	2011-10-01	6207.67	6207.67000	1
20	12358	2011-07-01	484.86	484.86000	1

图 8.9 按季度汇总的数据库 dataDF 的外观截图

为了让事情更简单，对 Quarter 列值进行编码，使其比当前日期格式更容易阅读。看看下面的代码：

```
dataDF$Quarter[dataDF$Quarter == "2012-01-01"] <- "Q1"
dataDF$Quarter[dataDF$Quarter == "2011-10-01"] <- "Q2"
dataDF$Quarter[dataDF$Quarter == "2011-07-01"] <- "Q3"
dataDF$Quarter[dataDF$Quarter == "2011-04-01"] <- "Q4"
dataDF$Quarter[dataDF$Quarter == "2011-01-01"] <- "Q5"
```

这段代码将日期值编码为 Q1、Q2、Q3 等，其中较小的数字表示更近的日期。例如，日期 2012-01-01 现在被编码为 Q1，日期 2011-10-01 现在被编码为 Q2。结果如图 8.10 所示。

	CustomerID	Quarter	SalesSum	SalesAvg	SalesCount
1	12346	Q5	77183.60	77183.60000	1
2	12347	Q5	1187.18	593.59000	2
3	12347	Q4	636.25	636.25000	1
4	12347	Q3	967.43	483.71500	2
5	12347	Q2	1294.32	1294.32000	1
6	12348	Q5	1120.24	560.12000	2
7	12348	Q4	367.00	367.00000	1
8	12348	Q2	310.00	310.00000	1
9	12349	Q1	1757.55	1757.55000	1
10	12350	Q5	334.40	334.40000	1
11	12352	Q4	1561.81	312.36200	5
12	12352	Q2	944.23	314.74333	3
13	12353	Q3	89.00	89.00000	1
14	12354	Q4	1079.40	1079.40000	1
15	12355	Q4	459.40	459.40000	1
16	12356	Q5	2271.62	2271.62000	1
17	12356	Q4	481.46	481.46000	1
18	12356	Q1	58.35	58.35000	1
19	12357	Q2	6207.67	6207.67000	1
20	12358	Q3	484.86	484.86000	1

图 8.10　Quarter 列值编码后的数据框外观截图

现在已经准备好构建一个带有特征变量和目标变量的示例集。正如前面简要提到的，将使用最后 3 个月的客户价值作为目标变量，其余的作为特征，这意味着要训练一个机器学习模型，用其余的数据预测最后 3 个月的客户价值。为了训练这样的模型，需要将此数据转换为表格数据，其中行表示单个客户，列表示每个特征。看看下面的代码：

```
# install.packages('reshape2')
library(reshape2)

salesSumFeaturesDF <- dcast(
  dataDF[which(dataDF$Quarter != "Q1"),],
  CustomerID ~ Quarter,
  value.var="SalesSum"
)
colnames(salesSumFeaturesDF) <- c("CustomerID", "SalesSum.Q2", "SalesSum.Q3",
"SalesSum.Q4", "SalesSum.Q5")
```

```
salesAvgFeaturesDF <- dcast(
  dataDF[which(dataDF$Quarter != "Q1"),],
  CustomerID ~ Quarter,
  value.var="SalesAvg"
)
colnames(salesAvgFeaturesDF) <- c("CustomerID", "SalesAvg.Q2", "SalesAvg.Q3",
"SalesAvg.Q4", "SalesAvg.Q5")

salesCountFeaturesDF <- dcast(
  dataDF[which(dataDF$Quarter != "Q1"),],
  CustomerID ~ Quarter,
  value.var="SalesCount"
)
colnames(salesCountFeaturesDF) <- c("CustomerID", "SalesCount.Q2", "SalesCount.Q3",
"SalesCount.Q4", "SalesCount.Q5")

featuresDF <- merge(
  merge(salesSumFeaturesDF, salesAvgFeaturesDF, by="CustomerID"),
  salesCountFeaturesDF, by="CustomerID"
)
featuresDF[is.na(featuresDF)] <- 0
```

这段代码使用 reshape2 包来透视数据。例如，使用 reshape2 包中的 dcast 函数，首先转换 SalesSum 数据，其中行索引表示每个客户（CustomerID），列是每个季度，值是给定客户和季度的总销售额或购买量。对 SalesSum、SalesAvg 和 SalesCount 列重复这个过程三次，最后合并数据。使用 merge 函数，可以通过 CustomerID 索引合并这些数据框。最后，使用 is.na 函数将 null 或 NA 值编码为 0。结果如图 8.11 所示。

	CustomerID	SalesSum.Q2	SalesSum.Q3	SalesSum.Q4	SalesSum.Q5	SalesAvg.Q2	SalesAvg.Q3	SalesAvg.Q4	SalesAvg.Q5	SalesCount.Q2	SalesCount.Q3
1	12346	0.00	0.00	0.00	77183.60	0.0000	0.00000	0.0000	77183.6000	0	0
2	12347	1294.32	967.43	636.25	1187.18	1294.3200	483.71500	636.2500	593.5900	1	2
3	12348	310.00	0.00	367.00	1120.24	310.0000	0.00000	367.0000	560.1200	1	0
4	12350	0.00	0.00	0.00	334.40	0.0000	0.00000	0.0000	334.4000	0	0
5	12352	944.23	0.00	1561.81	0.00	314.7433	0.00000	512.3620	0.0000	3	0
6	12353	0.00	89.00	0.00	0.00	0.0000	89.00000	0.0000	0.0000	0	1
7	12354	0.00	0.00	1079.40	0.00	0.0000	0.00000	1079.4000	0.0000	0	0
8	12355	0.00	0.00	459.40	0.00	0.0000	0.00000	459.4000	0.0000	0	0
9	12356	0.00	0.00	481.46	2271.62	0.0000	0.00000	481.4600	2271.6200	0	0
10	12357	6207.67	0.00	0.00	0.00	6207.6700	0.00000	0.0000	0.0000	1	0
11	12358	0.00	464.86	0.00	0.00	0.0000	464.86000	0.0000	0.0000	0	1
12	12359	2876.85	1109.32	0.00	2386.41	2876.8500	1109.32000	0.0000	1193.2050	1	1
13	12360	1578.48	1083.56	0.00	0.00	789.2400	1083.56000	0.0000	0.0000	2	1
14	12361	0.00	0.00	189.90	0.00	0.0000	0.00000	189.9000	0.0000	0	0
15	12362	2949.84	773.01	974.34	0.00	589.9680	386.50500	487.1700	0.0000	5	2
16	12363	252.90	0.00	299.10	0.00	252.9000	0.00000	299.1000	0.0000	1	0
17	12364	1002.78	0.00	0.00	0.00	334.2600	0.00000	0.0000	0.0000	3	0
18	12365	0.00	0.00	641.38	0.00	0.0000	0.00000	320.6900	0.0000	0	0
19	12370	739.28	0.00	938.39	1868.02	739.2800	0.00000	938.3900	934.0100	1	0
20	12371	1887.96	0.00	0.00	0.00	943.9800	0.00000	0.0000	0.0000	2	0

图 8.11　转换后的特征变量数据框

构建完特征变量数据框后，接下来构建目标变量。看看下面的代码：

```
responseDF <- dataDF[which(dataDF$Quarter == "Q1"),] %>%
    select(CustomerID, SalesSum)

colnames(responseDF) <- c("CustomerID", "CLV_3_Month")
```

这段代码将最后 3 个月的 Q1 组作为目标变量。目标列将是销售总量（SalesSum），因为想预测未来 3 个月的客户价值，这是一个给定的客户可能在未来 3 个月的总购买金额。结果如图 8.12 所示。

	CustomerID	CLV_3_Month
1	12349	1757.55
2	12356	58.35
3	12375	227.20
4	12380	1040.39
5	12388	286.40
6	12391	460.89
7	12395	265.83
8	12406	1794.05
9	12421	178.48
10	12427	239.72
11	12433	2843.29
12	12437	198.60
13	12438	2016.78
14	12444	936.64
15	12445	133.40
16	12449	1342.71
17	12451	1188.14
18	12452	430.57
19	12462	427.48
20	12464	431.50

图 8.12　目标变量数据框截图

现在需要构建机器学习模型的样本集，将特征和响应数据结合在一起。代码如下：

```
sampleDF <- merge(featuresDF, responseDF, by="CustomerID", all.x=TRUE)
sampleDF[is.na(sampleDF)] <- 0
```

这段代码使用 merge 函数来连接 CustomerID 对应的两个数据框。all.x=TRUE 时，取特征数据中的所有记录，即使响应数据（sampleDF）中没有相应的特征数据。在这种情况下，给定的客户在过去 3 个月内没有进行任何购买（数据框中的 NA 值）时，我们将其赋值为 0。最终的样本集如图 8.13 所示。

	CustomerID	SalesSum.Q2	SalesSum.Q3	SalesSum.Q4	SalesSum.Q5	SalesAvg.Q2	SalesAvg.Q3	SalesAvg.Q4	SalesAvg.Q5	SalesCount.Q2	SalesCount.Q3	SalesCount.Q4	SalesCount.Q5	CLV_3_Month
1	12346	0.00	0.00	0.00	77183.60	0.0000	0.00000	0.0000	77183.6000	0	0	0	1	0.00
2	12347	1294.32	967.43	636.25	1167.18	1294.3200	483.71500	636.2500	593.5900	1	2	1	2	0.00
3	12348	310.00	0.00	367.00	1120.24	310.0000	0.00000	367.0000	560.1200	1	0	1	2	0.00
4	12350	0.00	0.00	0.00	334.40	0.0000	0.00000	0.0000	334.4000	0	0	0	1	0.00
5	12352	944.23	0.00	1561.81	0.00	314.7433	0.00000	312.3620	0.0000	3	0	5	0	0.00
6	12353	0.00	89.00	0.00	0.00	0.0000	89.00000	0.0000	0.0000	0	1	0	0	0.00
7	12354	0.00	0.00	1079.40	0.00	0.0000	0.00000	1079.4000	0.0000	0	0	1	0	0.00
8	12355	0.00	0.00	459.40	0.00	0.0000	0.00000	459.4000	0.0000	0	0	1	0	0.00
9	12356	0.00	0.00	481.46	2271.62	0.0000	0.00000	481.4600	2271.6200	0	0	1	1	58.35
10	12357	6207.67	0.00	0.00	0.00	6207.6700	0.00000	0.0000	0.0000	1	0	0	0	0.00
11	12358	0.00	484.86	0.00	0.00	0.0000	484.86000	0.0000	0.0000	0	1	0	0	0.00
12	12359	2876.85	1109.32	0.00	2386.41	2876.8500	1109.32000	0.0000	1193.2050	1	1	0	2	0.00
13	12360	1578.48	1083.58	0.00	0.00	789.2400	1083.58000	0.0000	0.0000	2	1	0	0	0.00
14	12361	0.00	0.00	189.90	0.00	0.0000	0.00000	189.9000	0.0000	0	0	1	0	0.00
15	12362	2949.84	773.01	974.34	0.00	589.9680	386.50500	487.1700	0.0000	5	2	2	0	0.00
16	12363	252.90	0.00	299.10	0.00	252.9000	0.00000	299.1000	0.0000	1	0	1	0	0.00
17	12364	1002.78	0.00	0.00	0.00	334.2600	0.00000	0.0000	0.0000	3	0	0	0	0.00
18	12365	0.00	0.00	641.38	0.00	0.0000	0.00000	320.6900	0.0000	0	0	2	0	0.00
19	12370	739.28	0.00	938.39	1868.02	739.2800	0.00000	938.3900	934.0100	1	0	1	2	0.00
20	12371	1887.96	0.00	0.00	0.00	943.9800	0.00000	0.0000	0.0000	2	0	0	0	0.00

图 8.13　包含目标变量和特征变量的数据框截图

有了这些数据，现在可以构建一个模型，用历史客户购买数据预测未来 3 个月的客户价值。

2. 线性回归

首先使用以下代码将样本集拆分为训练集和测试集：

```
# train/test set split
library(caTools)

sample <- sample.split(sampleDF$CustomerID, SplitRatio = .8)

train <- as.data.frame(subset(sampleDF, sample == TRUE))[,-1]
test <- as.data.frame(subset(sampleDF, sample == FALSE))[,-1]
```

在这段代码中，抽取样本集的 80%用于训练模型，剩下的 20%用于测试和评估模型性能。下面将使用一个线性回归模型。然而，推荐使用其他机器学习算法进行实验，如随机森林算法和支持向量机（SVM）。可以用 randomForest 包训练随机森林模型，用 e1071 包训练 SVM 模型。

为了用已经整理好的数据集训练一个线性回归模型，可以使用以下代码：

```
# Linear regression model
regFit <- lm(CLV_3_Month ~ ., data=train)
```

只需使用 lm 函数，要训练的数据是 train 变量，其中表达式“CLV_3_Month ~”是指导机器训练一个线性回归模型与给定的数据。

随后，可以在训练后的线性回归模型对象中找到一些有用的信息。使用以下命令获取关于模型的详细信息：

```
summary(regFit)
```

输出结果如图 8.14 所示。

```
> summary(regFit)

Call:
lm(formula = CLV_3_Month ~ ., data = train)

Residuals:
    Min      1Q  Median      3Q     Max
-5505.4   -93.2   -11.8    44.9 11735.3

Coefficients:
                Estimate Std. Error t value Pr(>|t|)
(Intercept)   -62.049639  10.383921  -5.976 2.54e-09 ***
SalesSum.Q2     0.136467   0.005229  26.099  < 2e-16 ***
SalesSum.Q3    -0.076735   0.007811  -9.823  < 2e-16 ***
SalesSum.Q4     0.113691   0.009526  11.934  < 2e-16 ***
SalesSum.Q5    -0.232159   0.017962 -12.925  < 2e-16 ***
SalesAvg.Q2    -0.032641   0.022697  -1.438 0.150493
SalesAvg.Q3     0.263349   0.024675  10.673  < 2e-16 ***
SalesAvg.Q4    -0.058980   0.018938  -3.114 0.001859 **
SalesAvg.Q5     0.251109   0.018932  13.263  < 2e-16 ***
SalesCount.Q2  37.930136   5.760731   6.584 5.30e-11 ***
SalesCount.Q3  10.811683   7.168478   1.508 0.131592
SalesCount.Q4 -26.085985   7.677278  -3.398 0.000687 ***
SalesCount.Q5  68.596518   7.681871   8.930  < 2e-16 ***
---
Signif. codes:  0 ‘***’ 0.001 ‘**’ 0.01 ‘*’ 0.05 ‘.’ 0.1 ‘ ’ 1

Residual standard error: 426.9 on 3310 degrees of freedom
Multiple R-squared:  0.4928,    Adjusted R-squared:  0.4909
F-statistic:   268 on 12 and 3310 DF,  p-value: < 2.2e-16
```

图 8.14　训练后的线性回归模型的数据描述

从输出结果中可以轻松找到每个特征的系数，以及哪些特征与目标是负相关或正相关。例如，前三个月的总购买金额（SalesSum.Q2）对未来 3 个月的客户价值有正向影响。这意味着前 3 个月的总采购金额越高，接下来 3 个月的采购金额就越高。另外，第三季度和第五季度的总购买金额（SalesSum.Q3 和 SalesSum.Q5）与未来 3 个月的客户价值负相关。换句话说，一个客户在两个季度或四个季度前购买的商品越多，则在未来 3 个月带来的价值就越低。

使用 3 个月的客户价值预测输出结果，可以对应选择不同的方式定制企业的营销策略。既然知道未来 3 个月个人客户的购买金额，就可以为企业的营销活动制定一个更好的预算。营销预算应该设置得足够高，以达到目标客户，但又要足够低，以低于 3 个月的预期客户价值，这样才能有一个积极的投资回报率的营销活动。也可以使用这 3 个月的客户价值预测输出结果来专门针对未来 3 个月的这些高价值客户。因为高价值客户可能会带来比其他客户更多的收入，所以预测结果可以帮助创建具有更高投资回报率的营销活动。

3. 回归模型性能评估

前面已经训练了回归模型，用来预测 3 个月的客户价值，下面对这个模型的性能进行评估。如前所述，将选择使用 R^2、MAE 值和预测值与实际值的散点图来评估模型。首先需要从模型中获得预测输出结果，如以下代码所示：

```
train_preds <- predict(regFit, train)
test_preds <- predict(regFit, test)
```

然后，使用 miscTools 包来计算样本内和样本外 R^2 值。如以下代码：

```
# R-squared
# install.packages('miscTools')
library(miscTools)

inSampleR2 <- rSquared(train$CLV_3_Month, resid=train$CLV_3_Month - train_preds)
outOfSampleR2 <- rSquared(test$CLV_3_Month, resid=test$CLV_3_Month - test_preds)
```

R^2 的值如图 8.15 所示。

```
> sprintf('In-Sample R-Squared: %0.4f', inSampleR2)
[1] "In-Sample R-Squared: 0.4928"
> sprintf('Out-of-Sample R-Squared: %0.4f', outOfSampleR2)
[1] "Out-of-Sample R-Squared: -0.5619"
```

图 8.15　模型的 R^2 值

由于将样本集分解为训练集和测试集的随机性，每个分析者计算的结果可能与这些结果不同。在我们的例子中，样本内 R^2 值为 0.4928，样本外 R^2 值为-0.5619。样本内和样本外 R^2 值相差较大，说明存在过拟合现象，模型在训练集中的表现明显好于在测试集中的表现。在过拟合的情况下，可以尝试不同的特征组合，或者使用更多的样本进行训练。

接下来，观察样本内和样本外预测的 MAE 值。编写下面的代码：

```
# Median Absolute Error
inSampleMAE <- median(abs(train$CLV_3_Month - train_preds))
outOfSampleMAE <- median(abs(test$CLV_3_Month - test_preds))
```

这段代码使用 median 和 abs 函数来获得样本内和样本外预测的绝对误差的中位数。在本范例中，结果如图 8.16 所示。

```
> sprintf('In-Sample MAE: %0.4f', inSampleMAE)
[1] "In-Sample MAE: 71.1725"
> sprintf('Out-of-Sample MAE: %0.4f', outOfSampleMAE)
[1] "Out-of-Sample MAE: 69.8922"
```

图 8.16 样本内和样本外预测的 MAE 值

最后，观察预测值与实际值的散点图。使用以下代码来绘制散点图：

```
plot(
  test$CLV_3_Month,
  test_preds,
  xlab='actual',
  ylab='predicted',
  main='Out-of-Sample Actual vs. Predicted'
)
abline(a=0, b=1)
```

结果如图 8.17 所示。

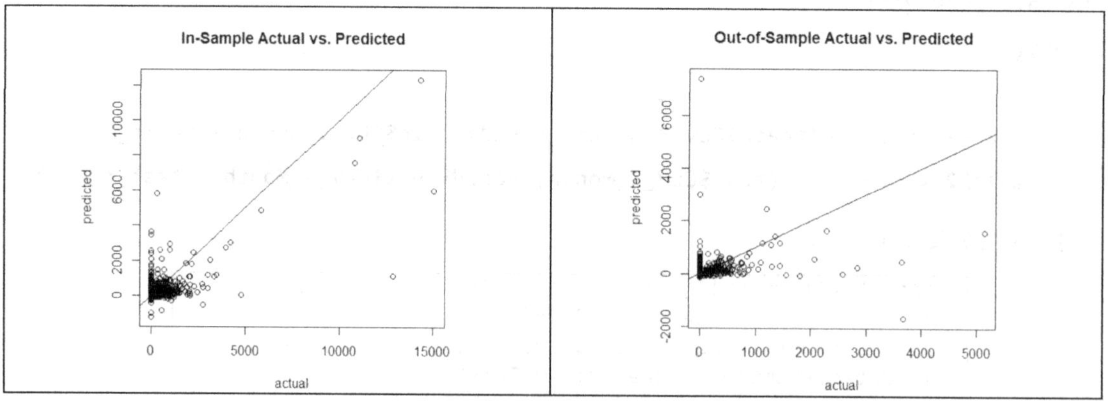

图 8.17 样本内外预测值与实际值的散点图

从图 8.17 中可以看出，x 值是实际值，y 值是预测值。如前所述，直线上的点越多，预测就越准确。这是因为直线上的点表明实际值和预测值很接近。看这张图，这些点似乎没有沿着直线分布，这表明预测相当差。这与之前观察到的样本外 R^2 值相符。预测值与实际值的散点图是模型性能可视化的好方法。

本章小结

在本章中，我们学习了什么是客户终身价值（CLV），它的重要性和在市场营销中的使用。特别是为了证明客户获取成本的合理性，很重要的一点是要了解每个新客户将给公司带来多少价值。我们讨论了 CLV 计算如何帮助营销人员制定积极的 ROI 营销策略。然后，我们通过一个假设的例子来展示如何使用平均购买量、购买频率和客户生命周期来计算 CLV。我们还提到了另一种使用机器学习和预测模型来估计 CLV 的方法。

在编程练习中，我们学习了如何建立线性回归模型来预测 3 个月的 CLV。在 R 中，我们使用内置的 lm 函数用我们的数据训练一个线性回归模型。对于线性回归模型的评估，我们已经讨论了四种常用的测量方法，即 MSE 值，MAE 值，R^2 值，以及预测值与实际值散点图，以及每一种测量方法和告诉我们的关于线性回归模型的性能。

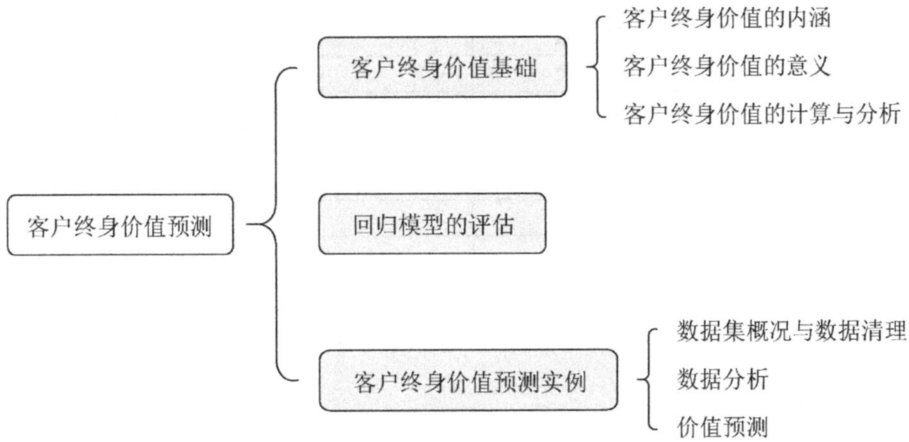

【实训 1 ——流量分析】

1. 实训背景

流量是电商企业的命脉，分析并优化流量成为电商运营的基本技能之一。然而，流量渠道是消费者进店的方式，不同的店铺、不同的产品投放到相同的渠道，表现可能并不一样。对流量渠道进行分析，可以帮助运营者采取更有效的渠道运作策略，从而提高产品的销量。

2. 实训内容

本实训以店铺流量渠道为例，通过分析不同日期、不同渠道下访客量的变化，了解不同渠道流量的差异，从而帮助运营者制定更有效的渠道运作策略。本次实训的重点是解决以下问题。

（1）了解访客数概况及按日期变化情况。

（2）观察访客来源分布。

（3）访客数增长原因分析。

3. 实训平台

蓝鹰 BI 平台。

4. 分析思路

本实训的数据主要由“星辰口红流量来源”表构成，字段说明表如表 8.2 所示。

表 8.2　字段说明表

序号	字段名	字段说明
1	日期	对应数据的统计日期
2	来源	流量来源
3	访客数	对应时间和来源的访客数量
4	浏览量	浏览量
5	浏览量占比	浏览量占比
6	店内跳转人数	店内跳转人数
7	跳出本店人数	跳出本店人数
8	收藏人数	收藏人数
9	加购人数	加购人数
10	下单买家数	下单买家数
11	下单转化率	下单转化率
12	支付件数	支付件数
13	支付买家数	支付买家数
14	支付转化率	支付转化率

流量分析思路如图 8.18 所示。

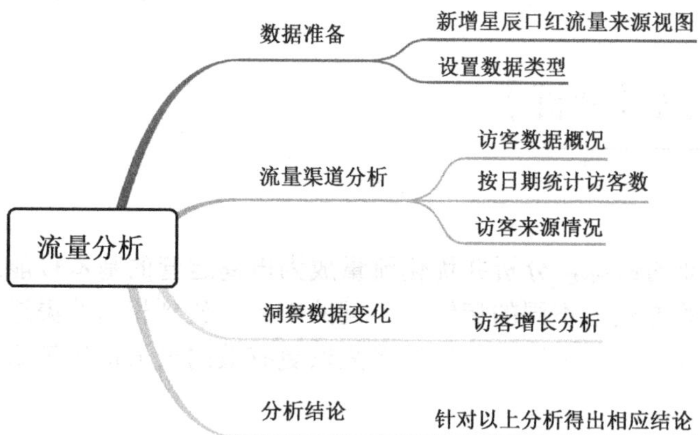

图 8.18　数据分析思维导图

5. 实训步骤

实训步骤可以扫以下二维码获得。

实训指导书　　　　实训示范视频

说明：①实训指导书配有详细图文说明；②实训示范视频展示实训平台界面和操作步骤。

6. 分析总结

① 观测“按日期统计访客数”。

② 观测“访客来源情况”。

③ 观测“按日期统计访客数”、“访客来源情况”和“访客数增长分析”。

【实训 2 ——汽车销售量预测】

1. 实训背景

在汽车销售行业中，有些汽车会比较好销售一点，但有些汽车则很难卖出。影响汽车销量的因素很多，其中汽车特征是影响销量的主要因素之一。本案例试图找到汽车特征与汽车销售量之间的关系。

2. 实训内容

本实训以连续 14 年的汽车销售量与一些特征的数据为基础，通过建立拟合多元线性回归模型，分析汽车特征与汽车销售量之间的关系。

3. 实训平台

蓝鹰 BI 平台。

4. 分析思路

本实训的数据主要由“多元线性_汽车销售数据”表构成，如图 8.19 所示。

	A	B	C	D	E	F	G	H
1	年份	销售量	价格	排量	马力	轴距	车宽	车长
2	2007年	16.919	21.5	1.8	140	101.2	67.3	172.4
3	2008年	39.384	28.4	3.2	225	108.1	70.3	192.9
4	2009年	14.114		3.2	225	106.9	70.6	192
5	2010年	8.588	42	3.5	210	114.6	71.4	196.6
6	2011年	20.397	23.99	1.8	150	102.6	68.2	178
7	2012年	18.780	33.95	2.8	200	108.7	76.1	192
8	2013年	1.380	62	4.2	310	113.0	74.0	198.2
9	2014年	19.747	26.99	2.5	170	107.3	68.4	176
10	2015年	9.231	33.4	2.8	193	107.3	68.5	176
11	2016年	17.527	38.9	2.8	193	111.4	70.9	188
12	2017年	91.561	21.975	3.1	175	109.0	72.7	194.6
13	2018年	39.350	25.3	3.8	240	109.0	72.7	196.2
14	2019年	27.851	31.965	3.8	205	113.8	74.7	206.8
15	2020年	83.257	27.885	3.8	205	112.2	73.5	200

图 8.19　案例数据截图

预测分析思路如下，如图 8.20 所示。

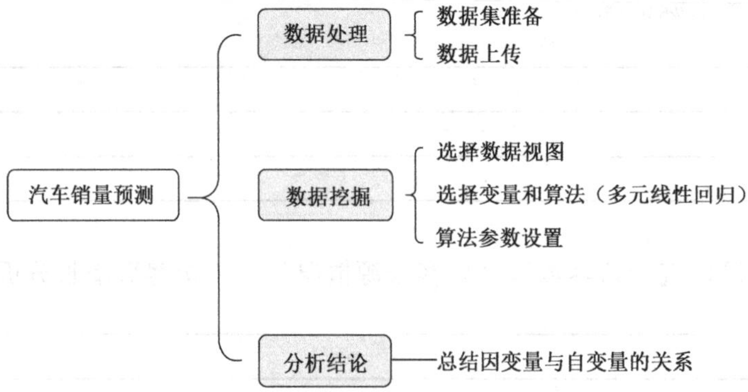

图 8.20　数据分析思维导图

5. 实训步骤

实训步骤可以扫以下二维码获得。

实训指导书　　　　实训示范视频

说明：①实训指导书配有详细图文说明；②实训示范视频展示实训平台界面和操作步骤。

6. 分析结论

观察运算结果，写出汽车销售量与汽车特征之间的关系。

____

____

____

____

第 9 章▶▶

客户细分

【学习目标】

1. 理解客户管理的定义、内容和意义
2. 理解大数据对企业进行客户管理的作用
3. 理解聚类算法的应用场景
4. 掌握聚类算法的原理
5. 熟练掌握 k-means 算法并应用于客户细分的实践

本章插图

9.1 客户管理基础

9.1.1 客户管理的定义

客户管理又称客户关系管理(Customer Relationship Management，CRM)。客户关系管理的概念最初由高德纳咨询公司（Gartner Group）提出，在 1980 年初便有所谓的“接触管理”(Contact Management)，即专门收集客户与公司联系的所有信息，到 1990 年则演变成包括电话服务中心和支持资料分析的客户关怀（Customer care）。早在企业资源计划（ERP）的实际应用阶段，人们就发现由于 ERP 系统本身功能方面的局限性，也由于 IT 技术发展阶段的局限性，ERP 系统并没有很好地实现对供应链下游（客户端）的管理，针对客户价值、客户行为和客户满意度的多样性，ERP 并没有给出良好的管理办法。另外，到 20 世纪 90 年代末期，互联网的应用越发普及，客户信息处理技术（如数据仓库、商业智能、知识发现等技术）得到了长足发展。结合新经济的需求和新技术的发展，Gartner Group 提出了 CRM 概念。从 20 世纪 90 年代末期开始，CRM 市场一直处于一种爆炸性增长的状态，并开始在企业电子商务中流行。

最早提出该概念的 Gartner Group 认为，所谓的客户关系管理，就是为企业提供全方位的管理视角；赋予企业更完善的客户交流能力，最大化企业的收益率。

赫维茨集团（Hurwitz Group）认为，CRM 的焦点是自动化并改善与销售、市场营销、客户服务和支持等领域与客户关系有关的商业流程。CRM 既是一套原则制度，也是一套软件和技术。它的目标是缩减销售周期和销售成本、增加收入、寻找扩展业务所需的新的市场和渠道以及提高客户的价值、满意度、盈利性和忠实度。CRM 应用软件将最佳的实践具体化并使用了先进的技术来协助各企业实现这些目标。CRM 在整个客户生命期中都以客户为中心，这意味着CRM应用软件将客户当作企业运作的核心。CRM应用软件简化和协调了各类业务功能（如销售、市场营销、服务和支持）的过程并将其注意力集中于满足客户的需要上。CRM应用软件还将多种与客户交流的渠道，如面对面、电话接洽及Web访问协调为一体，这样，企业就可以按客户的喜好使用适当的渠道与之进行交流。

而国际商业机器公司（IBM）则认为，客户管理包括企业识别、挑选、获取、发展和保持客户的整个商业过程。IBM把客户管理分为三类：关系管理、流程管理和接入管理。

总之，客户管理是指经营者在现代信息技术的基础上，收集和分析客户信息，把握客户需求特征和行为偏好，积累和共享客户知识，有针对性地为客户提供产品或服务，发展和管理与客户之间的关系，从而培养客户的长期忠诚度，以实现客户价值最大化和企业收益最大化之间的平衡的管理方式。

9.1.2 客户管理的内容

客户管理主要包括三个层面的内容。

① 服务渠道管理，即进行市场营销的综合性和互动性的服务渠道管理。

② 关系营造，即建立在优质、高效、便捷服务基础上的真正的客户关系。

③ 对企业的一体化管理，即前台操作与后台操作的一体化。

对于一般的工商企业而言，实施客户管理的过程就是企业在树立“以客户为中心”的经营理念的基础上，开展的包括判断、选择、争取、发展和保持客户的全部商业过程；是企业“以客户为中心”，通过再造企业组织体系和优化业务流程，展开系统的客户研究，提高客户满意度和忠诚度，提高效率和利润收益的工作实践。事实上，企业在市场营销中实施客户管理，一方面可以通过向客户提供更快速和周到的优质服务吸引与保持更多客户，另一方面可以通过对业务流程的再造降低营运成本。

随着市场竞争的日益激烈，企业必须对市场变化迅速做出反应。市场的变化源于客户行为的变化，企业必须把注意力集中于客户需求，最大限度地满足其需求欲望和长远利益。现代企业的竞争优势早已不仅仅局限于产品本身了，决定企业命运的关键是客户——持久、忠诚的客户。

从管理学的角度看，CRM源于市场营销理论。CRM工作的重点应在于管理和尽量延长整体客户特别是优质客户的生命周期，通过有效地满足现有客户的需要来扩大客户基础。因此，如何赢得客户和维持客户成为关系企业生死存亡的大事。企业只有加强客户管理，不断地提高管理客户的能力，把一次性客户转化为长期客户，把长期客户转化为终身忠诚的客户，才能增强企业的核心竞争能力。

从解决方案的角度看，CRM应用软件是将市场营销的科学管理理念通过信息技术的手段集成在软件上面，得以在全球大规模的普及和应用。作为解决方案的CRM应用软件，它集合了当今最新的信息技术，包括Internet和电子商务、多媒体技术、数据仓库和数据挖掘、专家系统和人工智能、呼叫中心等，凝聚了市场营销的管理理念。市场营销、销售管理、客户关怀、服务和支持构成了CRM应用软件的基石。

综上，客户管理有三层含义。

① 体现为新业态企业管理的指导思想和理念。

② 是创新的企业管理模式和运营机制。

③ 是企业管理中信息技术、软硬件系统集成的管理方法和应用解决方案的总和。

9.1.3 大数据在客户管理中的作用

计算机、通信技术、网络应用的飞速发展使得上面的想法不再停留在梦想阶段。办公自动化程度、员工计算机应用能力、企业信息化水平、企业管理水平的提高都有利于客户管理的实现，很多企业有了相当好的信息化基础。

客户信息是客户管理的基础。数据仓库、商业智能、知识发现等技术的发展，使得收集、整理、加工和利用客户信息的质量大大提高。在这方面的一个经典案例来源于美国最大的超市：沃尔玛。对顾客的购买清单信息的分析表明，啤酒和尿布经常同时出现在顾客的购买清单上。究其原因，美国很多男士在为自己小孩买尿布的时候，还要为自己带上几瓶啤酒。而在沃尔玛超市的货架上，这两种商品离得很远，因此，沃尔玛超市重新分布货架，即把啤酒和尿布放得很近，使得购买尿布的男人很容易就看到啤酒，最终使啤酒的销量大增。这就是著名的“啤酒与尿布”的数据挖掘案例。

在市场营销中，企业经常试图了解特定子客户群的行为。特别是在目标市场营销战略中，营销人员试图以特定的方式细分客户，并专注于每个细分市场或客户群体。通过细分客户群，营销人员可以一次专注于一个细分客户群。它还可以帮助营销人员每次针对特定的受众定制营销信息。客户细分是成功的目标市场营销的支柱，可以通过不同的定价、促销和产品植入来锁定特定的客户群体，然后以最低成本最高效地抓住目标客户的兴趣。这种对目标客户的细分给企业带来了更好的绩效。

例如，在面向全国范围的电视节目中投放一个出售冬季服装（如皮大衣、雪地靴和帽子）的户外服装品牌广告，可能存在大量的低效营销。居住在温暖地区的人们，如海南、福建和广东地区的人们，很可能不会对购买冬装感兴趣。然而，居住在冬季寒冷地区的人们，如东北地区，很可能想买御寒的衣服。因此，对这个外套品牌来说，与其向所有客户发送广告信息，不如根据客户的地理信息，瞄准那些居住在更需要冬装的地区的客户群体。

如果在一所大学附近有一栋待出租的大楼，那大楼管理者可能会根据客户的年龄和教育程度来定位目标客户。向 20 岁到 30 岁的客户以及周边大学的学生做营销比向其他人做营销有更高的成功率。酒店可能想要针对那些即将迎来周年纪念日的夫妇进行浪漫套餐营销。使用社交媒体平台，如微信等，酒店可以瞄准这部分客户。

以上这些案例表明，了解和分类客户对营销策略的形成至关重要。任何企业或行业都可以从更好地了解不同的客户群体中获益。

近年来，随着信息技术的快速发展，企业可以通过各种各样的方式获得大量的客户信息，传统的营销模式受到严重的挑战，这就使得企业需要借助大数据收集和挖掘技术去充分地了解和掌握客户信息，挖掘潜在的市场机会，从而提高客户满意度与客户忠诚度。大数据可以把海量的数据（客户信息）通过数据技术进行收集、整理，从而形成数据集或数据群。进一步利用数据挖掘和分析技术能使这些数据集/群产生巨大的商业价值。与大数据相关的技术知识包括数据库和数据仓库、数据挖掘、客户机/服务器体系、知识发现、图形用户界面、决策支持、互联网和电子商务技术、面向对象技术、呼叫中心等，这些技术使得很多理想中的 CRM 应用软件功能得以实现，使企业的客户管理进入真正的智能化时代。

对于客户管理而言，大数据的作用有以下三点。

1. 增强客户黏性

飞速发展的信息技术使得信息透明度越来越高，客户对产品信息的获取也越发容易，随之而来的改变是客户对产品及服务的满意度水平也处于一个实时的变化当中。在这样的情况下，企业若想要全方位地满足客户需求，提高客户黏性，那么关键的任务就是了解客户的消费习惯及偏好，从而改善产品并向客户提供个性化服务。而客户的消费习惯及偏好信息就在企业与客户的日常互动中，若企业能从海量的互动数据中提取到有价值的信息并进行大数据分析，这对于企业准确地认识客户将大有裨益。

2. 挖掘潜在客户

大数据分析不仅可以帮助企业分析现有客户，还能为新客户的开发提供支持。随着信息技术的高速发展，信息已经从过去的单向流动发展为双向互动。企业不仅可以利用大数据技术把产品及其相关信息推送给客户，同时还可以从与客户的互动中获取客户的反馈数据。这些反馈数据，不仅可以帮助企业精准地定位目标市场及目标群体，还可以帮助企业发现新的业务增长点及新客户。

3. 建立客户分类

客户分类是基于客户的属性特征所进行的有效性识别与差异化区分。例如，可以根据客户的性别、收入和交易行为特征等属性针对客户不同需求和交易习惯进行细分，具有相似属性的客户被划分在同一个类里。对客户进行分类后，针对有价值的客户群体，企业可以开展更具针对性的促销活动，提供个性化的服务，从而使企业获得更大的投资回报。

当将客户群细分为子群时，可以使用某些特征及其统计数据，如客户行为探索性分析带来的启示。然而，当试图用多个属性来划分客户时，就变得非常困难。在本章中，我们深入探讨除了传统的细分客户群方案，包括按客户的某些属性的关键统计数据分类和手动把客户群分类，还有使用机器学习把客户分群的好办法。下面将讨论如何使用机器学习进行客户细分。

9.2 聚类算法

9.2.1 聚类算法应用场景

聚类指的是将记录、观察值或案例分组到相似的对象集合中。群是一个相似记录的集合，而该集合中的记录与其他群中的记录没有相似之处。聚类不同于分类，它是没有目标变量的。聚类不是试图进行分类、估计或预测目标变量的值。与分类模型需要使用有类标记样本构成的训练数据不同，聚类模型可以建立在无类标记的数据上，是一种非监督的学习算法。聚类的输入是一组未被标记的样本，聚类根据数据自身的距离或相似度将它们划分为若干组，划分的原则是寻求将整个数据集划分成相对均匀的子组或群，并且群内的记录相似度最大，群之间的相似度最小，如图 9.1 所示。

聚类分析在商业和研究领域有很多应用。以下列举了应用的部分内容。

① 一个不具有庞大市场营销预算的中小企业利基产品的目标营销。

② 为了会计和审计的目的，将财务行为细分为良性和可疑的类别。

③ 当数据集有数百个属性时，作为一种降维工具。

④ 基因表达聚类，其中大量的基因可能会表现出类似的行为等。

聚类算法也是市场营销中客户细分的常用算法。

另外，聚类通常作为数据挖掘过程中的一个初始的步骤，所产生的群将被作为采用不同技术的后续工作的输入，如神经网络。由于许多现代数据库的规模巨大，因此往往是首先应用聚类分析，减少后续算法的搜索空间。

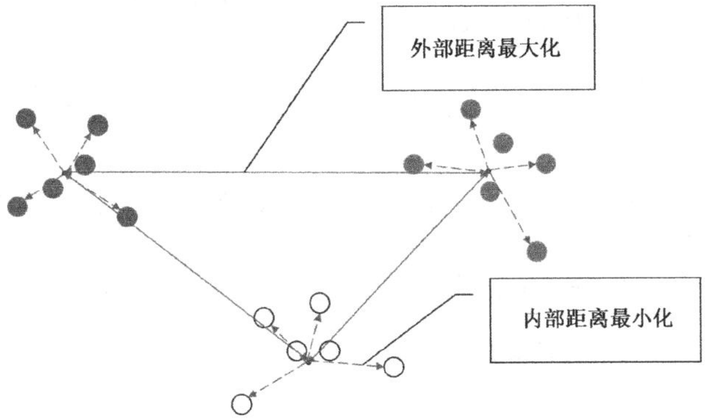

图 9.1　聚类模型的原理

9.2.2　聚类算法原理

常用的聚类算法有 k-means 聚类、层次聚类和系统聚类等。这里我们重点探讨 k-means 聚类算法及其应用。

1. 距离计算

聚类分析遇到的主要问题是相似性和群数量。如何度量相似性的本质是样本间距离的定义问题。如果两个样本相似，那么它们在相同的特征上应该具有相近的数据值，也就是距离较小。这对于一维特征变量情况下比较容易理解，而对于高维度情况下的距离的定义和理解就显得复杂起来。这里做一个简单的介绍。

度量样本之间的相似性最常用的是欧几里得距离、曼哈顿距离和闵可夫斯基距离。若数据集有 m 个样本及 n 个特征属性，其数据矩阵可表示如下：

$$\begin{bmatrix} x_{i1} & \cdots & x_{in} \\ \vdots & \ddots & \vdots \\ x_{m1} & \cdots & x_{mn} \end{bmatrix}$$

则

欧几里得距离为：

$$d(i,j)=\sqrt{(x_{i1}-y_{j1})^2+(x_{i2}-y_{j2})^2+\cdots+(x_{in}-y_{jn})^2}$$

曼哈顿距离为：

$$d(i,j)=|x_{i1}-y_{j1}|+|x_{i2}-y_{j2}|+\cdots+|x_{in}-y_{jn}|$$

闵可夫斯基距离为：

$$d(i,j)=\sqrt[q]{(|x_{i1}-y_{j1}|)^q+(|x_{i2}-y_{j2}|)^q+\cdots+(|x_{in}-y_{jn}|)^q}$$

这里，$i,j\in(1,2,\cdots,m)$，q 为正整数。

对于分类变量，如语句相似性等，常常用余弦距离来度量。计算公式如下：

$$d(i,j)=\cos(i,j)=\frac{\sum_{k=1}^{n}(x_{ik}\cdot x_{jk})}{\sqrt{\sum_{k=1}^{n}{x_{ik}}^2\sum_{k=1}^{n}{x_{jk}}^2}}$$

这里，$k\in(1,2,\cdots,n)$。

也可以定义“差异”函数用于比较一对分类变量，记录的第 k 个属性值：

$$\text{different}(x_{ik},x_{jk})=\begin{cases}0, & 若 x_{ik}=x_{jk}\\ 1, & 否则\end{cases}$$

其中 x_{ik} 和 x_{jk} 是分类值。然后我们可以用 $\text{different}(x_{ik},x_{jk})$ 代替上述欧式距离中的第 k 项。

2. 群数量

k-means 聚类算法将数据中的记录划分为预定义数量的聚类，每个聚类中的数据点彼此很接近。为了将相似的记录分组在一起，k-means 聚类算法试图找到质心，即群的中心或均值，以最小化数据点与群内质心之间的距离。公式如下所示：

$$\sum_{i=0}^{n}\min(|x_i-\mu_j|^2)，这里 \mu_j\in C$$

其中 n 为数据集中的记录数，x_i 为第 i 个数据点，C 为群数，μ_j 为第 j 个质心。

使用 k-means 聚类算法进行客户细分的一个缺点或困难是需要事先知道集群的数量。但是，经常不知道要创建的最佳集群数量是多少。轮廓系数可以用来评估并帮助决定分割问题的最佳群数。简单地说，轮廓系数衡量的是与其他集群相比的数据点与集群的距离。公式如下：

$$s=\frac{b-a}{\max(a,b)}$$

这里 b 是点与其最近的群之间的距离的平均值，a 是同一群内数据点之间的平均距离。轮廓系数的取值范围为-1 到 1，值越接近 1 越好。在下面的练习中，将使用 k-means 聚类算法和轮廓系数从范例数据集中分割客户群。

3. 目标函数

一般使用误差平方和 SSE 作为度量聚类质量的目标函数，对于两种不同的聚类结果，选择误差平方和较小的分类结果。

连续属性的 SSE 计算公式为：

$$\text{SSE}=\sum_{i=1}^{k}\sum_{p\in C_i}d(p,m)^2$$

文档数据的 SSE 计算公式为：

$$\text{SSE}=\sum_{i=1}^{k}\sum_{p\in C_i}\cos(p,m)^2$$

当质心不再改变时，该算法终止。换句话说，对所有群 C_1，C_2，…，C_k，所有记录分别处于不同的群且每个群的群中心不再发生变化时，程序终止。另外，当某些收敛准则得到满足时，该算法可能会终止，如均方误差（MSE）无明显变化时。MSE 由下式决定：

$$\text{MSE}=\frac{\text{SSE}}{N-K}=\frac{\sum_{i=1}^{k}\sum_{p\in C_i}d(p,m)^2}{N-k}$$

MSE 表示误差平方和，SSE 是误差平方和，$p \in C_i$ 表示群 i 中的每个数据点，m_i 代表群 i 的质心（群中心），N 是样本总数，k 是群的数量。回想一下，聚类算法就是寻求构建记录的群，使得群之间的变化比群内的变化大。因为这个概念类似于方差分析，所以可以定义一个伪 F 统计量如下：

$$F_{K-1,N-k} = \frac{\text{MSB}}{\text{MSE}} = \frac{\text{SSB}/k-1}{\text{SSE}/N-k}$$

这里的 SSE 与上面的定义一样，MSB 是群之间的均方。SSB 是群之间的平方和，定义如下：

$$\text{SSB} = \sum_{i=1}^{k} n_i \cdot d(m_i, M)^2$$

这里 n_i 是群 i 中的记录的数量，m_i 是群 i 的质心（群中心），M 是所有数据的总平均。

MSB 表示群间差异，MSE 表示群内差异。因此，一个“好”的群将有一个大的伪 F 统计值，代表群间差异比群内差异大这种情况。因此，随着 k-means 聚类算法的持续进行，群的质量增加，统计指标的理想变化是 MSB 增加，MSE 减少和 F 增加。

4. 数据标准化

为获得最佳性能，聚类算法与分类算法类似，需要归一化数据，以防特定变量或变量子集主导分析。分析人员可以使用在前面的章节中讨论的最大最小规范化和 Z-标准化。

最大最小规范化：

$$X^* = \frac{X - \min(X)}{\max(X) - \min(X)}$$

Z-标准化：

$$X^* = \frac{X - \text{mean}(X)}{\text{SD}(X)}$$

标准化方式还有其他方法，其目的是让变量对聚类目标的影响统一到一个水平上来，而不会因不同变量的取值范围产生影响。然而，在实际案例中，不同变量在客观上就可能存在对聚类目标的影响不同，也就是说变量间具有不同的权重。权重的决定一般由行业专家或实际测量数据结合其他算法确定，如 AHP 方法。如何决定权重是另外的议题，在这里不详细讨论，如有兴趣可参考多准则决策（MCDM）方面的资料。

9.2.3 k-means 聚类算法的步骤

k-means 聚类算法有如下几个步骤。

步骤 1：确定应当将数据集划分为 k 个群。

步骤 2：随机分配 k 个记录成为初始群中心位置。

步骤 3：分别计算每个样本到各簇的聚类中心的距离，将对象分配到距离最近的聚类中为每一个记录找到最近的群中心。因此，从某种意义上说，每个群中心“拥有”一个记录的子集，从而表示一个数据集的划分。因此我们有 k 个群 C_1，C_2，…，C_k。

步骤 4：对于 k 个群中的每一个群，找到群质心，并将群质心以新的群中心位置更新。与前一次计算得到的 k 个聚类中心相比较，如果聚类中心发生变化，回到步骤 3。否则，进入步骤 5。

步骤 5：重复步骤 3～5，直到收敛或终止。

9.3 客户细分中的聚类算法实例

9.3.1 数据集概况及数据清理

1. 数据集概况

本实例中的数据集依然是某跨国礼品公司的在线零售交易数据，交易时段为 2010 年 12 月 01 日至 2011 年 12 月 09 日之间。数据集名称为 Online Retail.xlsx，是 Excel 格式的数据，可以在本书资源网站上找到并下载。数据集包含的变量如表 9.1 所示。

表 9.1 数据集变量

列名	名称	说明
InvoiceNo	发票号码	字符串，分配给每笔交易的唯一的 6 位整数。如果此代码以字母“C”开头，则表示取消
StockCode	产品代码	字符串，分配给每个不同产品的 5 位整数，唯一的独立代码
Description	产品名称	字符串
Quantity	交易数量	数字，每笔交易中每种产品（项目）的数量
InvoiceDate	开票时间	日期，表示生成每笔交易的日期和时间
UnitPrice	单价	数字，每单位英镑的产品价格
CustomerID	客户编号	字符串，分配给每个客户的唯一号码，由 5 位整数构成
Country	国家	字符串，每个客户居住的国家的名称

由于数据集文件格式是 Excel 格式，因此在 R 环境中需要装载特别的工具包才能读入数据。为了加载 Excel 格式的数据集，需要使用 readxl 库，可以使用 RStudio 中的 install.packages("readxl")命令来安装它。在 readxl 库中，有一个名为 read_excel 的函数，可以轻松加载 Excel 文件。代码如下：

```
# clear environment variables
rm(list = ls())

# setting chapter 8 working directory
setwd("C:/BigDataMarketing/CH08")

# load library
library(dplyr)
library(ggplot2)
library(readxl)

#### 1. Load Excel Data ####
```

```
df <- read_excel(
  path="data/Online Retail.xlsx",
  sheet="Online Retail"
)
```

一旦将这些数据加载到一个数据框中，就可以查看数据框的基本情况。输出结果的截图如图 9.2 所示。

	InvoiceNo	StockCode	Description	Quantity	InvoiceDate	UnitPrice	CustomerID	Country
1	536365	85123A	WHITE HANGING HEART T-LIGHT HOLDER	6	2010-12-01 08:26:00	2.55	17850	United Kingdom
2	536365	71053	WHITE METAL LANTERN	6	2010-12-01 08:26:00	3.39	17850	United Kingdom
3	536365	84406B	CREAM CUPID HEARTS COAT HANGER	8	2010-12-01 08:26:00	2.75	17850	United Kingdom
4	536365	84029G	KNITTED UNION FLAG HOT WATER BOTTLE	6	2010-12-01 08:26:00	3.39	17850	United Kingdom
5	536365	84029E	RED WOOLLY HOTTIE WHITE HEART.	6	2010-12-01 08:26:00	3.39	17850	United Kingdom
6	536365	22752	SET 7 BABUSHKA NESTING BOXES	2	2010-12-01 08:26:00	7.65	17850	United Kingdom
7	536365	21730	GLASS STAR FROSTED T-LIGHT HOLDER	6	2010-12-01 08:26:00	4.25	17850	United Kingdom
8	536366	22633	HAND WARMER UNION JACK	6	2010-12-01 08:28:00	1.85	17850	United Kingdom
9	536366	22632	HAND WARMER RED POLKA DOT	6	2010-12-01 08:28:00	1.85	17850	United Kingdom
10	536367	84879	ASSORTED COLOUR BIRD ORNAMENT	32	2010-12-01 08:34:00	1.69	13047	United Kingdom
11	536367	22745	POPPY'S PLAYHOUSE BEDROOM	6	2010-12-01 08:34:00	2.10	13047	United Kingdom
12	536367	22748	POPPY'S PLAYHOUSE KITCHEN	6	2010-12-01 08:34:00	2.10	13047	United Kingdom
13	536367	22749	FELTCRAFT PRINCESS CHARLOTTE DOLL	8	2010-12-01 08:34:00	3.75	13047	United Kingdom
14	536367	22310	IVORY KNITTED MUG COSY	6	2010-12-01 08:34:00	1.65	13047	United Kingdom
15	536367	84969	BOX OF 6 ASSORTED COLOUR TEASPOONS	6	2010-12-01 08:34:00	4.25	13047	United Kingdom
16	536367	22623	BOX OF VINTAGE JIGSAW BLOCKS	3	2010-12-01 08:34:00	4.95	13047	United Kingdom
17	536367	22622	BOX OF VINTAGE ALPHABET BLOCKS	2	2010-12-01 08:34:00	9.95	13047	United Kingdom
18	536367	21754	HOME BUILDING BLOCK WORD	3	2010-12-01 08:34:00	5.95	13047	United Kingdom
19	536367	21755	LOVE BUILDING BLOCK WORD	3	2010-12-01 08:34:00	5.95	13047	United Kingdom
20	536367	21777	RECIPE BOX WITH METAL HEART	4	2010-12-01 08:34:00	7.95	13047	United Kingdom

图 9.2　数据框外观截图

在进入下一个数据清理步骤之前，利用 summary 函数快速考察整体数据集，代码如下：

```
summary(df)
```

运行结果的截图如图 9.3 所示。我们注意到客户代码（CustomerID）存在空值（NA）；以及交易数量（Quantity）和单价（UnitPrice）存在负数，这与通常的情况不符。因此有必要对数据进行清理。

```
> summary(df)
  InvoiceNo          StockCode          Description           Quantity
 Length:541909      Length:541909      Length:541909      Min.   :-80995.00
 Class :character   Class :character   Class :character   1st Qu.:     1.00
 Mode  :character   Mode  :character   Mode  :character   Median :     3.00
                                                          Mean   :     9.55
                                                          3rd Qu.:    10.00
                                                          Max.   : 80995.00

  InvoiceDate                   UnitPrice            CustomerID               Country
 Min.   :2010-12-01 08:26:00   Min.   :-11062.06   Min.   :12346    United Kingdom:495478
 1st Qu.:2011-03-28 11:34:00   1st Qu.:     1.25   1st Qu.:13953    Germany       :  9495
 Median :2011-07-19 17:17:00   Median :     2.08   Median :15152    France        :  8557
 Mean   :2011-07-04 13:34:57   Mean   :     4.61   Mean   :15288    EIRE          :  8196
 3rd Qu.:2011-10-19 11:27:00   3rd Qu.:     4.13   3rd Qu.:16791    Spain         :  2533
 Max.   :2011-12-09 12:50:00   Max.   : 38970.00   Max.   :18287    Netherlands   :  2371
                                                   NA's   :135080   (Other)       : 15279
```

图 9.3　数据框数据概况截图

2. 数据清理

从以下几个方面进行数据清理。

（1）忽略取消的订单

存在数量值为负的交易，表示已取消订单。在这个练习中，将忽略那些被取消的订单，因此需要从数据框中排除它们。在 Quantity 列中排除这些负数的代码如下：

```
df <- df[which(df$Quantity > 0),]
```

只是简单地把所有这些带正数的行存储到变量 df 中。

（2）忽略没有客户代码的数据

我们需要删除 CustomerID 列中没有值的记录。因为要构建一个机器学习模型来预测 3 个月的客户价值，所以需要按 CustomerID 列对数据进行分组。没有它，就不能正确地为这个项目构建模型。删除空值记录的代码如下：

```
df <- na.omit(df)
```

这段代码使用了 na.omit 函数。这个函数返回一个删除了 null 或者 NA 值的对象。然后，我们将输出存储回原始的数据框 df 变量。

（3）排除不完整的月份的数据

该数据集拥有交易时段为 2010 年 12 月 01 日至 2011 年 12 月 09 日之间的所有数据。其中 2011 年 12 月只有 9 天的交易数据，是不完整的，为了正确地为 3 个月的客户价值预测构建模型，将忽略 2011 年 12 月 9 天的交易数据。看看下面的代码，如何从数据框中删除这些记录。

```
df <- df[which(df$InvoiceDate < '2011-12-01'),]
```

具体做法是将 2011 年 12 月 1 日之前发生的所有数据存储到变量 df 中。

（4）计算总销售额

对于下面的分析，需要总销售额，所以将把 Quantity 和 UnitPrice 列相乘，得到总销售额，如下面的代码：

```
df$Sales <- df$Quantity * df$UnitPrice
```

做法是将 Quantity 列乘以 UnitPrice 列来得到每笔交易的总购买金额。然后，将这些值存储到名为 Sales 的列中。

（5）客户个体数据

为了分析客户细分情况，需要转换数据，以便每个记录都代表单个客户的购买历史。看看下面的代码：

```
# per customer data
    customerDF <- df %>%
      group_by(CustomerID) %>%
```

```
    summarize(TotalSales=sum(Sales),
  OrderCount=length(unique(InvoiceDate))) %>%
    mutate(AvgOrderValue=TotalSales/OrderCount)
```

现在已经完成了所有的清理任务。从这段代码中可以看到，按照 CustomerID 对数据框 df 进行分组，并计算每个客户的总销售额和订单数量。然后，计算每个订单的平均值(AvgOrderValue)，方法是将 TotalSales 列除以 OrderCount 列。结果如图 9.4 所示。

^	CustomerID	TotalSales	OrderCount	AvgOrderValue
1	12346	77183.60	1	77183.6000
2	12347	4085.18	6	680.8633
3	12348	1797.24	4	449.3100
4	12349	1757.55	1	1757.5500
5	12350	334.40	1	334.4000
6	12352	2506.04	8	313.2550
7	12353	89.00	1	89.0000
8	12354	1079.40	1	1079.4000
9	12355	459.40	1	459.4000
10	12356	2811.43	3	937.1433
11	12357	6207.67	1	6207.6700
12	12358	484.86	1	484.8600
13	12359	6372.58	4	1593.1450
14	12360	2662.06	3	887.3533
15	12361	189.90	1	189.9000
16	12362	4697.19	9	521.9100
17	12363	552.00	2	276.0000
18	12364	1002.78	3	334.2600
19	12365	641.38	2	320.6900
20	12370	3545.69	4	886.4225

图 9.4　顾客平均订单价值截图

现在，正如从该数据中看到的，TotalSales、OrderCount 和 AvgOrderValue 列具有不同的规模。TotalSales 可以取 0 到 26848 之间的任何值，而 OrderCount 取 1 到 201 之间的值。聚类算法受数据值的规模影响很大，因此需要对这些数据进行归一化，使其在相同的规模上。可以采取两步来标准化这些数据。首先，对数据进行排序，使每一列的值范围从 1 到 4298，这是记录的总数。看看下面的代码：

```
rankDF <- customerDF %>%
  mutate(TotalSales=rank(TotalSales), OrderCount=rank(OrderCount,
ties.method="first"), AvgOrderValue=rank(AvgOrderValue))
```

结果如图 9.5 所示。

接下来，将使用 R 中的标准化函数(scale)将这些数据归一化，使其以均值为中心，均值为 0，标准差为 1。看看下面的代码：

```
normalizedDF <- rankDF %>%
  mutate(TotalSales=scale(TotalSales), OrderCount=scale(OrderCount),
AvgOrderValue=scale(AvgOrderValue))
```

结果如图 9.6 所示，

^	CustomerID	TotalSales	OrderCount	AvgOrderValue
1	12346	4290.0	1	4298.0
2	12347	3958.0	3475	3887.0
3	12348	3350.0	2863	3301.0
4	12349	3322.0	2	4237.0
5	12350	1241.0	3	2553.0
6	12352	3631.0	3776	2355.0
7	12353	119.0	4	201.0
8	12354	2783.0	5	4148.0
9	12355	1671.0	6	3349.0
10	12356	3724.0	2346	4079.0
11	12357	4111.0	7	4294.0
12	12358	1740.0	8	3447.0
13	12359	4117.0	2864	4224.0
14	12360	3681.0	2347	4055.0
15	12361	607.0	9	1181.0
16	12362	4018.0	3872	3575.0
17	12363	1908.0	1545	2001.0
18	12364	2680.0	2348	2552.0
19	12365	2114.0	1546	2427.0
20	12370	3878.0	2865	4054.0

图 9.5　数据转化和排序截图

^	CustomerID	TotalSales	OrderCount	AvgOrderValue
1	12346	1.724999322	-1.7314464	1.73144641
2	12347	1.457445117	1.0682021	1.40022720
3	12348	0.967466333	0.5749998	0.92797791
4	12349	0.944901521	-1.7306405	1.68228736
5	12350	-0.732147575	-1.7298346	0.32517506
6	12352	1.193920344	1.3107738	0.16560961
7	12353	-1.636351845	-1.7290287	-1.57026918
8	12354	0.510528881	-1.7282229	1.61056349
9	12355	-0.385616527	-1.7274170	0.96666045
10	12356	1.268867756	0.1583566	1.55495734
11	12357	1.580745700	-1.7266111	1.72822287
12	12358	-0.330010382	-1.7258052	1.04563729
13	12359	1.585581017	0.5758057	1.67181084
14	12360	1.234214652	0.1591625	1.53561607
15	12361	-1.243079399	-1.7249993	-0.78050074
16	12362	1.505798287	1.3881389	1.14879072
17	12363	-0.194621507	-0.4871582	-0.11967409
18	12364	0.427522607	0.1599684	0.32436918
19	12365	-0.028608959	-0.4863523	0.22363341
20	12370	1.392974225	0.5766115	1.53481019

图 9.6　归一化后数据框外观截图

看看这些列的统计数据，如图 9.7 所示。

```
> summary(normalizedDF)
  CustomerID      TotalSales.V1        OrderCount.V1        AvgOrderValue.V1
 Min.   :12346   Min.   :-1.7314464   Min.   :-1.7314464   Min.   :-1.7314464
 1st Qu.:13815   1st Qu.:-0.8660254   1st Qu.:-0.8657232   1st Qu.:-0.8657232
 Median :15300   Median : 0.0000000   Median : 0.0000000   Median : 0.0000000
 Mean   :15302   Mean   : 0.0000000   Mean   : 0.0000000   Mean   : 0.0000000
 3rd Qu.:16781   3rd Qu.: 0.8657232   3rd Qu.: 0.8657232   3rd Qu.: 0.8657232
 Max.   :18287   Max.   : 1.7314464   Max.   : 1.7314464   Max.   : 1.7314464
> sapply(normalizedDF, sd)
  CustomerID    TotalSales    OrderCount AvgOrderValue
    1720.983         1.000         1.000         1.000
```

图 9.7　归一化后的数据概况截图

可以看到，这些值以 0 为中心，标准差为 1。下面将使用这些数据进行聚类分析。

9.3.2　k-means 聚类算法

1. 初步聚类

k-means 聚类算法是一种常用的算法，用于洞察数据中的构成和分离。在市场营销中，它经常被用来建立客户细分市场，并了解这些不同细分市场的行为。下面将深入研究如何在 R 中构建聚类模型。

可以使用以下代码构建并拟合一个 k-means 聚类模型。

```
cluster <- kmeans(normalizedDF[c("TotalSales", "OrderCount", "AvgOrderValue")], 4)
```

这段代码构建了一个聚类模型，将数据分成 4 个群。kmeans 函数的第一个参数用于 k-means 聚类算法的数据，第二个参数用于定义所需的聚类数量。在这段代码中，基于 TotalSales、OrderCount 和 AvgOrderValue 值构建了 4 个集群。训练后的 k-means 聚类模型对象 cluster 将集群的标签和中心存储在集群中，并将模型对象的变量集中。可以使用下面的代码检索这些值。

```
cluster$cluster
cluster$centers
```

现在已经构建了第一个聚类模型，接下来将数据可视化。首先，将聚类标签存储为一个单独的列，名为 cluster，在 normalizedDF 变量中，如下代码所示：

```
ggplot(normalizedDF, aes(x=AvgOrderValue, y=OrderCount, color=Cluster)) +
  geom_point()
```

这段代码使用散点图来可视化数据。结果如图 9.8 所示。

仔细查看图 9.8（a）。左下角的群是低价值的客户群体，他们没有购买那么多产品。另外，右上方颜色最深的群是高价值客户群体，他们购买的数量最多，购买产品的频率也最高。也可以用其他的变量，从不同的角度来看这些群。看看下面的散点图，如图 9.8（b）、图 9.8（c）所示。

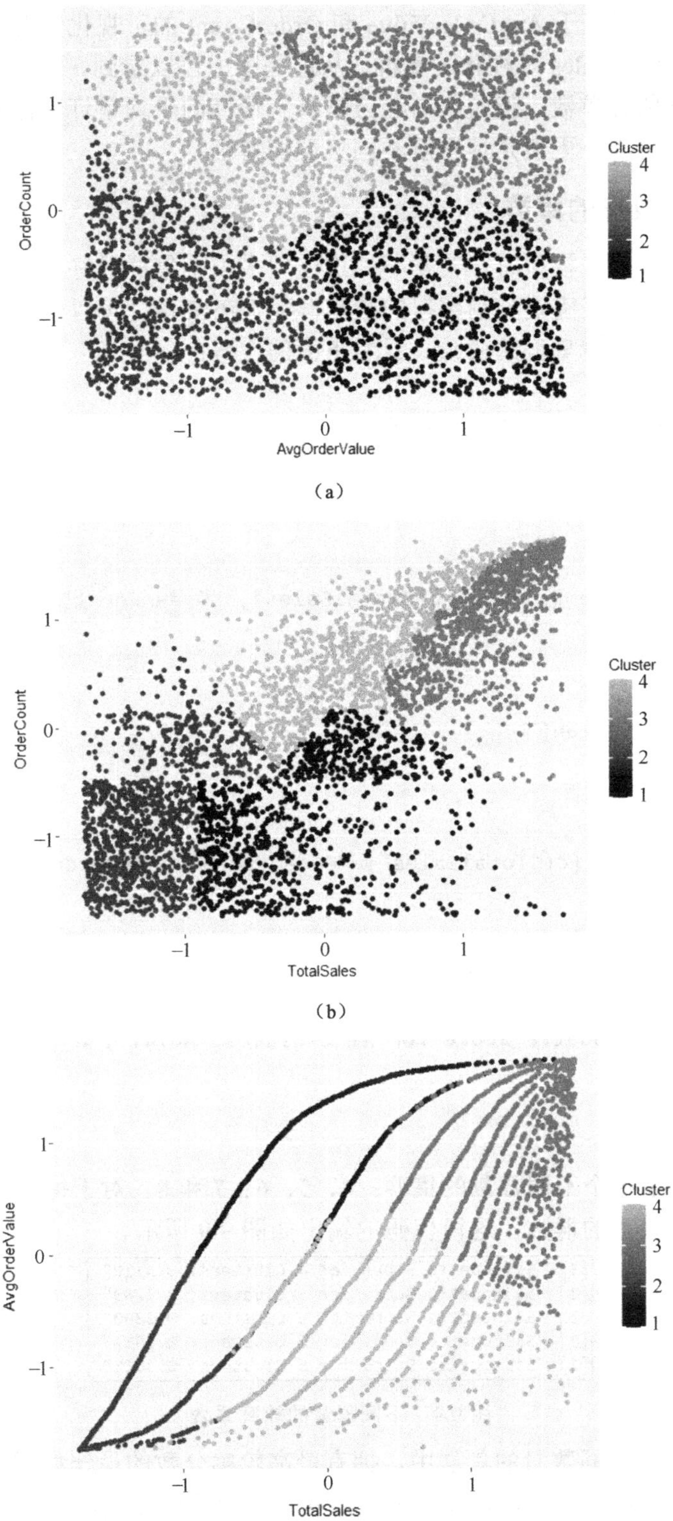

图 9.8　散点图可视化聚类效果

图 9.8（a）显示了基于 AvgOrderValue 和 OrderCount 的可视化集群。图 9.8（b）基于 AvgOrderValue 和 TotalSales 可视化的集群。从这些图中可以看到，左下角群具有最低的平均每订单值和最低的订单数。但是，右上方群具有最高的平均单订单值和最大的订单数。可视化集群可以更容易、更清楚地理解不同集群的特征。

2. 选择最佳数量的集群

在构建 k-means 聚类模型时，常常不知道使用多少个集群最好。正如本章前面所讨论的，可以使用轮廓系数来确定分割数据的最佳群数。在 R 中，可以使用群库中的轮廓函数来计算轮廓得分，并且度量群的质量。看看下面的代码：

```
# Selecting the best number of cluster
library(cluster)

for(n_cluster in 4:8){
  cluster <- kmeans(normalizedDF[c("TotalSales", "OrderCount", "AvgOrderValue")],
n_cluster)

  silhouetteScore <- mean(
    silhouette(
      cluster$cluster,
      dist(normalizedDF[c("TotalSales", "OrderCount", "AvgOrderValue")], method =
"euclidean")
    )[,3]
  )
  print(sprintf('Silhouette Score for %i Clusters: %0.4f', n_cluster,
silhouetteScore))
}
```

这段代码试验了 5 个不同数量的集群：4、5、6、7 和 8。对于每个群数，将测量轮廓得分，并选择得分最高的群数。这段代码的输出如图 9.9 所示。

```
[1] "Silhouette Score for 4 Clusters: 0.4119"
[1] "Silhouette Score for 5 Clusters: 0.3783"
[1] "Silhouette Score for 6 Clusters: 0.3800"
[1] "Silhouette Score for 7 Clusters: 0.3912"
[1] "Silhouette Score for 8 Clusters: 0.3811"
```

图 9.9　不同群数的轮廓系数

在实验过的 5 个不同数量的集群中，拥有最高轮廓分数的最佳集群数量是 4。在下一节中，将使用 4 作为集群数量，以展示如何解释聚类分析的结果。

9.3.3　解释客户群体

在本节中，将讨论从以前的聚类分析结果中得出见解的不同方法。首先构建一个包含

4 个聚类的 k-means 聚类模型。可以使用以下代码：

```
# Interpreting customer segments
cluster <- kmeans(normalizedDF[c("TotalSales", "OrderCount", "AvgOrderValue")], 4)
normalizedDF$Cluster <- cluster$cluster
```

这段代码基于 TotalSales、OrderCount 和 AvgOrderValue 这三个属性，将 k-means 聚类模型与 4 个集群相匹配。然后，我们将集群标签信息存储到一个数据框 normalizedDF 中。这个数据帧如图 9.10 所示。

	CustomerID	TotalSales	OrderCount	AvgOrderValue	Cluster
1	12346	1.724999322	-1.7314464	1.73144641	1
2	12347	1.457445117	1.0682021	1.40022720	2
3	12348	0.967466333	0.5749998	0.92797791	2
4	12349	0.944901521	-1.7306405	1.68228736	1
5	12350	-0.732147575	-1.7298346	0.32517506	1
6	12352	1.193920344	1.3107738	0.16560961	2
7	12353	-1.636351845	-1.7290287	-1.57026918	3
8	12354	0.510528881	-1.7282229	1.61056349	1
9	12355	-0.385616527	-1.7274170	0.96666045	1
10	12356	1.268867756	0.1583566	1.55495734	2
11	12357	1.580745700	-1.7266111	1.72822287	1
12	12358	-0.330010382	-1.7258052	1.04563729	1
13	12359	1.585581017	0.5758057	1.67181084	2
14	12360	1.234214652	0.1591625	1.53561607	2
15	12361	-1.243079399	-1.7249993	-0.78050074	3
16	12362	1.505798287	1.3881389	1.14879072	2
17	12363	-0.194621507	-0.4871582	-0.11967409	1
18	12364	0.427522607	0.1599684	0.32436918	4
19	12365	-0.028608959	-0.4863523	0.22363341	1
20	12370	1.392974225	0.5766115	1.53481019	2

图 9.10　有集群标签的数据框外观截图

首先要看的是每个群的中心。可以使用以下代码获取集群中心。

```
# cluster centers
cluster$centers
```

这段代码的输出结果如图 9.11 所示。

```
> # cluster centers
> cluster$centers
  TotalSales OrderCount AvgOrderValue
1 -0.1365688 -0.8550836     0.7944560
2  1.2051644  1.0031530     0.8715105
3 -1.2413946 -0.7874350    -1.0613187
4  0.2262647  0.7205849    -0.6404526
```

图 9.11　查看 4 个集群中心的数据截图

仔细查看图 9.10 的内容。第三个集群具有所有三个属性的最低数字。这表明，第三个集群包含的客户的销售额最低、订单数量最低、每个订单的平均值最低。这群客户是一群低价值的客户。另外，对于所有三个属性，第四个集群具有最高的数字。第四个集群中的客户拥有最高的销售额、最高的订单数量和最高的平均每个订单值。这表明，第四个集群中的这些客户购买了昂贵的商品，并给企业带来最高的收入。企业通常想要把营销努力集中在这部分客户上，因为这群客户会带来最高的回报。

第一个集群中的客户很有趣。他们进行购买相对频繁，因为他们有一个中高的 OrderCount 集群中心值，但是他们的平均每个订单值很低，因为 AvgOrderValue 的集群中心很低。这些是经常购买低价值商品的顾客类型。因此，向这部分客户推销单价低的产品是更好的选择。第二个集群中的客户也很有趣。从集群的中心来看，他们对收入和订单数量的贡献很低。然而，他们的平均每单价值很高。这些是不经常购买且愿意购买昂贵商品的顾客类型。因此，向这部分客户推销昂贵的商品是更好的选择。

正如这个例子所表明的，查看集群中心有助于理解不同类型和细分的客户，以及制定不同的营销策略来应对他们的不同需求。最后，还可以找出每个细分客户群最畅销的商品是什么。看看下面的代码：

```
# High value cluster
highValueCustomers <- unlist(
  customerDF[which(normalizedDF$Cluster == 4),'CustomerID'][,1], use.names = FALSE
)

df[which(df$CustomerID %in% highValueCustomers),] %>%
  group_by(Description) %>%
  summarise(Count=n()) %>%
  arrange(desc(Count))
```

正如之前观察到的，第四个集群是高价值客户组，找出这个群中最畅销的产品。这段代码的输出结果如图 9.12 所示。

```
> df[which(df$CustomerID %in% highValueCustomers),] %>%
+   group_by(Description) %>%
+   summarise(Count=n()) %>%
+   arrange(desc(Count))
# A tibble: 3,450 x 2
   Description                        Count
   <chr>                              <int>
 1 WHITE HANGING HEART T-LIGHT HOLDER   609
 2 REX CASH+CARRY JUMBO SHOPPER         432
 3 REGENCY CAKESTAND 3 TIER             309
 4 ASSORTED COLOUR BIRD ORNAMENT        308
 5 PARTY BUNTING                        304
 6 LUNCH BAG  BLACK SKULL.              289
 7 JUMBO BAG RED RETROSPOT              281
 8 HEART OF WICKER SMALL                279
 9 HEART OF WICKER LARGE                267
10 LUNCH BAG RED RETROSPOT              258
```

图 9.12　第四群客户的最畅销产品截图

对于这个高价值群体，最畅销的项目是 JUMBO BAG RED RETROSPOT 和第二畅销的项目是 REGENCY CAKESTAND 3 TIER。当企业在进行客户细分和目标市场选择时，可以在营销策略中利用这些信息。在企业的营销活动中，可以向这部分客户推荐与这些畅销产品相似的产品，因为他们对这些类型的产品最感兴趣。

本章小结

在本章中，我们学习了更多关于客户细分的知识。我们通过几个简单的场景来了解客户细分如何帮助不同的企业形成更好、更划算的营销策略。我们讨论了如何更好地了解不同的客户群体，不同群体的客户是如何行动的，以及他们需要什么和对什么东西感兴趣，可以帮助你更好地定位你的受众。我们还学习了 k-means 聚类算法，这是客户细分中最常用的聚类算法之一。为了评价聚类的质量，我们展示了如何使用轮廓系数。

在编程练习中，我们尝试了如何在 R 环境中构建 k-means 集群模型。在 R 中，我们可以使用 kmeans 函数来构建集群模型。通过使用 R 中的 silhouette 函数，我们了解了如何使用轮廓系数来评估簇的质量，并了解了轮廓分数如何帮助我们确定簇的最佳数量。最后，我们讨论了如何使用散点图和聚类质心解释聚类分析结果，并了解了如何找出每个细分市场的畅销产品。

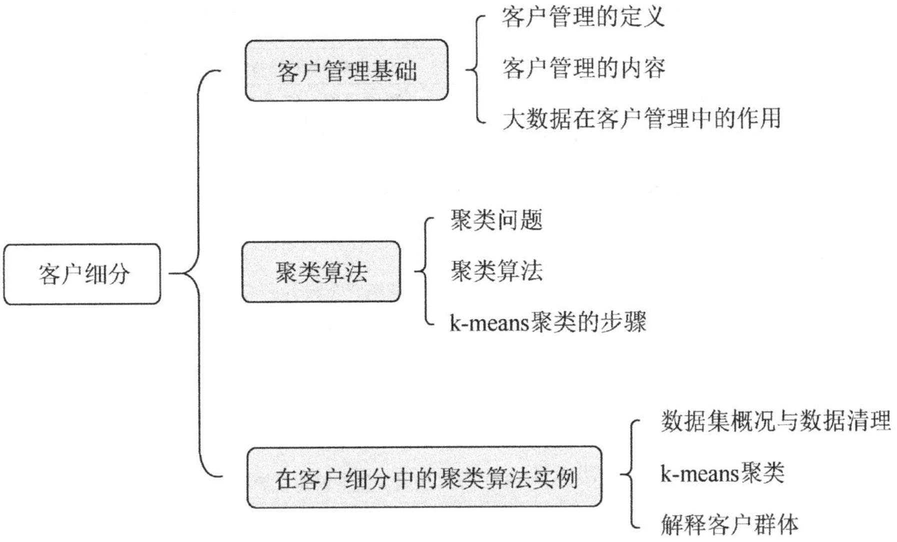

【实训——会员分群数据分析】

1. 实训背景

在数据的应用统计分析中，常有这样的需求反馈：想关注符合某些条件的一部分用户，不仅想知道这些人的整体行为（消费次数、消费金额等），还希望知道具体哪些人符合这些条件，查看这些人的数据及导出用户名单，针对性地发送通知消息，甚至查看某类人群的消费行为。用户分群，就是用来满足这类需求的工具，它能够帮助实现用户增长，并探究产品指标数字背后的原因。

2. 实训内容

本实训从用户角度看如何精准刻画用户肖像，从而了解不同群集用户的消费情况。本实训重点解决了以下问题。

（1）如何对用户进行分群？

（2）不同群集和平均购买价格的分布。

（3）不同群集消费总记录数和消费总金额情况。

（4）不同群集下各类产品的消费情况。

3. 实训平台

蓝鹰 BI 平台。

4. 分析思路

本实训的数据字段如表 9.2 所示，创建度量值如消费金额、记录数等，按消费金额和记录数对会员进行聚类分组，并对聚类分组结果进行销售数据分析。

表 9.2　字段说明表

序号	字段名	字段说明
1	品牌	品牌名称
2	四级类	消费商品四级类名称
3	大类	消费商品大类名称
4	消费日期	消费日期（年月日）
5	会员 ID	会员唯一标识
6	消费金额	消费商品的金额（元）

会员分群数据分析思路如图 9.13 所示。

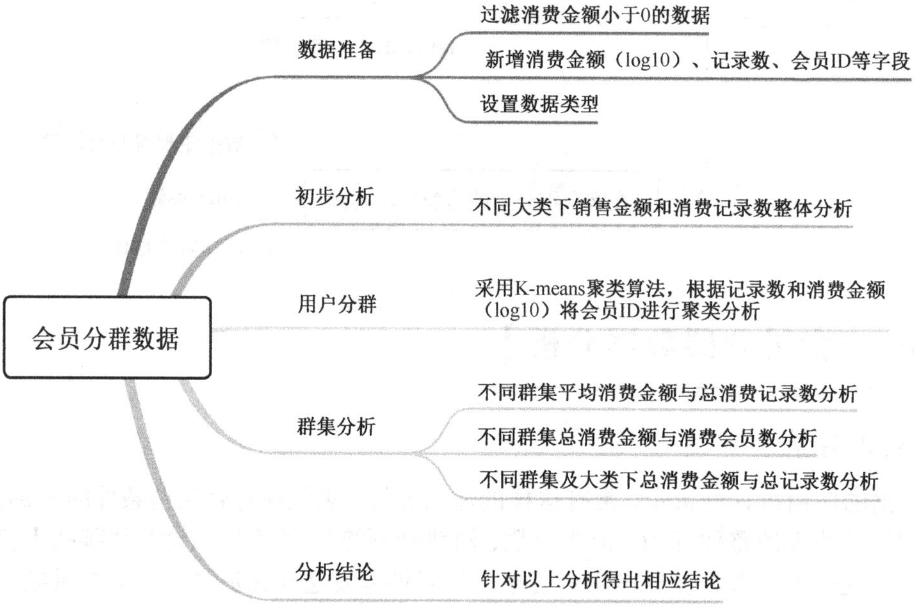

图 9.13　会员分群数据分析思维导图

5. 实训步骤

实训步骤可以扫以下二维码获得。

实训指导书　　　　实训示范视频

说明：①实训指导书配有详细图文说明；②实训示范视频展示实训平台界面和操作步骤。

6．分析总结

① 观测“传统分析报表”。

② 观测“用户群集 2”。

③ 观测“群大小和消费金额”。

第 10 章▶▶

A/B 测试

【学习目标】

1. 理解 A/B 测试的基本原理与意义
2. 熟悉 A/B 测试在营销中的应用
3. 掌握 A/B 测试中的假设检验
4. 熟练操作 A/B 测试的实例

本章插图

10.1 A/B 测试基础

10.1.1 A/B 测试的概念

当制定不同的营销策略时，常常需要知道新的营销思路是否可行。通常情况下，在想出新的营销理念时需要进行大量猜测或估计，但是通常缺乏工具、资源甚至动机去测试新的营销理念是否有效。然而，直接将新的营销策略付诸实践的方式是有风险的，而且代价可能非常巨大。如果在新的营销活动中投入了大量资金，但却根本无法帮助企业实现营销目标，那该怎么办？当已经花费了数百个小时完善一个新的营销策略，结果却从未吸引潜在客户参与新的营销策略，那该怎么办？

在这一章中，将讨论在完全实施营销策略之前测试方案的方法。本章将学习什么是 A/B 测试，为什么运行 A/B 测试很重要，以及如何帮助企业以更有效且更廉价的方式实现营销目标。

A/B 测试通常被称为分离测试，是一种比较营销方案、网页、邮件或应用等的两个版本，以确定哪个版本表现更好的方法。A/B 测试将一个营销活动中的两个版本的广告，或一个页面的两个版本，称之为版本 A 和版本 B，将它们进行比较以达到优化的一种方法。A/B 测试是一种用来衡量哪个版本的广告、设计或任何内容更吸引客户注意力的技术。

A/B 测试本质上是一种实验，即随机向用户展示页面的两个或多个变体，并使用统计分析来确定对于给定的转换目标，哪种变体表现得更好。运行 A/B 测试，直接将变化与当前体验进行比较，可以就网站或应用的变化提出重点问题，然后收集有关影响变化的数据。A/B 测试摆脱了在网站和方案优化时的猜测，形成基于数据的决策，将商业对话从“我们认为”转变为“我们知道”。根据商业度量标准，通过测量产生影响程度，以确保每个变更都产生积极的结果。

在 20 世纪 60 年代，营销人员开始看到这种测试帮助他们理解广告的影响。电视广告或广播广告能吸引更多的生意吗？直接营销是用信好还是用明信片好？20 世纪 90 年代，当互联网开始成为商业世界不可或缺的一部分时，A/B 测试开始数字化。一旦数字营销团队拥有了技术资源，他们就开始在更大的范围内实时测试他们的策略。

例如，在 A/B 测试中，需要对网页或应用的页面进行修改，以创建同一页面的第二个版本。这种改变可以是一个简单的标题、按钮或完全重新设计的页面。然后，一部分流量显示原始版本的页面（称为控件），其余的流量显示修改版本的页面（变体）。如图 10.1 所示。

图 10.1　A/B 测试中的控体与变体

当访问者获得控体或变体服务时，他们对每一种体验的参与度都被测量和收集在仪表盘上，并通过统计引擎进行分析。然后，就可以确定变体对客户行为的影响是正向的、负向的还是中性的。

从本质来看，A/B 测试是一种科学实验法。如果要了解改变某件事时会发生什么，实验必须创造一种情境，让这件事在可控制、可度量情况下改变。在小学时就有这样的实验：如果你把两颗种子放在两杯泥土里，一颗放在壁橱里，另一颗放在窗户旁，会看到不同的结果。这种实验设置就是 A/B 测试。

数字时代让 A/B 测试更加丰富和科学。例如，带有图像的公众号文章与没有图像的相同文章，究竟哪一种风格会带来更多的阅读量？在这个实验中，在控制其他因素的情况下，随机向访问者显示一种风格的公众号推文，记录尽可能多的数据——跳出率、花费在页面上的时间等。

甚至可以一次测试多个变量。例如，如果想评估字体和图片的组合效应，可以创建 4 个页面，每个页面都显示公众号文章。

（1）宋体字+图片

（2）宋体字（没有图片）

（3）黑体字+图片

（4）黑体字（没有图片）

A/B 测试软件从这样的实验中返回数据。然后，分析师对结果进行解读，以决定公司是否有必要据此采取行动，以及如果采取行动和什么样的行动，如果有必要采取行动的话。

10.1.2　A/B 测试的步骤

了解 A/B 测试的概念之后，让我们进一步讨论 A/B 测试的实施步骤。就像科学方法的实验室版本一样，A/B 测试从选择要测试的内容开始。A/B 测试的步骤如图 10.2 所示。

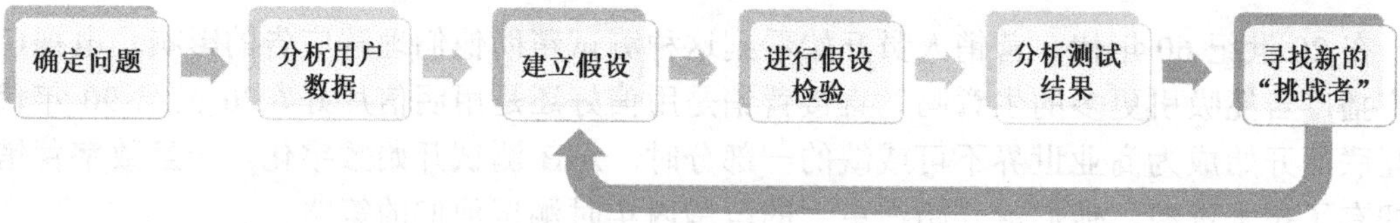

图 10.2 A/B 测试的步骤

下面通过网站的例子，说明整个 A/B 测试过程中包括的几个步骤。

1. 确定问题

确保实验有一个具体的问题。例如，“转换不足”就太笼统了。网站访问者是否会成为客户，或者邮件接收者是否会单击等，有太多的因素影响着转化。例如，一家女装零售商有大量的在线销售，但其中很少有销售来自其电子邮件活动。当你查看分析数据时，你会发现很多用户会打开你的邮件并阅读其中的特别内容，但很少有人会真正进行转换。

2. 分析用户数据

从技术上来说，可以对人们打开邮件时看到的所有内容进行 A/B 测试，但这需要花费大量时间。他们可能会遇到许多不相关的设计和内容元素，所以我们需要找出目标元素。例如，人们会打开电子邮件，所以邮件的主题并没有什么问题。他们也会花时间阅读，所以没有什么东西会让他们立即离开。因为存在很多从其他地方找到公司网站的用户最终都成为客户，所以你可以看出公司展示产品的方式也没有什么问题。这表明，尽管人们觉得电子邮件很吸引人，但当他们真正单击进入公司网站时，他们不知怎么地迷失了方向。

3. 建立假设

这一步是决定到底要测试什么及如何测试。至少在开始的时候，要将未知因素缩小到 1 到 2 个。然后，就可以确定如何更改某个或多个元素来解决所面临的问题。例如，也许引领人们去公司网上商店的按钮隐藏在电子邮件的底部，或在折叠中。因此，可以设想如果把按钮放在屏幕的顶部，也许可以更有效地鼓励人们访问公司的网站。

4. 进行假设检验

开发一个新版本来实现这一想法。然后在该版本和目标用户当前页面之间进行 A/B 测试。例如，创建一个版本的电子邮件，将按钮放置在折叠的上方。你不需要改变它的设计，只需要改变它的位置。决定将测试运行 48 小时，因此将其设置为时间参数并开始测试。

5. 分析测试结果

测试结束后，查看结果，看看项目的新版本是否导致了任何明显的变化。如果没有，尝试测试其他新元素。例如，如果新邮件稍微提高了转化率，进一步设想是否还有其他更好的方法。因为这里的变量是按钮的位置，所以可以尝试将它放置在另外两个位置。

6. 寻找新的“挑战者”

A/B 测试领域有时会使用“冠军”和“挑战者”来指代当前的最佳选择和新的可能性。当 2 个或 2 个以上的选择竞争，其中一个更成功时，它就被称为冠军。然后可以用其他选项来测试胜者，这些选项被称为挑战者。测试可能会给你一个新的冠军，也可能会揭示原来的冠军还是最好的。例如，已经测试了 2 个版本的登录页面，并找到了其中的冠军，但还想将该页面的第三个版本与第一次测试的冠军进行比较。第三个版本将成为新的挑战者，与之前的冠军进行测试。

一旦运行了所有 6 个步骤，就可以决定改进是否足够显著，从而可以结束测试并进行必要的更改。或者你可以选择运行另一个 A/B 测试来评估其他元素的影响，如按钮的大小或颜色搭配方案。

在具体实施 A/B 测试时，除了遵循以上步骤，还要注意以下几点。

1. 用户样本的代表性

任何科学家都会告诉你，如果你在做一个实验，你必须确保你的参与者群体尽可能相似。如果你正在测试一个网站，你可以使用一些自动化测试工具来确保随机选择的人可以看到每个版本。如果你直接向你的客户或潜在客户发送材料，你需要手动创建可比较的列表，尽可能使这些群体的大小相等。如果你有机会获得数据，那么根据性别、年龄和地理位置平均分配接收者。这样，这些因素的变化将对你的结果产生最小的影响。

2. 样本量的最大化

你测试的人越多，你的结果就越可靠。这可与统计学家称之为“统计显著性”的概念相联系。简单地说，如果结果具有统计学意义，那就意味着它不太可能是偶然发生的。例如，如果你向 50 个人发送一个新版本的邮件，同时向另外 50 个人发送控制版本的邮件，5%的点击率增加只意味着有 5 个人对你的新版本做出了更好的回应。差异是如此之小，以至于可以用偶然来解释如果你再做一次同样的测试，很有可能你会得到不同的结果。换句话说，你的结果没有统计学意义。如果你能给 500 个人的群体发送同样的邮件，5%的增长意味着 50 个人对你的新风格反应更好，这可能更有意义。

3. 避免常见的错误

用新的字体、新的文本大小、新的按钮大小和新的按钮颜色来创建弹出按钮是很诱人的。但是你添加的新元素越多，你的结果就会越混乱。在上面的例子中，如果你的新弹出窗口的设计与原来的完全不同，你很可能会看到完全巧合的相关性。也许看起来带有人民币符号的红色大“付款”按钮比它所取代的蓝色小按钮更好，但也有可能只有一个设计元素是有意义的，如尺寸。记住，您以后总是可以使用不同的元素运行新测试。

4. 市场改变之前要完成 A/B 测试

因为 A/B 测试能够看到实时变化的效果，所以当看到结果时便很容易结束测试，以便能够立即执行新版本。然而，这样做意味着实验的结果可能是不完整的，也不太可能具有统计学意义。时间敏感的因素会影响实验的结果，所以需要等待测试期完全结束后才能从随机化中获益。

5. 多次运行测试

即使是最好的 A/B 测试软件也会出现误报，因为用户行为是如此多变。确保结果准确的唯一方法是使用相同的参数再次运行相同的测试。如果新版本显示出很小的改进幅度，重新测试尤其重要。当没有那么多的阳性结果时，一个假阳性结果更重要。此外，如果运行了许多 A/B 测试，很可能会偶尔遇到误报。如果负担不起重新运行每个测试的费用，那么偶尔重新测试一次，就会有更好的机会捕获错误。

6. 看看什么效果最好

A/B 测试是衡量用户对设计或内容想法反应的有效方法，因为它不会干扰用户体验，也不会发出破坏性的反馈调查。尝试新事物，让数据结果为自己说话。

10.1.3 A/B 测试的意义

A/B 测试的意义体现在如下几个方面。

1. 了解用户

A/B 测试允许个人、团队和企业在收集结果数据的同时仔细改变用户体验。这让他们能够构建假设，并了解为何某些体验元素会影响用户行为。另外，他们的观点也可能被证明是错误的——通过 A/B 测试，他们关于特定目标的最佳体验的观点可能是错误的。

2. 完善特定体验

除了回答一次性问题或解决分歧，A/B 测试还可以用于不断完善特定体验或提高单一目标（如转换率）。

3. 把握销售线索的质量和数量

B2B 技术公司可能希望通过活动登录页面来提高他们的销售线索的质量和数量。为了实现这个目标，团队会尝试 A/B 测试对标题、视觉图像、表单字段、行动号召和页面整体布局的更改。

4. 了解用户行为的变化

每次测试一个变化，可以帮助他们确定哪些变化对访问者行为有影响，哪些没有。随着时间的推移，他们可以结合实验中多次成功改变的效果，证明新体验相对于旧体验的情形，具有可量化的改善。

5. 优化用户体验

这种改变用户体验的方法还可以优化用户体验，使其达到预期结果，并使营销活动中的关键步骤更加有效。

6. 降低营销费用

通过测试广告文案，营销人员可以了解哪些版本能吸引更多的点击。通过测试随后的登录页面，他们可以了解哪种布局能更好地将访问者转化为客户。如果每个步骤的元素都能尽可能有效地获得新客户，那么营销活动的总花费实际上是可以减少的。

7. 优化产品设计

A/B 测试也可以被产品开发人员和设计师用来展示新功能或改变对用户体验的影响。只要你有明确的目标和假设，产品入行、用户黏性、模式和产品内部体验都可以通过 A/B 测试进行优化。

综上所述，A/B 测试能够在诸多方面帮助企业提升绩效。世界上最具创新性的企业都展现了通过 A/B 测试的良好的优化效果。例如，Discovery 通过 A/B 测试视频播放器的组件，以吸引他们电视节目的“超级粉丝”，使视频参与度增加了 6%。ComScore 在 A/B 测试产品登录页的标志和成功案例展示之后，增加了 69%的潜在客户。Secret Escapes 测试了手机注册页面的变化，使转化率翻了一番，并提高了终身价值。

10.2 营销的 A/B 测试与检验

10.2.1 营销的 A/B 测试

A/B 测试在不同行业的决策过程中扮演着重要的角色。A/B 测试本质上是一种比较和测试两种不同业务策略的有效性和收益的方法。它可以被认为是一个实验，在一段时间内测试两个或多个变量，然后评估实验结果，以找到最有效的策略。在完全投入一个选项之前运行 A/B 测试可以帮助企业从决策过程中减少猜测，并节省宝贵的资源，如时间和资本，如果所选择的策略不起作用，这些资源可能会被浪费掉。

在典型的 A/B 测试设置中，需要创造并测试两个或更多版本的市场营销策略，看看它们是否能够有效地实现企业的市场营销目标。考虑这样一个例子，测试的目标是提高营销电子邮件的打开率。如果假设是电子邮件主题行 B 比电子邮件主题行 A 的打开率更高，那么可以用这两个主题行运行一个 A/B 测试。随机选择一半的用户并发送营销邮件主题行 A，另一半随机选择的用户将收到电子邮件主题行 B。运行这个测试预期的一段时间，如一个星期、两个星期，或者一个月，或者直到预期数量的用户收到两个版本的电子邮件（如设置每个版本的主题行至少需要 1000 个用户等）。测试完成后，就可以分析和评估实验结果。在分析结果时，需要检查两个版本的结果之间是否有统计上的显著差异。下一节将讨论更多关于统计假设检验和统计显著性的内容。如果实验结果显示在两个版本之间有一个明显的优势版本，那就可以在未来的营销邮件中使用效果更好的主题行。

除了上述电子邮件主题之外，A/B 测试还可以应用于许多不同的市场营销领域。例如，可以在社交媒体上对广告进行 A/B 测试。可以拥有两个或更多广告变体，并运行 A/B 测试，看看哪种变体更有利于提高点击率或转化率。作为另一个例子，可以使用 A/B 测试来测试网页上的产品推荐是否会导致更高的购买率。如果已经构建了产品推荐算法的不同版本，那么可以使用 A/B 测试并将产品推荐算法的初始版本给一些随机选择的用户，将第二个版本给其他一些随机选择的用户。然后，可以收集 A/B 测试结果并评估哪个版本的产品推荐算法能够给企业带来更多收益。

从这些示例中可以看出，A/B 测试在决策中扮演着重要的角色。在完全投入一个项目之前用 A/B 测试不同的方案，可以帮助节省营销人员的精力、时间和项目成本。因为如果完全投入但失败了，会浪费大量资源。A/B 测试还可以帮助消除营销人员的猜测带来的损失，并量化未来营销策略的性能收益（或损失）。作为合格的营销人员，无论何时有一个想要迭代的新营销理念，都应该考虑先运行 A/B 测试。

10.2.2 统计假设检验

当运行 A/B 测试时，很重要的是测试假设，并寻找测试组之间的统计显著差异。t 检验，经常被用来检验两个试验之间的差异是否具有统计学意义。t 检验比较两个平均值，并检验它们之间是否存在显著差异。

t 检验中有两个重要的统计数据——t 值和 p 值。t 值测量相对于数据变化的差异程度。t 值越大，两组之间的差异越大。p 值衡量的是结果偶然发生的概率。p 值越小，说明两组间的差异越显著。计算 t 值的公式如下：

$$t = \frac{M_1 - M_2}{\sqrt{\frac{S_1^2}{N_1} + \frac{S_2^2}{N_2}}}$$

在这个公式中，M_1 和 M_2 是第 1 组和第 2 组的平均值。S_1 和 S_2 分别为第 1 组和第 2 组的标准差，N_1 和 N_2 分别为第 1 组和第 2 组的样本数。

这里有一个零假设和备择假设的概念。一般来说，零假设是指两组间无统计学差异。另一种假设表明，这两组显示了统计上的显著差异。当 t 值大于一个阈值且 p 值小于一个阈值时，我们说可以拒绝原假设，并且两组显示有统计学意义的差异。通常使用 0.01 或 0.05 作为检验统计学显著性的 p 值阈值。如果 p 值小于 0.05，则表明两组之间的差异是偶然发生的，概率小于 5%。换句话说，这种差异不太可能是偶然的。

10.3 A/B测试的评估实例

10.3.1 数据集概况

在本节中，将讨论如何评估 A/B 测试结果，从而决定哪种营销策略最有效，并介绍如何运行统计假设检验和计算统计显著性。主要使用 dplyr 和 ggplot2 来分析和可视化数据，并评估 A/B 测试结果。

本实例引用 IBM Watson Analytics 社区的公开数据集中关于营销活动效果的数据集，名为 Marketing-Campaign-Effect.csv。该数据集可以在本书资源网站上下载。下载完成这些数据，可以通过运行以下命令将它加载到 RStudio 中。

```
# setting chapter 8 working directory
setwd("C:/BigDataMarketing/CH10")

# load library
library(dplyr)
library(tidyverse)
# library(readxl)
library(ggplot2)

#### 1. Load Data ####
df <- read.csv(
  file="data/Marketing-Campaign-Effect.csv",
  header=TRUE,
  sep=",",
```

```
stringsAsFactors = TRUE )
```

促销方案是用数字代表的，其实质是分类变量，因此，将其转换成因子数据类型。然后，利用 Summary 函数了解数据集的概况。代码如下：

```
# convert Promotion to factor
df$Promotion <- as.factor(df$Promotion)
Summary(df)
```

数据框 df 的数据概况截图如图 10.3 所示。

```
> summary(df)
    MarketID      MarketSize    LocationID      AgeOfStore     Promotion      week      SalesInThousands
 Min.   : 1.000  Large :168   Min.   :  1.0  Min.   : 1.000   1:172    Min.   :1.00   Min.   :17.34
 1st Qu.: 3.000  Medium:320   1st Qu.:216.0  1st Qu.: 4.000   2:188    1st Qu.:1.75   1st Qu.:42.55
 Median : 6.000  Small : 60   Median :504.0  Median : 7.000   3:188    Median :2.50   Median :50.20
 Mean   : 5.715               Mean   :479.7  Mean   : 8.504            Mean   :2.50   Mean   :53.47
 3rd Qu.: 8.000               3rd Qu.:708.0  3rd Qu.:12.000            3rd Qu.:3.25   3rd Qu.:60.48
 Max.   :10.000               Max.   :920.0  Max.   :28.000            Max.   :4.00   Max.   :99.65
```

图 10.3　数据框的数据概况截图

数据集中总共有 7 个变量，变量的描述如表 10.1 所示。

表 10.1　数据集变量表

列名	变量名	说　明
MarketID	市场编码	数字，市场的唯一标识符
MarketSize	市场规模	分类型变量，按销售额划分的市场面积
LocationID	位置编码	数字，商店位置的唯一标识符
AgeOfStore	开店年限	数字，开店年限(以年计)
Promotion	促销代号	数字，促销方式，共有三种被测试的促销方式
week	周	数字，促销活动进行的四个星期中的一个
SalesInThousands	千销售额	数字，特定地区、促销方案和周的销售额。以千销售额为单位

数据集的外观截图如图 10.4 所示。

	MarketID	MarketSize	LocationID	AgeOfStore	Promotion	week	SalesInThousands
1	1	Medium	1	4	3	1	33.73
2	1	Medium	1	4	3	2	35.67
3	1	Medium	1	4	3	3	29.03
4	1	Medium	1	4	3	4	39.25
5	1	Medium	2	5	2	1	27.81
6	1	Medium	2	5	2	2	34.67
7	1	Medium	2	5	2	3	27.98
8	1	Medium	2	5	2	4	27.72
9	1	Medium	3	12	1	1	44.54
10	1	Medium	3	12	1	2	37.94
11	1	Medium	3	12	1	3	45.49
12	1	Medium	3	12	1	4	34.75
13	1	Medium	4	1	2	1	39.28
14	1	Medium	4	1	2	2	39.80
15	1	Medium	4	1	2	3	24.77
16	1	Medium	4	1	2	4	30.98
17	1	Medium	5	10	2	1	30.37
18	1	Medium	5	10	2	2	24.82
19	1	Medium	5	10	2	3	37.47
20	1	Medium	5	10	2	4	23.35

图 10.4　数据集的外观截图

10.3.2 数据分析

本节将更深入地观察这些数据，将重点了解用于测试不同促销活动的销售分布、市场规模、商店位置和开店年限。这种分析的目的是确保每个促销组的控制变量和属性分布是对称的，以便不同促销组之间的促销业绩是可以相互比较的。

不同促销活动的总销售分布可以使用以下代码进行可视化。

```
salesPerPromo <- df %>%
  group_by(Promotion) %>%
  summarise(Sales=sum(SalesInThousands))

ggplot(salesPerPromo, aes(x="", y=Sales, fill=Promotion)) +
  geom_bar(width=1, stat = "identity", position=position_fill()) +
  geom_text(aes(x=1.25, label=Sales), position=position_fill(vjust = 0.5),
color='white') +
  coord_polar("y") +
  ggtitle('sales distribution across different promotions')
```

从这段代码中可以看到，按照促销（Promotion）列对数据进行分组，通过合计销量（SalesInThousands）列来聚合总销售额。使用饼图，可以很容易地可视化每个促销组占用的份额。

得到的饼图如图 10.5 所示。

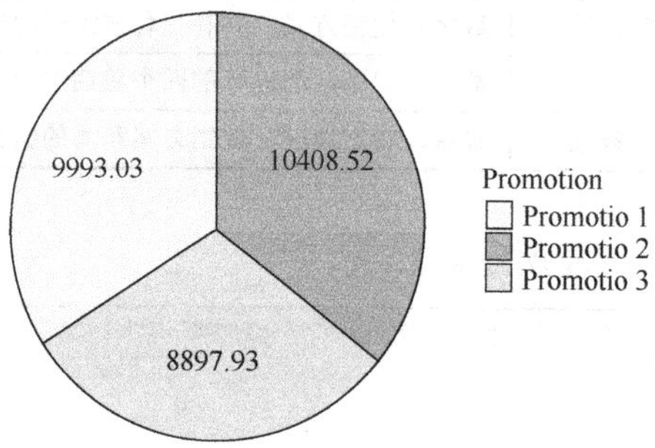

图 10.5 各组销售额所占比例图

从图 10.5 中可以很容易地看出，促销组 3 的总销售额在三个组中是最小的。在促销周内，每个促销组的销售额大约占总销售额的三分之一。同样，也可以将每个促销组中不同的市场规模组成可视化。看看下面的代码：

```
marketSizePerPromo <- df %>%
  group_by(Promotion, MarketSize) %>%
  summarise(Count=n())

ggplot(marketSizePerPromo, aes(x=Promotion, y=Count, fill=MarketSize)) +
```

```
  geom_bar(width=0.5, stat="identity", position="dodge") +
  ylab("Count") +
  xlab("Promotion") +
  ggtitle("breakdowns of market sizes across different promotions") +
  theme(plot.title=element_text(hjust=0.5))
```

条形图如图 10.6（a）所示。

也可以使用以下代码在堆叠条形图中显示该数据：

```
ggplot(marketSizePerPromo, aes(x=Promotion, y=Count, fill=MarketSize)) +
  geom_bar(width=0.5, stat="identity", position="stack") +
  ylab("Count") +
  xlab("Promotion") +
  ggtitle("breakdowns of market sizes across different promotions") +
  theme(plot.title=element_text(hjust=0.5))
```

这段代码和前面的代码之间的唯一区别是 geom_bar 函数中的 position="stack"标志。结果如图 10.6（b）所示。

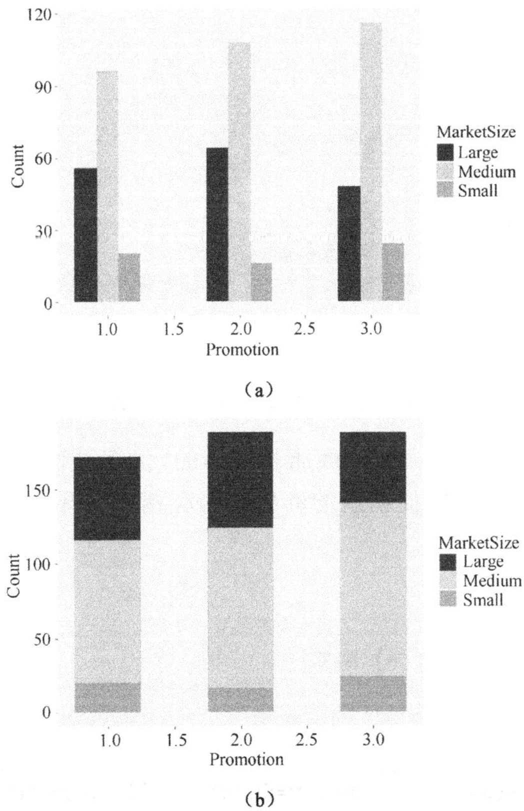

图 10.6　各促销组中市场规模的分布情况

从这个堆叠条形图可以看出，中等规模的市场在这三个促销组中所占比例最大，而小型市场所占比例最小。这个图可以用来验证三个促销组在不同市场规模的构成是相似的。

另一个属性 AgeOfStore，它在各个促销组中的整体分布，可以使用以下代码进行可视化。

```
overallAge <- df %>%
  group_by(AgeOfStore) %>%
  summarise(Count=n())

ggplot(overallAge, aes(x=AgeOfStore, y=Count)) +
  geom_bar(width=0.5, stat="identity") +
  ylab("Count") +
  xlab("Store Age") +
  ggtitle("overall distributions of age of store") +
  theme(plot.title=element_text(hjust=0.5))
```

结果如图 10.7 所示。

图 10.7　开店年限在所有促销组的整体分布情况

正如从图 10.7 中看到的，最大量的商店是 1 年的，大多数商店是 10 年或 10 年以内的。但是，更有意义的是这三个不同促销组的商店是否有相似的开店年限配置。看看下面的代码：

```
AgePerPromo <- df %>%
  group_by(Promotion, AgeOfStore) %>%
  summarise(Count=n())

ggplot(AgePerPromo, aes(x=AgeOfStore, y=Count, fill=Promotion)) +
  geom_bar(width=0.5, stat="identity", position="dodge2") +
  ylab("Count") +
```

```
  xlab("Store Age") +
  ggtitle("distributions of age of store") +
  theme(plot.title=element_text(hjust=0.5))
```

使用以上代码，得到图 10.8（a）。

3 个不同促销组的开店年限分布似乎是一致的，但很难理解从图 10.8（a）中呈现的信息。下面采用另一种方式来呈现。代码如下：

```
ggplot(df, aes(x=AgeOfStore, fill = Promotion)) +
  geom_histogram(binwidth = 1, colour = "white") +
  facet_wrap(~Promotion, ncol = 1) +
  ylab("Count") +
  xlab("Store Age")

ggplot(df, aes(x=AgeOfStore, fill = Promotion)) +
  geom_boxplot() +
  facet_wrap(~Promotion, ncol = 1) +
  ylab("Count") +
  xlab("Store Age")
```

运行以上代码，可以得到图 10.8（b）和图 10.8（c）。

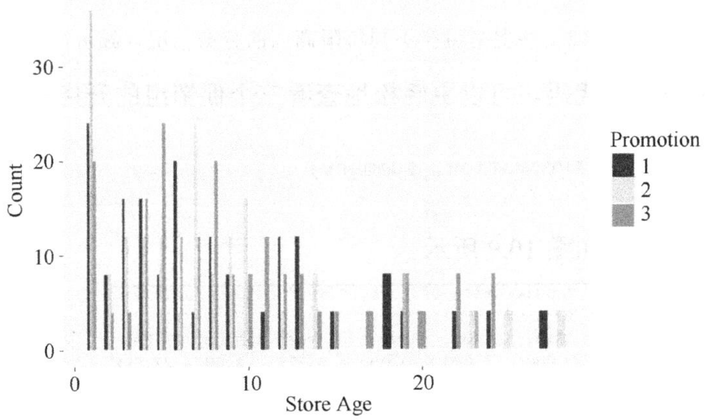

（a）

图 10.8　各促销组在不同年限商店的分布情况

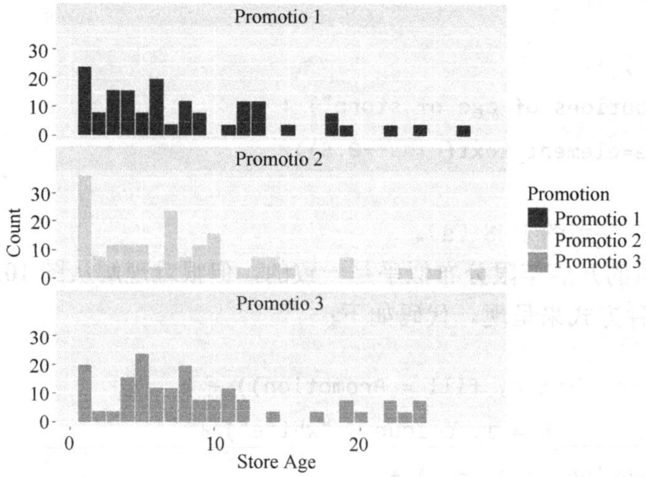

（b）

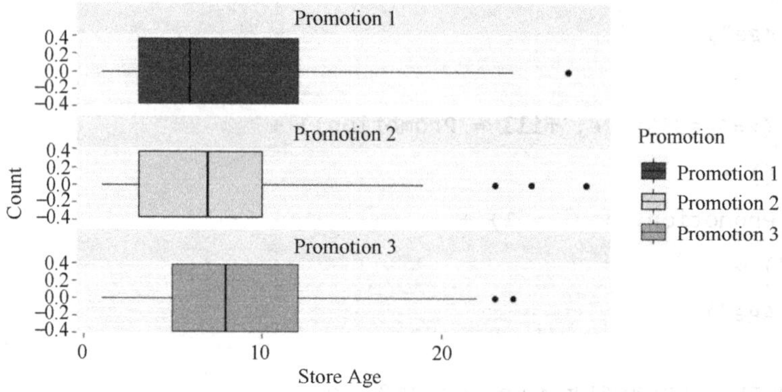

（c）

图 10.8　各促销组在不同年限商店的分布情况（续）

再进一步利用下面的代码，可以更轻松地查看三个促销组的开店年限汇总数据。

```
tapply(df$AgeOfStore, df$Promotion, summary)
```

这段代码的输出结果如图 10.9 所示。

```
> tapply(df$AgeOfStore, df$Promotion, summary)
$`1`
   Min. 1st Qu.  Median    Mean 3rd Qu.    Max.
  1.000   3.000   6.000   8.279  12.000  27.000

$`2`
   Min. 1st Qu.  Median    Mean 3rd Qu.    Max.
  1.000   3.000   7.000   7.979  10.000  28.000

$`3`
   Min. 1st Qu.  Median    Mean 3rd Qu.    Max.
  1.000   5.000   8.000   9.234  12.000  24.000
```

图 10.9　各促销组开店年限的数据概况截图

在图 10.9 所示的输出中可能会注意到，这些汇总统计信息清楚地显示了总体开店年限分布。可以看出，三个促销组似乎有相似的开店年限配置。这三个群体的商店的平均年龄

（mean）在 8～9 年，以 10～12 年或更年轻的店铺居多（3rd Qu. 值）。

通过分析每个促销组的组成，可以验证商店配置是否彼此相似。这表明样本组得到了很好的控制，A/B 测试结果是有意义和值得信赖的。

10.3.3 统计假设检验

对不同营销策略进行 A/B 测试的最终目标是找出哪种策略最有效，效果最好。正如前面简要讨论过的，响应数较高的策略并不一定意味着它优于其他策略。下面将讨论如何使用 t 检验来评估不同营销策略的相对绩效，看看哪种策略比其他策略更有意义。

在 R 中，有两种方法计算 t 检验的 t 值和 p 值。下面将在本节中演示这两种方法，分析者可以自行决定哪种方法更方便。

1. 利用公式计算 t 值和 p 值

直接用公式计算 t 值和 p 值。第一个方法是手动计算 t 值，使用在前一节学习的公式。要得到 t 值需要计算三个指标：均值、标准差和样本数。看看下面的代码：

```
promo_1 <- df[which(df$Promotion == 1),]$SalesInThousands
       promo_2 <- df[which(df$Promotion == 2),]$SalesInThousands

       mean_1 <- mean(promo_1)
       mean_2 <- mean(promo_2)
       std_1 <- sd(promo_1)
       std_2 <- sd(promo_2)
       n_1 <- length(promo_1)
       n_2 <- length(promo_2)
```

从以上代码中可以看到，使用均值、标准差和长度函数可以轻松地计算每个测试组中的平均值、标准差和样本数。有了这些，可以用前面讨论的公式计算 t 值。如以下代码：

```
t_val <- ( mean_1 - mean_2 ) / sqrt(
        (std_1**2/n_1 + std_2**2/n_2) )
```

使用以上代码，可以计算、比较促销组 1 和促销组 2 的效果的 t 值。运行代码得到的 t 值是 6.4275。从这个 t 值，我们可以得到 p 值，代码如下：

```
df_1_2 <- n_1 + n_2 - 2


p_val <- 2 * pt(t_val, df_1_2, lower=FALSE)
```

这段代码首先计算自由度，即两组样本数之和减去 2。使用前面计算的 t 值，可以使用 pt 函数计算 p 值。在给定 t 值和自由度下，该函数从 t 分布返回一个概率值。运行这段代码得到的 p 值是 4.143e-10。这是一个非常小的数，接近于 0。如前所述，p 值接近于 0 表明有强有力的证据反对原假设，两个促销组之间的差异是显著的。促销组 1 的平均销售额（以千计）约为 58.1，促销组 2 的平均销售额约为 47.33。t 检验已经表明，这两组的营销绩效有显著差异，促销组 1 的优于促销组 2 的。然而，如果在促进组 1 和促进组 3 之间进行 t 检验，会看到不同的结果。

从表面上看，促销组 1 的平均销售额（58.1）似乎高于促销组 3 的平均销售额（55.36）。然而，当在这两组之间进行 t 检验时，得到的 t 值为 1.556，p 值为 0.121。计算得到的 p 值远高于 0.05，这说明促销组 1 的营销绩效与促销组 2 的营销绩效在统计学上没有差异。因此，尽管在 A/B 测试中，促销组 1 的平均销售额高于促销组 3 的，但差异并不具有统计学意义，因此不能得出促销组 1 比促销组 3 做得更好的结论。从这些评价结果可以看出，促销组 1 和促销组 3 的绩效优于促销组 2 的，但促销组 1 和促销组 3 之间的差异不具有统计学意义。

2. 利用 R 的函数计算 t 值和 p 值

另一种计算 t 值和 p 值的方法是使用 R 中的 t.test 函数。看看下面的代码：

```
# using t.test
t.test(
        promo_1,
        promo_2
      )
```

这段代码使用 t.test 函数来计算给定数据的 t 值和 p 值。使用这个函数，可以很容易地计算 t 值和 p 值来比较不同促销组的营销绩效。两种方法的结果是相同的。使用前面的方法手工计算 t 和使用 t.test 函数，分别对促进组 1 和促销组 2、促销组 3 和促销组 1 进行比较，得到的 t 分别是 6.4275 和 1.556，而得到的 p 值分别是 4.29e-10 和 0.121。

还可以用以下的代码来检验：

```
# Pairwise comparison against reference
cp1 <- compare_means(SalesInThousands ~ Promotion,
                    data = df,
                    ref.group = "Promotion 1",
                    method = "t.test")
cp2 <- compare_means(SalesInThousands ~ Promotion,
                    data = df,
                    ref.group = "Promotion 2",
                    method = "t.test")
```

促销组 1 与其他两组的比较检验结果如图 10.10 所示。

	.y.	group1	group2	p	p.adj	p.format	p.signif	method
1	SalesInThousands	Promotion 1	Promotion 2	4.290369e-10	8.6e-10	4.3e-10	****	T-test
2	SalesInThousands	Promotion 1	Promotion 3	1.205915e-01	1.2e-01	0.12	ns	T-test

图 10.10 促销组 1 与其他两组比较检验结果截图

促销组 2 与其他两组的比较检验结果如图 10.11 所示。

	.y.	group1	group2	p	p.adj	p.format	p.signif	method
1	SalesInThousands	Promotion 2	Promotion 1	4.290369e-10	8.6e-10	4.3e-10	****	T-test
2	SalesInThousands	Promotion 2	Promotion 3	1.569273e-06	1.6e-06	1.6e-06	****	T-test

图 10.11 促销组 2 与其他两组比较检验结果截图

还可以进一步可视化检验的结果，代码如下：

```
ggboxplot(df, x = "Promotion", y = "SalesInThousands",
         color = "Promotion", palette = "jco",
         add = "jitter") +
  stat_compare_means(comparisons = my_comparisons)+ # Add pairwise comparisons
p-value
  stat_compare_means(label.y = 135)     # Add global p-value

ggboxplot(df, x = "Promotion", y = "SalesInThousands",
         color = "Promotion", palette = "jco",
         add = "jitter") +
  stat_compare_means(method = "anova", label.y = 120) +
  stat_compare_means(label = "p.signif",
                     method = "t.test",
                     ref.group = "Promotion 1", label.y = 110)

ggboxplot(df, x = "Promotion", y = "SalesInThousands",
         color = "Promotion", palette = "jco",
         add = "jitter") +
  stat_compare_means(method = "anova", label.y = 120) +
  stat_compare_means(label = "p.signif",
                     method = "t.test",
                     ref.group = "Promotion 2", label.y = 110)
```

运行结果如图 10.12 所示。

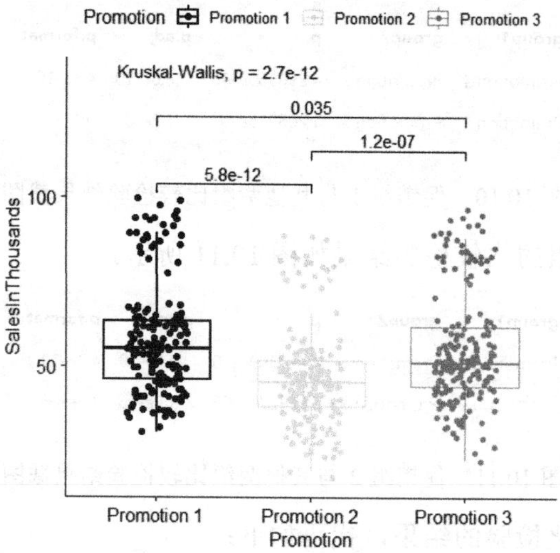

（a）

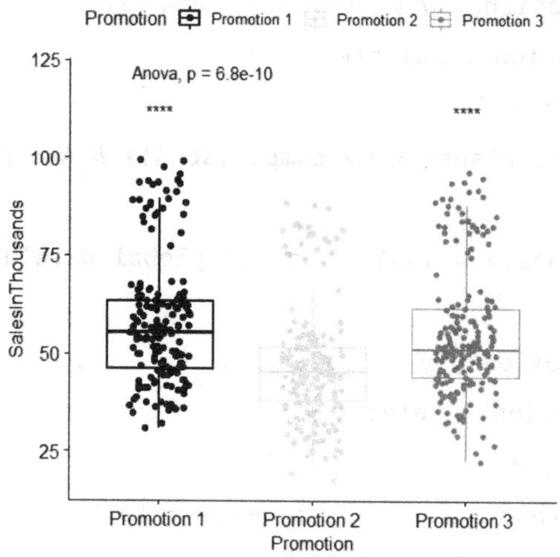

（b）

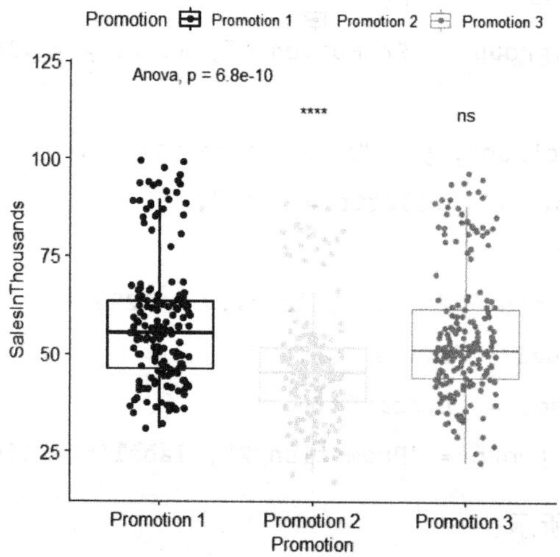

（c）

图 10.12　三个促销组的营销绩效比较检验结果截图

根据图 10.12 中（a）、（b）、（c）三个图，可以更加轻松地和直接地得到分析结果。当然，这些 t 检验结果的解释和以前一样。至此，已经展示了计算 t 值和 p 值的两种方法，在 *R* 中使用 t.test 函数可能看起来更简单。

本章小结

在本章中，我们学习了一种最常用的营销测试方法，用于制定未来的营销策略。我们已经讨论了什么是 A/B 测试，在完全投入一种营销策略前运行 A/B 测试的重要性，以及它如何帮助企业以更有效和更廉价的方式实现营销目标。通过选择最好的电子邮件主题行为实际用例，解释了运行 A/B 测试的典型流程。A/B 测试不只是进行一次，实际上 A/B 测试最好是当你通过实验不断地将新想法与当前正在运行的策略或其他想法进行对比时使用。简单地说，无论何时出现一个新理念，它都应该进行 A/B 测试。使用我们在本章学习的 t 检验和 R 语言工具，你应该能够轻松地评估 A/B 测试结果，并确定哪种策略是获胜策略。

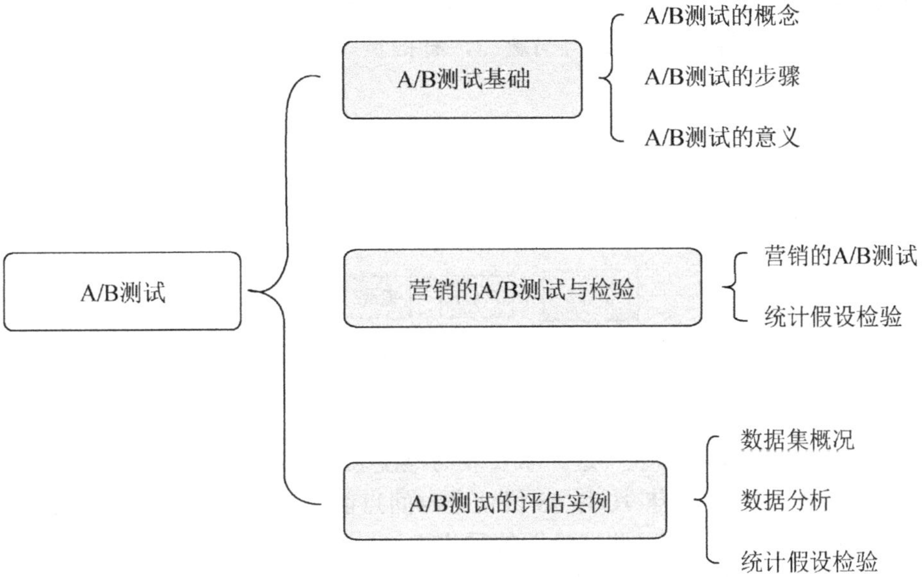

【实训——A/B 测试数据分析】

1. 实训背景

A/B 测试用于验证用户体验、市场推广等是否正确；商家可以通过 A/B 测试的方法在不同的人群投放同一种广告或者在同一人群投放不同广告，以了解哪个版本的广告更受用户的青睐，哪些步骤怎么做才能更吸引用户。

本实训通过分析店铺的不同测试时期的销售额变化，从而整体上衡量测试店铺与非测试店铺的销售情况，本次实训重点解决了以下问题。

- 掌握 A/B 测试的作用。
- 店铺测试时期及非测试时期的销售额对比如何？
- 店铺的测试时期及非测试时期的百分比差异是多少？

- 店铺进行广告投放后的效果如何？

2. 实训内容

（1）导入数据集，并对数据进行预读和梳理。

（2）使用 BI 工具对数据进行清洗和建模。

（3）使用 BI 可视化分析部分建立 A/B 测试不同维度的对比可视化图表。

（4）使用 BI 工具将图表组装成 A/B 测试数据分析报告。

（5）对 A/B 测试数据报告进行数据解读。

3. 实训平台

蓝鹰 BI 平台。

4. 分析思路

两个总体特征接近的群体 1 与群体 2，对这两个群体在不同的市场投放广告 A 与广告 B，销售一段时间后，得到销量 1 与销量 2，看销量 1 与销售 2 是否有显著性差异，如图 10.13 所示。

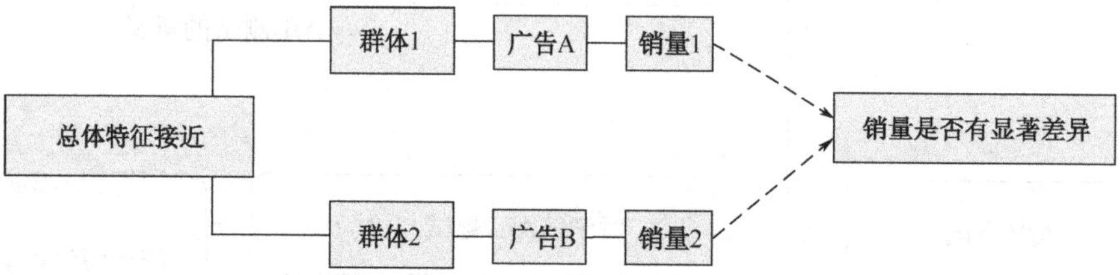

图 10.13　过程示意图

本实训的数据主要由两张表构成（见表 10.2、表 10.3），即全部销售数据表与测试分组信息表。通过“全部销售数据表”这一事实表与维度表（Store_ID, Test_label, Group_label）进行数据建模处理，在 2011 年 10 月 08 日这个时间点前后创建测试时期的标志维度，并根据本测试时期标志创建度量值，测试时期的平均 Gross_Rev、非测试时期的平均 Gross_Rev，平均值的百分比差异进行 A/B 测试数据分析。

表 10.2　全部销售数据表

序号	字段名	字段说明
1	Store_ID	店铺 ID
2	Week_Ending	销售日期（年月日）
3	Gross_Rev	销售金额

表 10.3　测试分组信息表

序号	字段名	字段说明
1	Store_ID	店铺 ID
2	Test_label	测试店标志
3	Group_label	测试组

A/B 测试数据分析思路如图 10.14 所示。

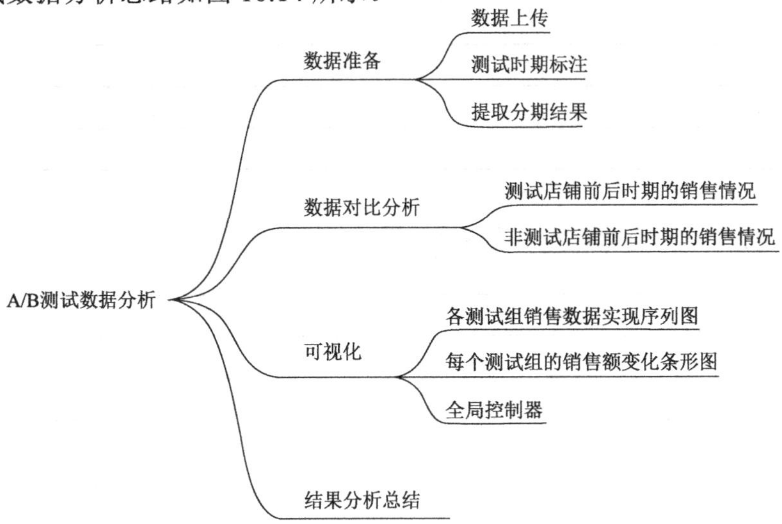

图 10.14 数据分析思维导图

5. 实训步骤

实训步骤可以扫以下二维码获得。

实训指导书　　　　实训示范视频

说明：①实训指导书配有详细图文说明；②实训示范视频展示实训平台界面和操作步骤。

6. 分析总结

① 观察“非测试店铺前后时期的销售情况”。

② 观察“各测试组销售数据实现序列图”。

③ 观察“每个测试组的销售额变化条形图”。

④ 观察“每个测试组的销售额变化条形图”。

⑤ 观察和对比同一测试组在测试前后的销售额。